伊斯蘭帝國的吉哈德

一部奮鬥、正義與融合的伊斯蘭發展史

イスラーム帝国のジハード

小杉 泰（京都大學教授）——著

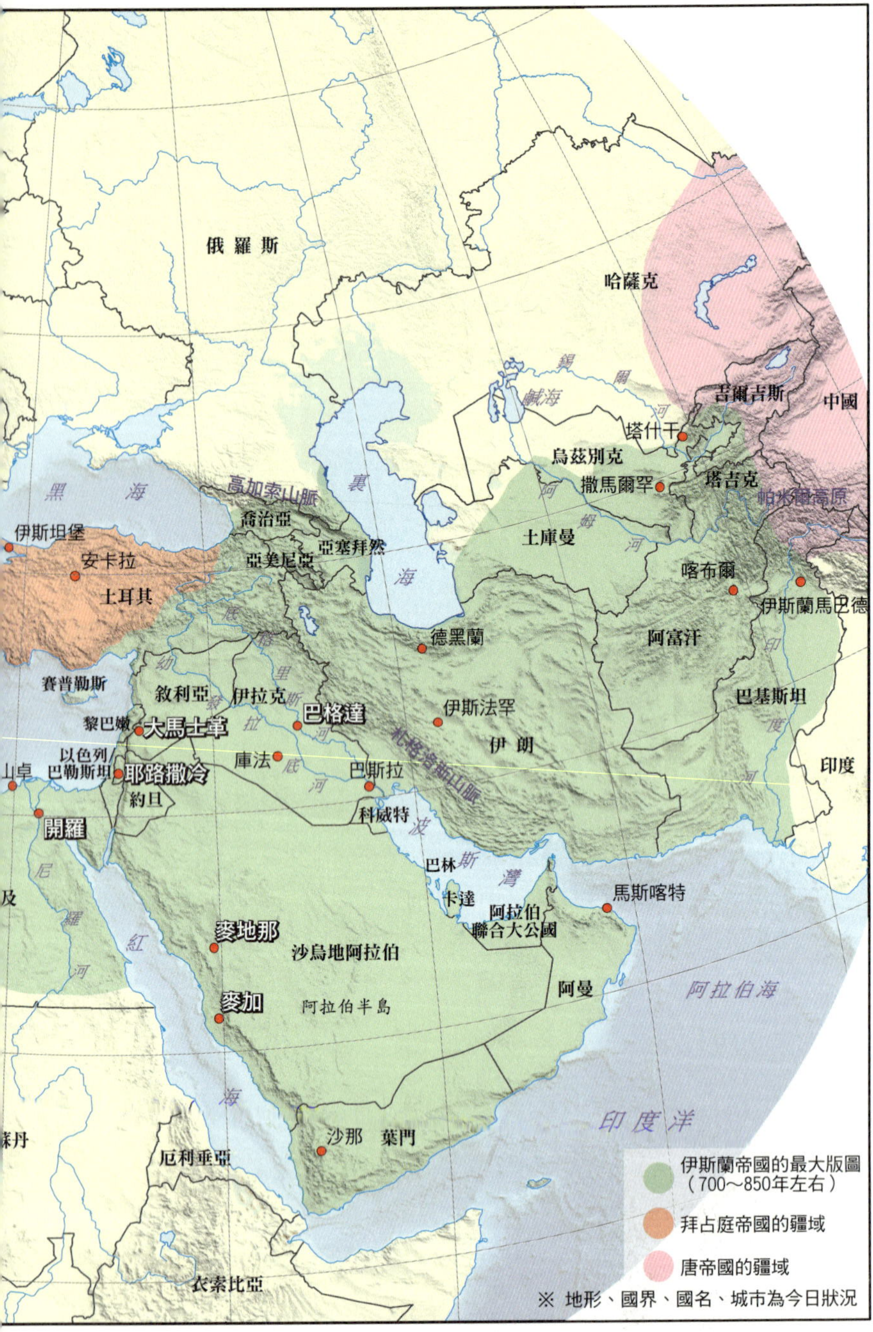
俄羅斯
哈薩克
鹹海
錫爾河
吉爾吉斯
中國
塔什干
烏茲別克
撒馬爾罕
塔吉克
帕米爾高原
阿姆河
土庫曼
喀布爾
伊斯蘭馬巴德
阿富汗
印度河
巴基斯坦
印度
黑海
高加索山脈
裏海
喬治亞
亞塞拜然
亞美尼亞
伊斯坦堡
安卡拉
土耳其
底格里斯河
幼發拉底河
德黑蘭
賽普勒斯
敘利亞
伊拉克
巴格達
伊斯法罕
黎巴嫩
大馬士革
伊朗
札格洛斯山脈
以色列
巴勒斯坦
耶路撒冷
庫法
巴斯拉
約旦
開羅
科威特
波斯灣
巴林
卡達
阿拉伯
聯合大公國
馬斯喀特
尼羅河
紅海
麥地那
沙烏地阿拉伯
麥加
阿曼
阿拉伯海
阿拉伯半島
印度洋
沙那
葉門
厄利垂亞
衣索比亞
伊斯蘭帝國的最大版圖
（700～850年左右）
拜占庭帝國的疆域
唐帝國的疆域
※ 地形、國界、國名、城市為今日狀況

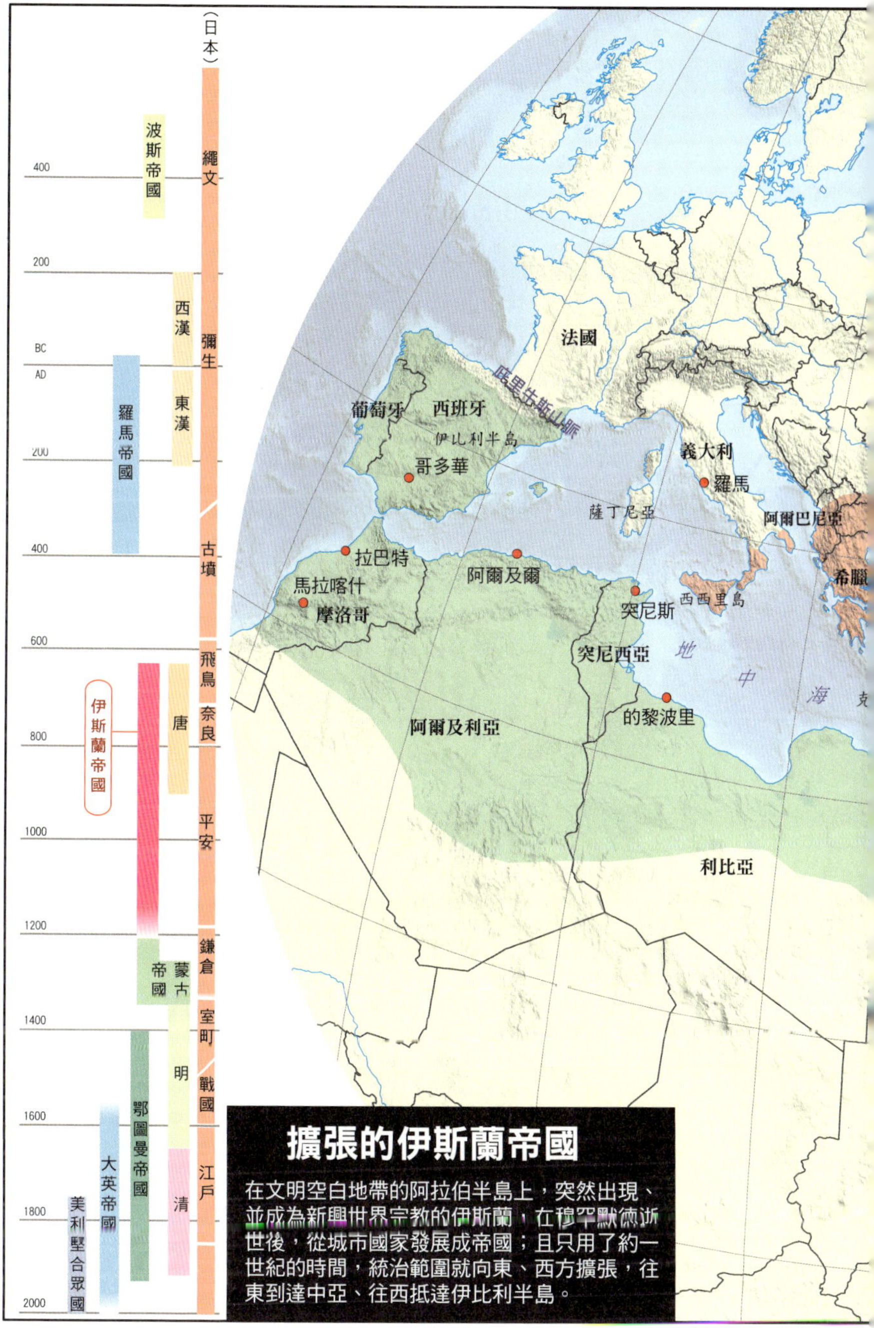

擴張的伊斯蘭帝國

在文明空白地帶的阿拉伯半島上，突然出現、並成為新興世界宗教的伊斯蘭，在穆罕默德逝世後，從城市國家發展成帝國；且只用了約一世紀的時間，統治範圍就向東、西方擴張，往東到達中亞、往西抵達伊比利半島。

目錄

序章 夜半啟程

阿拉伯書法書寫的穆罕默德之名　穆罕默德是伊斯蘭教的創始人，同時也是一位政治家、軍事家和社會改革者。

◎逃離迫害

我想就從某個場景開始談起。

那一日，穆罕默德趁著夜色昏暗，離開了麥加。雖然很難精確地研判是哪一天，不過可以推估出，大概是西元六二二年的夏末。阿拉伯半島的夏天是酷暑，所以在這樣的季節想出遠門通常是在月色照映下。這麼說來夜半啟程也就不足為奇。

不過趁著夜色昏暗啟程其實另有理由。那是追兵逼近使然。傳說，覺察到危險的穆罕默德，找來了自己一手帶大，年齡足以當自己孩子的堂弟阿里。他偷偷指示阿里，躺在自己的床上偽裝成像他睡著一樣。而跟隨穆罕默德出逃的則只有長年的盟友阿布・巴克爾一人。

提起這樣的情景，不難想像這恐怕真是一趟叫人膽戰心驚的旅程。此刻的伊斯蘭，彷彿風中殘燭般岌岌可危。

先前將近十三年的宣教，遭到了麥加人頑強的抵抗與強烈的迫害，可說是艱難至極。倡導人類平等的教義，絕非沉溺於富貴權力的麥加領袖們所樂見。他們注重部族的連帶關係，相信族譜與血統的價值、崇拜部族的神祇，因此很難接受信奉眼見不著的唯一的神，且又提倡救濟弱者的伊斯蘭。反倒是窮人或弱者，皈依了以人類價值為訴求的新教。但沒能得到部族保護而皈依伊斯蘭的人，也有人遭受迫害、命喪黃泉。

認定了真主阿拉而追隨穆罕默德者，儘管人數日增，相對於麥加的人口來看卻仍屬極少數，不過是一萬人當中約有兩三百人罷了。但他們心中滿是堅定的信念，挺過了迫害。麥加的危機感愈形強烈，竭盡各種手段試圖壓制伊斯蘭。從開始宣教後過了十年左右，穆罕默德的日子過得很難熬。從麥加的角度來看，阻止伊斯蘭擴張的戰鬥眼見就快成功。此時，保護穆罕默德的族長身故，新族長表明不再保護穆罕默德。而長年跟隨穆罕默德身邊支持他的妻子哈蒂嘉也已撒手人寰。穆罕默德勢必無法再留在麥加。在此危機之際，穆罕默德決定另覓天地棲身。麥加當局得到穆罕默德即將出逃的消息，為了殺害他而派出了討伐軍。

在這出逃的夜裡，要是暗殺得手，伊斯蘭也將結束它短暫的歷史。但是相對地，從之後的歷史看來，儘管這一晚的出逃命懸一線，但也邁出了之後伊斯蘭發展的第一步。前方延伸的是一條邁向伊斯蘭共同體與國家的道路。更讓人意想不到的是，在穆罕默德死後，竟然會有伊斯蘭帝國的誕生。

留在麥加的日子裡，可說是百般艱辛忍受迫害。然而從這一刻開始，時代的樣貌也起了變化。穆罕默德和盟友阿布．巴克爾出逃的前方，等待著他們的是手握劍柄的吉哈德（Jihad）時代。要想成功地建設伊斯蘭共同體，實現建國之夢，防衛也就無可迴避。

◎新型態的帝國

本書將針對伊斯蘭的宗教、社會、國家的教義加以考察。我將從伊斯蘭誕生之前的西亞政治情況來談，一步步解析最初伊斯蘭國家的成立及其如何發展成帝國。伊斯蘭帝國的成立與發展，從很多層面來說，在人類史上可說是獨放異采。位於拜占庭帝國與薩珊波斯帝國所包夾的阿拉伯半島，有很長一段時間是不具國家型態的政治空白地帶。在這裡誕生的嶄新伊斯蘭教義，在極短的時間內就孕育出空前的世界帝國，光憑這一點就堪稱是歷史上的大事。而這起歷史上的事件之所以令人深感興趣，乃在於建構帝國的是出自名為伊斯蘭的宗教之手。

本書所要探討的是西元七世紀至十世紀。伊斯蘭在七世紀時由始祖穆罕默德在麥加和麥地那確立。他所建構的伊斯蘭共同體曾擴及整個阿拉伯半島，在承繼其大業的後人發起「穆斯林的征服」後，更大力地將版圖推出了阿拉伯半島，同時邁向了帝國的時代。在「持劍的吉哈德」下，正統哈里發時期（六三二至六六一年）到伍麥亞王朝時期（六六一至七五〇年）的版圖更加擴張，國家的體制也由城邦逐漸發展成帝國。之後的阿拔斯王朝（七五〇至一二五八年）確立了伊斯蘭帝國，特別是到十世紀中葉，堪稱為黃金時期。「帝國」不僅指的是歷史上曾經存在的各個帝國，近年來也常用來指現代的超級大國。在本書中，我以繼承了薩珊帝國和拜占庭帝國傳統的阿拔斯王朝為例，將「帝國」定義為「在偉大的教義統合下所形成的多民族、多語言、多宗教、擁有廣大版圖的國家」。光靠軍事力量或權力，就算是再如何專制或鎮壓，都不足以讓帝國維持下去。想要在廣大的區域裡統治多個種族，必須要有足以包容這些人的教義。

我們看到的伊斯蘭帝國有個最大的特徵，如同我們所提及的，即由伊斯蘭的教義所塑造。歷史上不乏與宗教結合而建立的帝國，但僅憑宗教教義就能創建一個帝國卻很罕見。伊斯蘭很明顯地，和一般我們理解的宗教並不一樣。其中包含著宗教與政治的統合，即政教合一的問題。它背後的社會觀與世界觀值得人們深入思考。

而在六三二年始祖穆罕默德死後，僅僅一個世紀左右，伊斯蘭所支配的領域快速地向東西擴張，西及歐洲的伊比利半島，東到中亞細亞。這就是俗稱「伊斯蘭的征服事業」。軍事力支撐下所成就的勢力擴張，在歐洲長期被誤解為「靠著武力來宣教」。即使到了現代，還是被馬克斯．韋伯添上了偏頗的特徵，認定為「戰士的宗教」。「右手拿劍，左手拿古蘭經」這個謬誤的印象在歐洲一直到現代都還廣為流傳，甚至還傳到了日本。

換個說法，也許這是源自於對吉哈德的認識使然。吉哈德多被譯為聖戰，但這不過是其中的一個面向。吉哈德的主要意義原來指的是建立社會正義，屬於政治、社會層面的議題，以及由此延伸出來的「信徒為此不惜犧牲自我」的宗教上的命題，「吉哈德」這個命題和伊斯蘭固有的講求融合的世界觀同時被傳遞開來，彼此交融，之後的伊斯蘭帝國才得以包容由多民族、多人種、多語言、多文化組成的人們，也才足以建構融合多個不同宗教的體系。乍看之下，吉哈德與「融合」似乎風馬牛不相及，但二者實際上在伊斯蘭帝國的基礎上彼此牢牢地結合在一起。

◎現代對伊斯蘭的理解

當我們回顧自己生活的現代，我們會想起發生在二十一世紀最初的那一年，在美國發生的九一一事件。這個事件對國際社會帶來極大的衝擊與影響。也因為這個事件，社會上開始強烈關心起伊斯蘭的吉哈德。甚至還有人很武斷地將吉哈德與恐怖攻擊連上關係。這種單純的簡化不僅助長了對伊斯蘭的誤解，也妨礙了對今日國際社會實際現況的理解。如果將吉哈德定調為武力行使，不只是違反歷史事實，也會再度造成對現代伊斯蘭的錯誤想像。

伊斯蘭是一種結合宗教與國家來考量的觀念，在國家的層面上並不否定使用武力。甚至在必要的時候，肯定軍事力的行使。這和其他宗教講求與政治切割、企求和平不同，也是造成人們對宗教的伊斯蘭不易理解的原因。但就另一面來看，伊斯蘭講融合的教義，強調為了融合，軍事力量可以被容許。伊斯蘭認為，若無法捍衛鄉土，維持社會秩序，人們就無法安居樂業。由此可見，在很多方面，伊斯蘭的這些做法是務實主義的，「吉哈德」與「融合」這兩個教義間的平衡，因此需要得到適切的理解。

事實上，光靠武力不足以創建一個維持數世紀的帝國。而且談到伊斯蘭帝國，往往認為只有伊斯蘭單一的色彩，實則不然。歷史事實是，在最初的一、二世紀，帝國內的穆斯林人口仍屬少數，之後的伊斯蘭帝國不斷包容了其他的宗教社群。包容的教義是伊斯蘭帝國的基礎。受到包容的人們出於合理考量，認為自己也有利益，所以才會肯定帝國的存在，並從而參與帝國的構築，這一體制才得以永續。吉哈德所確保的安全保障，很明確地，是提供帝國正當性的一項要素。

接下來的幾章，我希望能針對這種具有兩面性的複雜問題，從伊斯蘭的成立、到它的發展，找出其中的原貌，同時一一解開答案。而我個人期盼的是，藉由從歷史中找到真實的面貌，從而在思考現代與未來時得到啟示。

第一章
帝國的空白地帶

阿拉伯半島的沙漠　駱駝的家畜化讓人們生存在乾燥地帶成為可能。圖為阿拉伯半島中部的達哈拉沙漠駱駝群。

古代帝國之間

◎乾燥地帶的景象

阿拉伯半島的氣候、風土堪稱嚴酷。即使在多為乾燥地帶的中東，阿拉伯半島還廣布大片的沙漠，幾乎沒有河川，生存條件更形艱難。從史前時代起就逐漸沙漠化，除了葉門地區得天獨厚、能得到雨水澆灌而從事農業的山岳地帶，其他的地區多是依靠綠洲才得以生存。所以常有人說，嚴酷的生活環境與水的重要性醞釀了阿拉伯人保護旅人的習慣，還有協同部族間合作以求安全保障的觀念。

乾燥氣候如今依然嚴酷。只是二十世紀之後，人類進入了能源革命與大量消費工業產品的時代，擁有能源的資源國也因而成了「產油國」，發達了起來。阿拉伯半島周邊縕藏著大量的原油，沙烏地阿拉伯、科威特、阿曼，阿拉伯聯合大公國、卡達等產油國，在國際上名聲也變得響亮。加上鄰接半島的伊朗、伊拉克在內，已知全球的原油有一半蘊藏在這裡。

而今當我們來到阿拉伯半島時，赫然發現沙漠的另一端出現了現代都市。沙烏地阿拉伯的首都利雅德是其中之一，聖城麥加的入口，港灣城市吉達亦然。過去規模尚小的傳統城市面貌不變，支撐著全球經濟的石油工業城市紛紛在阿拉伯世界的各地成立。巨大的現代化機場、高樓大廈，植栽夾道的路街或是出產大量小麥的農地等，無一不是用石油帶來的財富轉換而得的。

但除掉人類能夠介入的一部分區域之外，現今依然還有一片蒼茫的廣大沙漠。由現代城市往外走，眼前將是沙漠的美景。沙漠通常在日語寫成「砂漠」，但嚴格來講，不管其土質是不是砂礫，都該寫成「沙漠」才對。如同字面所寫，水分稀少的是「沙」，「日本沙漠學會」用的也是「沙」這個漢字。

即使平日住在冷氣吹送的現代建築中，有時候出門到沙漠也成了半島居民的休閒活動。在休假日駕駛著荒原路華（Land Rover），載上地毯，一家人驅車前往郊外。遠眺著沙漠，享受著天倫之樂。相對於我們一向理所當然以為山河才是美麗的自然，在那裡確實有著不一樣的生活模式。

那裡到處是山，且山上多布滿岩石，幾乎草木不生。不過在草木茂盛之處，一枯一榮，生與死的輪迴不斷重複。但是沙漠和岩山的情景則超越了時空，阿拉伯半島的這種景觀，很容易引導我們進入到伊斯蘭誕生之時，甚至是更早的、麥加有了水源，變得適合居住的時代，它周遭環繞沙漠的嚴苛環境，仍和今日幾乎毫無二致。麥加的卡巴聖壇（Kabah）有口井稱為「滲滲泉」，自有伊斯蘭以來，解了無數居民與朝聖者的渴。也因為有了像滲滲泉這樣的水源，麥加才適合人們居住。但水源究竟起自什麼時候，歷史上沒有明確的記載。

◎阿拉伯半島的地理

我們來細看伊斯蘭帝國發祥地阿拉伯半島。

這個半島在世界上的半島中，面積之大也算數一數二。阿拉伯人常常簡稱為「阿拉伯人之島」、「阿拉伯島」。半島東側為印度洋、阿拉伯海，南北則為紅海及波斯灣環繞，其餘則和亞洲大陸相連，但卻隔著大片的沙漠，不難了解何以會視之為「島」。越過沙漠往西北前進則可到達地中海。往地中海方向，究竟到哪一帶還算是半島，則有幾個看法。有人認為幼發拉底河就是

滲滲泉　為朝聖者義務提供泉水，讓人感受來自神的祝福。

1986 年落成的新馬里卜水庫　水量充沛，湛藍的蓄水湖。

「島」的北界。

雖不知在古代從何時有「阿拉伯人」，但在伊斯蘭成立前後，阿拉伯半島上就已經住著具有明確的阿拉伯意識的人們。在當時「阿拉伯人之島」的阿拉伯人，當然和現在的阿拉伯人不同。他們說著阿拉伯語，擁有類似的部族的族譜，稱自己為「阿拉伯」。之後的阿拉伯人中，有些人是繼承了這些人血統的子孫，但也有很多人則是透過伊斯蘭和阿拉伯語認同自己是阿拉伯人。

將半島中以地理來區分，大致可分為五區。葉門、漢志、帖哈麥（紅海沿岸）、內志（Najd，指高原區）、還有被稱為「空白的四分之一」的沙漠在內的半島東部。在本書中，前兩個地區特別具有意義。瀕臨印度洋的東南角是葉門，這個地區自古以來就有眾多人口。中間是聳立的山岳地帶，但這些山岳地區得到雨水澆灌得以農耕，而山脈東側的低地有乾谷，能將雨水聚集。馬里卜省古代曾有水庫，現今仍留有一部分遺跡，不難想像往日的雄偉。近年在阿拉伯聯合大公國的支援下，建設了「新馬里卜水庫」。當我們看到充沛的水量，清湛的水面，不難想到地表下藏著多大股的伏流。

古代葉門利用季風，在印度洋上的交易非常繁盛，從亞洲來的香料等在此上岸，透過商隊的貿易運往地中海區域。利用季風一事長期被視為機密，購買香料的歐洲人無從得知這些東西原產地在何處，因此羅馬人稱葉門為「富饒的阿拉伯」（Arabia Felix），大表羨慕。

從葉門的山岳地帶往上向北延伸的紅海沿岸地區稱為漢志地區。伊斯蘭就是在此誕生。舉幾個重要的城市來說，從南起有塔伊夫、麥加、亞斯里卜（之後的麥地那）等。其中麥加因為有卡巴聖壇，朝聖者眾，因此也掌握了商業樞紐。麥加之所以變成商業樞紐，也是因為

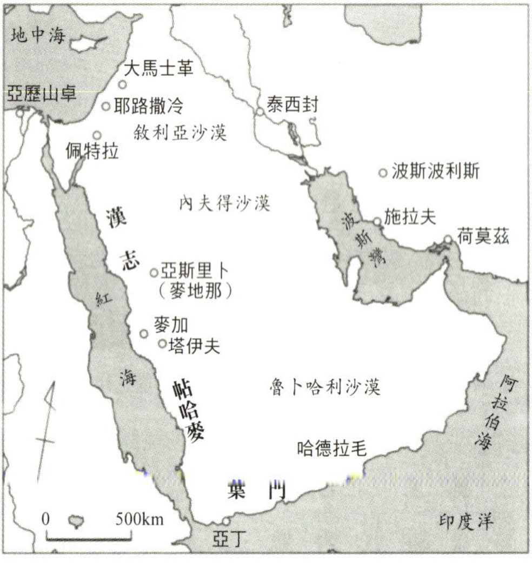

六世紀的阿拉伯半島

位處熾熱地帶，幾乎沒有可耕之地，若不以商業安身，生活可能無以為繼。離麥加南方五十公里處的塔伊夫，氣候倒是舒服很多。我們可從今日沙烏地阿拉伯王國以此為夏都（國王的避暑地）得知。

紅海沿岸漢志地區的南邊一帶叫帖哈麥地區。這裡也算在漢志之內，是葉門的山岳地帶和紅海所包夾的低地，從山岳地帶陡急而下。夏季時溫度濕度皆高，酷熱難耐。筆者在盛夏曾到被稱作「熱到連瘧疾都發不起來」的帖哈麥一訪，記憶中是悶熱得讓人無言。帖哈麥地區對我們來說似乎是沒緣沒由的地方，不過十六世紀時這裡有個因出口咖啡豆而繁榮的港口穆哈，也就是摩卡。摩卡這個名詞如今在日本人的餐桌上也已經是普通名詞了。不過，咖啡被當作飲料，摩卡因而成為繁榮的港口，都是在禁酒的伊斯蘭擴張後過了好幾世紀之後的事了。

◎無王權也無大城市的半島

阿拉伯半島中央的內志高原區，在伊斯蘭發展前幾乎毫無重要性。即使在伊斯蘭時代，也還說不上舉足輕重。進入十八世紀，一直到沙烏德（Āl Saʿūd）氏族建立政權前，其政治上的意義不大。就像沙漠中的沙一般，緊握在拳頭裡還能控制，只要力量稍微鬆開就只能任它散落的各個遊牧部族，一直在這個區域生活。

阿拉伯半島不知究竟在何時成了這般的乾燥地帶。據說在西元前兩千年中葉，這裡氣候潮濕，也有很多興盛的城市。古蘭經裡也出現了幾個已滅絕的阿拉伯人的城市名，近年來曾進行過遺跡挖掘。

總之，在乾燥地帶上要能移動、生活，遊牧技術因此變得重要了起來，特別具有決定性的是駕馭駱駝的技術。中東的駱駝是單峰駱駝，據傳最早被人類當家畜豢養始於西元前三千年紀（西元前三千年到前二〇〇一年），也因此沙漠才成為人類可居住的地區。不過由於遊牧民族幾乎沒留下什麼文字史料，很難得知他們活動的詳細歷史。

農業產能低，代表沒有辦法維持大多數人口的生活。就算在綠洲上建立了城市，也沒有一個足以整合這些地方的大國。例外的是葉門，在這裡有過興盛的希巴王國與希木亞爾王國。但只要一有災害，人民就得遭受飢荒，迫使人口大舉北遷，這種情況在葉門一直上演。阿拉伯半島整體，人們在極嚴酷的環境中拚命地求生存，每遇到危機就往北走，遷移到敘利亞、地中海地區。這樣的歷史未曾間斷過。

因為無法做到人口集中、剩餘生產物的累積以及城市建設，國家也成長不起來。阿拉伯半島，從歷史上來看，說它既無王權也無大城市並不為過。少數的例外是具有農業生產力的葉門，以及半島北方外圍的敘利亞、伊拉克一帶，這裡曾經有過幾個小小的王國。例如伊斯蘭發展前不久的五世紀末到七世紀初，敘利亞的嘎珊王國（Ghassān），其實就是拜占庭帝國的附庸國。就屬於阿拉伯人的小王國來說，伊拉克的拉赫姆王朝也算在內，這個王國從三世紀末就存在，在六〇二年被薩珊波斯所滅。此外曾經有個部族聯盟建立的金達（Kindah）王國，但疆域未及漢志地區。總之在阿拉伯半島的歷史上，處於中央地帶的漢志地區，無論從文明的角度，或帝國的角度來看，都是空白地帶。

上述即我在談伊斯蘭如何發展前，先就阿拉伯半島的地理所做的說明。不過伊斯蘭若沒有誕生，這個半島肯定永遠都只是世界的一角，應該也就不用特地就各個地區的特徵加以討論。

◎卡巴聖壇的起源

麥加周邊為低矮的岩山所圍繞，但算不上防衛要衝。在伊斯蘭興盛之前，就已經有了卡巴聖壇，在阿拉伯半島上地位舉足輕重。當時的多神教崇拜的對象有巨木、奇岩等自然物，還有從北邊的希臘及納巴泰（自敘利亞和阿拉伯的邊界、幼發拉底河至紅海的綠洲地區統稱）所傳來的諸神。這些被崇拜的偶像是各個部族的守護神，在神話中有其體系，但尚未出現足以成為信仰中心的神殿或神官組織。不過即使如此，卡巴聖壇仍具有獨特的地位。在到訪卡巴聖壇的四個禁月中，部族之間有共同遵循的規矩，禁止發生衝突。

從五世紀左右，隨著古萊什族的貿易興盛，麥加也愈發具有了商業城市的功能。朝聖和市場交易相結合，對麥加來說大為有利。

卡巴聖壇不知究竟由誰在何時建造的，這件事只能從口述傳承得知。據傳，是亞伯拉罕（阿拉伯語稱之為易卜拉欣）來到此地，與兒子伊斯瑪儀（聖經翻成「以實瑪利」）共同建造。伊斯瑪儀和母親哈嘉兒（夏甲，Hajar）一起定居於此，並和阿拉伯人的部族之女結婚。哈嘉兒原只是奴隸身分，是亞伯拉罕的側室。哈嘉兒和伊斯瑪儀被葬在面對卡巴聖壇西北邊的牆下，被稱為「希諸爾」（Hijr-Ismail，天）的地方。

根據口述傳承，亞伯拉罕將哈嘉兒和幼子丟下，哈嘉兒為了給襁褓中的兒子找水喝，看到海市蜃樓而來回奔走之時，伊斯瑪儀的腳邊冒出了泉水，也就是滲滲泉。據說，哈嘉兒來回奔走之處是在薩法和瑪爾瓦兩座略高的岩山之間。依著這一段傳說，即使到了今日，朝聖者還會在兩山之間來回巡禮。伊斯蘭的朝聖禮儀很多是從伊斯蘭之前就流傳下來，在兩山之間來回巡禮，也是從七世紀之前就一直進行的儀式。

後來亞伯拉罕得到神的啟示，和兒子在泉水旁建造了一個石製的立方體，這就是「真主所在處」卡巴聖壇。當然這個傳說中他建造的聖壇並沒有留下遺址。穆罕默德誕生之前，卡巴聖壇曾幾次被洪水沖毀，也屢次修築（麥加山谷的水源雖少，但會因為短時間的大雨造成洪水）。穆罕默德出生後，大約是西元六〇五年左右，也曾經參與重建卡巴聖壇的工程。以「卡巴」（Kabah）這個名稱指的正是立方體來看，聖壇之後就算經過幾次重修，基本的造型應該一直被傳承下來。

舊約聖經中對伊斯瑪儀的子孫成了阿拉伯人一事稍有著墨，但對亞伯拉罕來到阿拉伯半島一事卻隻字未提。西方人當中有人以此否定阿拉伯半島上流傳的故事，但就算漢志地區不為聖經紀錄者所關心，卻沒有證據顯示這個不受關心的地區什麼事都沒發生。現實問題是，地中海地方的史料中首次出現麥加（以「麥可拉拔」之名出現）的是二世紀托勒密的《地理學指南》，所以有可能在那之前漢志地區完全沒受到任何注意。

穆罕默德重建聖壇　聖壇重建時，穆罕默德將黑石放置在斗篷上。（繪於 1315 年的圖）

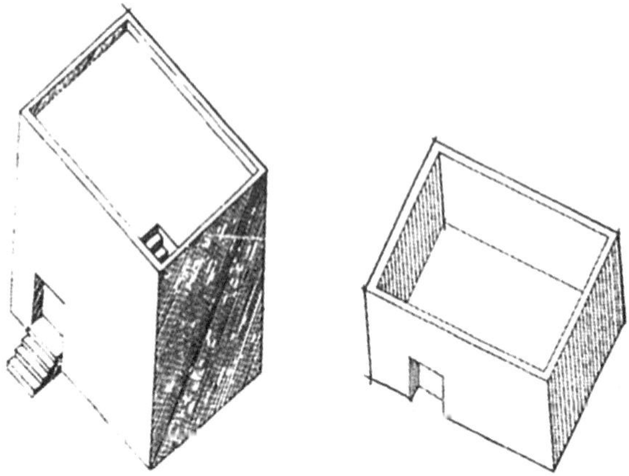

卡巴聖壇的想像圖　右圖為亞伯拉罕所建的聖壇，當時沒有屋頂。左圖為古萊什族重建時（605 年左右）的聖壇。

◎古萊什族定居麥加

古萊什族定居在麥加約是在五世紀中葉左右。日本譯文中稱「族」，但在原文裡通常作「班努」（Banu）。「班努・某某」意指「某某的子孫」。後代子孫一定會以某個出人頭地的前輩感到驕傲，但究竟是在什麼時候由誰開始稱「班努・某某」（某某族），會因為不同的部族集團而不同。部族歷經幾代後成長茁壯，自然也會開枝散葉為各個支族，這些支族是有自我認同的小單位，但面對其他集團時，則以整個部族的大單位來宣示自己的存在。

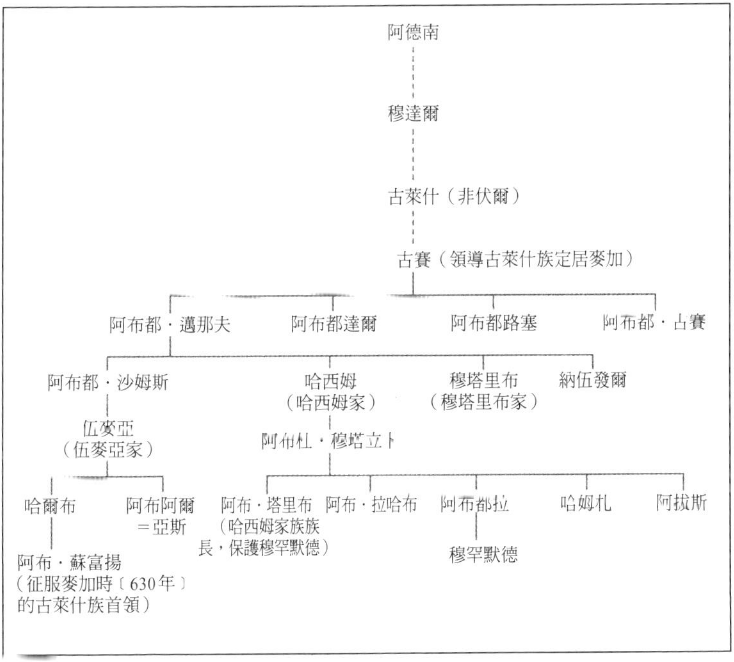

古萊什族的族譜

既稱為古萊什族，當然是古萊什的子孫，但這個祖先的本名是非伏爾。不知何以只有古萊什族不被稱為「非伏爾的子孫」而以「古萊什」之名傳世。非伏爾六代後有個優秀的領導名叫古賽（Qusayy），他把整個古萊什族統合起來，帶領他們定居麥加，成為這個地方的主導部族。穆罕默德則是接下來五代後的子孫。

古萊什族來到麥加時，早有其他部族在此定居。古賽從早先定居於此的弗薩爾族手中奪得了卡巴聖壇的管理權。管理權包括打開卡巴聖壇的鑰匙（聖壇內部是空的殿堂，外面裝有金屬的門）、以及為朝聖者供水的權限。古賽把這些權利分配給古萊什族的各個部族（部族內分支的單位），也被各個部族視為榮耀。

人類宗教思想地圖

◎人類文明之搖籃

這個古萊什族的子孫當中，出了穆罕默德這號人物，成為伊斯蘭的開山祖師。不僅如此，他也在阿拉伯半島上建立了史上第一個統一的國家。這個國家更在他死後不久成為橫貫東西的伊斯蘭帝國。

這件事還有著一個很大的「謎團」。究竟是在何等條件下，讓伊斯蘭的出現成為可能，又何以在阿拉伯半島會誕生這個世界級宗教，從這裡又如何能建立新興的世界帝國，在在都是謎。如同我們曾提過的，阿拉伯半島位於當時文明的邊陲地區，會誕生像伊斯蘭這樣的新文明，即使到了今日仍讓人覺得不可思議，難以想像。

由帝國的觀點來看，也是一樣不可思議。在今日中東地區美索不達米亞與埃及既是文明的搖籃，從很早期就產生了城邦，也出現過幾個堪稱為帝國的大型國家。今日所

六世紀的西亞、地中海世界　兩大帝國與空白的阿拉伯半島

謂「中東」，古代則稱為「東方」。東方是人類文明的搖籃，無論是王權、城邦、文字等，有很多文明的概念與思想體系都是在古代東方蘊育而生。

最初統一這個地區的應該是亞述帝國。西元前七世紀的亞述帝國位於今日伊朗的西部，統治的領域包括伊拉克到埃及。在那之前，處於新王國時期的古埃及，儘管勢力擴及亞洲，但始終未及伊拉克與伊朗。西元前六世紀的阿契美尼德波斯，發展成疆域擴及中東全域的大帝國，包括巴基斯坦西半部，伊朗、伊拉克、敘利亞、埃及，甚至歐洲也有它的勢力範圍。

幾乎將這片疆域繼承下來的，就是馬其頓的亞歷山大大帝。而在地中海地區，包括西地中海在內，出現了我們稱之為「帝國」的元祖，羅馬帝國。它東西分裂後，東部的拜占庭帝國由東地中海擴張到西亞地區，和薩珊波斯互爭長短。在伊斯蘭出現前的五世紀後半到六世紀，拜占庭帝國與薩珊帝國為兩大帝國，介於兩者間的伊拉克到敘利亞之間成了兩大霸權必爭之地。

若是在這個地區還有下一個帝國誕生，而且還承繼拜占庭帝國與薩珊波斯帝國，這個帝國會從哪裡出現呢？關於此問的答案是：波斯、美索不達米亞、埃及、東地中海等地區都有可能。但沒人會想到，從來沒有國家建立於此、地處遙遠邊緣地帶的漢志地區，竟會誕生新的帝國（而且從國家的誕生到變成帝國，是如此迅速）。

◎基督宗教世界的煩惱

伊斯蘭帝國的出現，對歐洲來講是個棘手的問題。薩珊帝國統治的波斯被穆斯林所終結，西方各國則是直接面對在伊斯蘭的壓力之下力求生存。拜占庭帝國雖然勉強存活下來，但是領土過半被穆斯林所奪。而其他在地中海北側得以生存的基督宗教國家，則不得不思考伊斯蘭帝國究竟從何而來。

眾所周知，基督宗教是在西元開始後誕生於巴勒斯坦地區，在羅馬帝國的統治下而擴散。它遭到信奉多神教的帝國禁抑，且屢屢加以嚴苛地鎮壓，然而三一三年，不敵基督宗教擴展之勢的君士坦丁一世發布了寬容基督宗教的法令（米蘭敕令），之後的皇帝甚至還在三八〇年，將勢力強大的基督宗教訂為國教，以利統治帝國。之後雖然曾出現試圖藉多神教頑強抵抗的皇帝，如被稱為「叛教者」的尤利安（在位期間三六一至三六三年），但皆回天乏力。

因此五至六世紀時，基督宗教終於傳到了地中海地區，更試著向東方發展。拜占庭帝國歷經了和波斯帝國超過百年的激烈爭戰，若是拜占庭帝國成了最終的勝利者，基督宗教應該也會擴散到波斯的領土。若說基督宗教的昌盛才足以證明這個宗教的正確性，那麼伊斯蘭的出現與多處基督宗教領地的喪失，則對歐洲帶來了嚴重的思想危機。

大膽地說，歐洲在八世紀之後的幾世紀，一邊學習伊斯蘭帝國及其文明的同時，也費盡心力思考如何戰勝伊斯蘭世界。歐洲的界線因為伊斯蘭帝國領土的擴展，而被迫退到地中海的北側，想要打破這個局面，勢必得和伊斯蘭決出勝負。伊比利半島上發生的「收復運動」（reconquista）、十字軍與大航海，無一不反應著這項動機，具有濃厚的對抗伊斯蘭的色彩。

而這也讓歐洲始終對伊斯蘭世界採取敵對的態度。即使隨著時代變遷，在現代西方對伊斯蘭的理解、及自身與伊斯蘭世界的關係上依然留有陰影。

◎一神教與多神教

想理解伊斯蘭的崛起，必須要有更寬廣的視野。在此，我想從宏觀的人類史角度來思考。

從西亞到東地中海一帶，遍布著古代流傳下來的豐富的宗教遺產。很多帝國都因與宗教上的深刻連結而崛起，這些帝國的君王也往往被視為神。從神殿的遺跡來看，最先進入眼簾的是多神教信仰的風華。

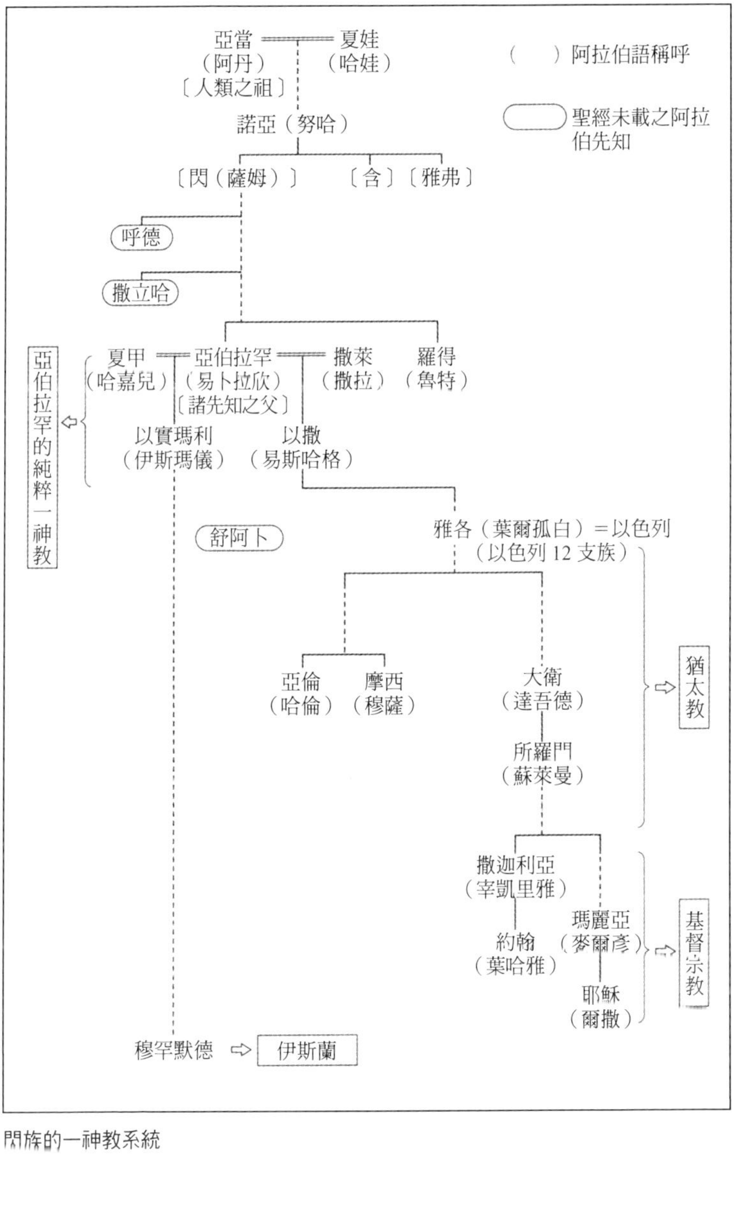
亞當（阿丹）〔人類之祖〕
夏娃（哈娃）
（　）阿拉伯語稱呼
聖經未載之阿拉伯先知
諾亞（努哈）
〔閃（薩姆）〕
〔含〕
〔雅弗〕
呼德
撒立哈
夏甲（哈嘉兒）
亞伯拉罕（易卜拉欣）〔諸先知之父〕
撒萊（撒拉）
羅得（魯特）
亞伯拉罕的純粹一神教
以實瑪利（伊斯瑪儀）
以撒（易斯哈格）
舒阿卜
雅各（葉爾孤白）＝以色列（以色列 12 支族）
亞倫（哈倫）
摩西（穆薩）
大衛（達吾德）
所羅門（蘇萊曼）
猶太教
撒迦利亞（宰凱里雅）
約翰（葉哈雅）
瑪麗亞（麥爾彥）
耶穌（爾撒）
基督宗教
穆罕默德
伊斯蘭

閃族的一神教系統

講到有主神與其他眾多諸神的世界，首先浮現在腦海的可能是古代雅典的帕德嫩神廟。從目前殘存的衛城丘上的神殿遺跡，依然可以看出它的雄偉。說起雄偉，位於地中海東岸的黎巴嫩境內有座巴勒貝克神殿更勝一籌，它的起源更早，原初主祀的是主豐饒的巴力神。今日依然可看到其遺跡，即朱庇特神殿。日本人較熟悉的應該是古埃及的神殿，特別是位於盧克索的卡納克神殿，祀奉的是以阿蒙·拉為中心的諸神，在中東也數得上是最壯觀的神殿。

但這些多神教如今去向何處？基督宗教的一神信仰切斷了諸神的命運，之後的伊斯蘭則徹底地終結這一切。古代的東方世界也因此從世上消失。問題是從多神教轉變為一神教，應該被視為「進步」與「發展」嗎？人類由精靈崇拜這種「原始的」宗教，進展到較高層次的宗教，最後成為一神教，這種發展樣貌，在十九世紀的歐洲伴隨著進步史觀而廣為流傳。即使到了今日，我們依然帶著這樣的印象。

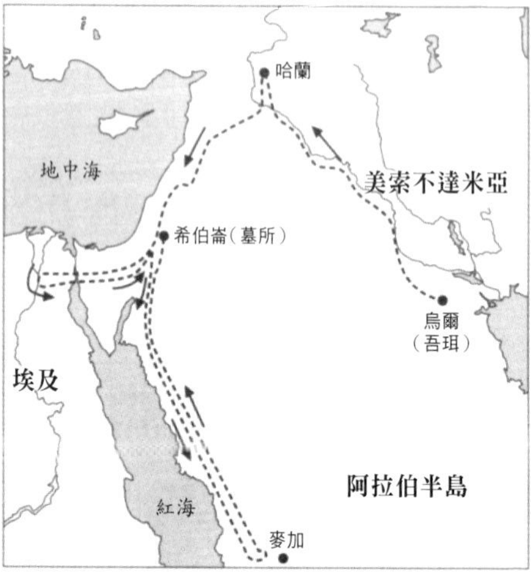

聖經和古蘭經提及的亞伯拉罕（易卜拉欣）遷移

不過，宗教與文化卻和工業與經濟發展不一樣。在世界各地並不存在一個從其固有的信仰模式，像是經濟水準也會提升一般，最後都出現了一神教的事實。我們所知道的一神教，是閃族的一神教，屬於猶太教、基督宗教、伊斯蘭教一系，都是源自於中東進而擴及其他區域。「閃族」的說法其實得自於諾亞其中一個名叫「閃」（Sem）的孩子。這些一神教的先知，都被視為閃的子孫。更客觀地說，「啟示」是透過閃族諸語（摩西的希伯來語、耶穌基督的亞蘭語、穆罕默德的阿拉伯語）所流傳。閃族的一神教特徵是，將唯一的神與被創造者加以嚴格區別，若是繪製人類的宗教思想地圖，這樣的一神教看似中東固有的宗教。「中東」這個詞本身包含的意義甚廣。閃族的一神信仰若是由亞伯拉罕開始的話，他出生在今日的伊拉克，否定星辰信仰，又試圖宣揚獨一神的教義，以致被逐出家鄉。又參考敘利亞、巴勒斯坦、埃及甚至是伊斯蘭的傳說，他曾在阿拉伯半島的某一區域流浪，最後在神所授與的「應許之地」巴勒斯坦結束一生。現今的巴勒斯坦還有據稱為他的墓地。哈利勒（Halil）這一個城市的名字，阿拉伯語的意思是朋友，取自他為「神之友」之意。猶太教、基督宗教、伊斯蘭，地理上來看都是出自這一個範圍內。

◎肥沃月彎的宗教體系

亞伯拉罕之前究竟發生過什麼事，光從歷史記錄上看不出所以然。那是因為和一神教有關的記錄多以舊約聖經為中心，但舊約聖經畢竟是宗教經書而非史書，想要從中瞭解也有限。有些研究將聖經與各地出土的考古學資料相比照，提出了各種假說，但我們卻無從得知何者是決定性的事實。歷史學者也有人提出看法，認為亞伯拉罕並非實際存在的人物。

當然，有些對舊約聖經發展成猶太教脈絡的研究做得極為縝密，來考察一神教的成立。但這樣的研究雖然把基督宗教納入考察的對象，但同為一神教的伊斯蘭幾乎沒被注意到，或是把伊斯蘭的出現解釋成猶太教與基督宗教傳播的結果。從研究伊斯蘭的立場看來，這些都不具有足夠的說服力。

還有一種看法認為，應該要著眼在有史以來被稱為「肥沃月彎」的地區自古就有兩個宗教體系，即多神教與一神教的競爭。那是因為，在任何地方如果獨一神是普遍的概念，那麼要問的是，何以獨獨在肥沃月彎，此一神教會如此強大。基督宗教的世界裡，因為確信自己占有優勢，一神教終將廣為流傳，所以不會產生「為什麼」的疑問。不過似乎也未曾有人對此懷疑，閃族的一神教在中東固有的文化磁性。

話雖如此，把一神教當作中東的特色其實是謬誤的。因為在基督宗教、伊斯蘭流傳之前，自古以來多神教一直具有壓倒性的影響力。就算對猶太教和基督宗教而言，古代的以色列建國如何重要，但在古代的東方整體來看，以色列都不過是一個小小的王國。更何況以色列本身就算建國者是信奉一神教，內部還是和多神教有所磨擦，甚至多神教的威勢時而更占上風。這件事連站在一神教立場的聖經都明白地記載。

總的來看，這個地區起碼在西元前兩千年紀起，就有著多神教與一神教競爭的歷史。不過在舊約聖經中，多神教常占上風。但基督宗教出現後約三世紀，在宗教上征服了羅馬帝國，確立了一神教的優勢。伊斯蘭出現在七世紀，到八世紀就成就了前所未有的巨大的帝國。它的版圖還凌駕羅馬帝國之上。

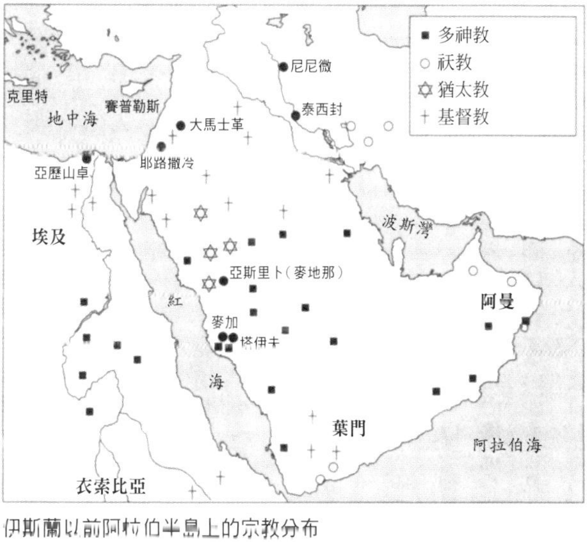

伊斯蘭以前阿拉伯半島上的宗教分布

研究伊斯蘭史的大家後藤明以「一神教革命」的概念來稱呼。他認為伴隨著基督宗教的出現，地中海一帶興起了一神教革命，伊斯蘭繼承了這一個脈絡並且加以發展。以「革命」稱之，極具吸引力。革命，意指翻轉，也意謂著和過往的切割。也就是說，基督宗教不僅僅是發展自舊約聖經的傳統而已，其中還有革命性的轉變。因此古代東方的多神教世界也消失了。

我們往往流於強調基督宗教和伊斯蘭的不同，殊不知就一神教革命這一點來看，二者有甚多共通之處。不過就革命性來講，也許伊斯蘭更加透徹。但在帝國的結構原則上，兩個宗教間有著極大的差異。這將在第三章再談。

◎伊斯瑪儀的傳說

我們談得如此之多，無非是因為伊斯蘭的誕生還有太多未解之謎。史實上，穆罕默德生在麥加，宣傳伊斯蘭教義，並且在麥地那建立了具政權形式的伊斯蘭國家，然後離世，這些都無庸置疑。但如此具有規模的大帝國，何以在這麼短的時間建立；這樣的宗教教義為何會在這樣的邊陲地區出現，至今仍不可解。各家所說，都是依結果來加以說明，無法讓人有解開謎團的快感。

建設伊斯蘭帝國的原動力，無疑地一神教的宗教特性占了很重要的地位。若要問起這個概念從何而來，歐美的學者總是無法擺脫單純的傳播論，認為穆罕默德是和基督宗教還有猶太教接觸而受到影響。此說固然證據薄弱，不足以證明這樣的論點屬實，而且只透過文化傳播，就足夠讓世界史產生如此巨變，這個前提恐怕也有謬誤。況且伊斯蘭還建立了帝國，之前的猶太教和基督宗教並沒有。就算基督宗教改變了羅馬帝國，但基督宗教本身並未成為建構帝國的宗教教義。因此，傳播論一說在論證上十分薄弱。

筆者有近三十年的時間，持續從不同角度來探究穆罕默德、古蘭經與伊斯蘭的形成。其中較合理地作為結論的，是亞伯拉罕一支來到了漢志地區，而且在承繼一神教體系上，又出現了穆罕默德這號人物。進一步地說，只有將「肥沃月彎」也包含漢志一帶來看的話，才可能有更完整的說明。

無論是歷史資料，還是近年來對阿拉伯半島所做的考古學調查，如果合併來看，將敘利亞及巴勒斯坦地區與漢志和葉門地區分開來看是不合理的。換句話說，凡是閃語擴及的範圍皆該視為「閃族一神教的故地」。這麼一來也能充分說明，穆罕默德出生時，阿拉伯各個部族已認知到自己是亞伯拉罕、伊斯瑪儀的子孫；他們也認定建設麥加卡巴聖壇的是亞伯拉罕和他的兒子。

舊約聖經的記述者只記錄了亞伯拉罕有兩個兒子，而對以女奴之身被納為側室的哈嘉兒及其所生的兒子伊斯瑪儀這一支則幾乎漠不關心。之後被口述流傳的人物是正室莎拉（聖經中翻成「撒拉」）及莎拉所生的兒子伊薩克（Issac，聖經中翻成「以撒」）一支，這種情況及至耶穌基督與新約聖經的時代也沒改變。

伊斯瑪儀（Ishmael）的這一支，以阿拉伯名為伊斯瑪儀勒（Ismail）南下，成為阿拉伯人的祖先之一。不難想像，這個一神教的一支（伊斯蘭稱之為「純正的一神教」）在帝國的空白地帶上，自由地開拓了自己的領域。「空白地帶」也就意謂著少受到制約，可以說因此能自我發現獨有的價值體系。

阿拉伯人的族系

◎消失的阿拉伯人、阿拉伯化的阿拉伯人

古萊什族和穆罕默德本身都有強烈的意識，認為自己身上留有亞伯拉罕及伊斯瑪儀父子

的血液。自稱是先知的穆罕默德看重自己的血統乃是出自宗教上的意涵，而古萊什族則是在自我意識裡看重血統的高貴。然而伊斯瑪儀還有他的父母，本來並不是說阿拉伯語的阿拉伯人，無須再次贅述。口述傳承中，也明確說出他和阿拉伯部族之女結婚後，才定居到漢志地區。伊斯瑪儀母系才是原本在這塊土地上的阿拉伯部族的血脈，父系則是外族，所以伊斯瑪儀一支被稱為「阿拉伯化的阿拉伯人」。

而純粹的阿拉伯人則有兩大系統，一是「消失的阿拉伯人」，一是「真正的阿拉伯人」。前者如其名，指的是過去往返於阿拉伯半島上、建設城市，但在歷史中消失的諸部族。在古蘭經裡曾出現「阿德人」、「賽莫德人」等幾個族名，實際上是哪裡的部族並無法判明，所以才會成了「消失了」的部族。依古蘭經所寫，曾有先知撒立哈被派來見賽莫德人，但賽莫德人沒有聽信天命而招致滅亡。「撒立哈的城市」（被冠上撒立哈之城的遺跡）被認為是出自將岩石挖空成住居或墓所的賽莫德人之手。

一般認為「真正的阿拉伯人」，指的是建立葉門的希木葉爾王國的阿拉伯人。順帶提，這些阿拉伯人主要屬葉門系統，因此也被稱為「南方的阿拉伯人」。而像古萊什族等「阿拉伯化的阿拉伯人」，則是「北方的阿拉伯人」。阿拉伯的族譜中，南方阿拉伯人是嘎賀坦（Qahtan）的子孫，北方阿拉伯人則是阿德南（Adnan）的子孫。

◎南北阿拉伯之爭

除了「消失的阿拉伯人」之外，所有阿拉伯人系統分為南北兩系，阿拉伯人族系的研究者把他們各自歸為嘎賀坦和阿德南兩人的後代。但這不一定要視為史實。是否為阿拉伯人，實際上不是族譜確認是否有血緣關係就完成驗證，更可以說是一種文化上的自我認同。南北阿拉伯人也各自和阿拉伯語的兩個系統有關。

南北阿拉伯人的對立，曾在伍麥亞王朝時代導致實際的抗爭。但約在十二、三世紀之後，阿拉伯人的南北體系不再是對立的主軸。

從二十世紀中葉後，南北對立已然罕見。筆者想起了自己的恩師悠瑟富．伊比戍博士曾經提過的經驗談。那是在波士頓，有一回有兩個阿拉伯人吵架鬧上法庭，正在哈佛大學唸研究所的伊比戍被找到法庭擔任法官的顧問。「要讓美國法官理解，為何南北阿拉伯人之間存在著對立，以至於兩人在波士頓吵著『諾亞』這個固有名詞在正確的阿拉伯語裡怎麼樣的詞尾變化才是對的，還搞到大打出手，實在是一件難事。」這雖只是一次個人的經驗，但是這一段小插曲可以看出族譜意識作為一種文化，還是具有延續性。

而筆者想說的，並不是族譜意識具有跨越時間限制的永續性，而是認為伍麥亞王朝時的南北阿拉伯人的對立，反映的應該是透過族譜來解釋當時政治、社會上的對立。因為「部族的對立」並不是一個能輕易地和社會、經濟分割而獨立存在的問題。

只是在伊斯蘭成立前後的阿拉伯半島上，人們自我認識的首要基準就是族系與部族意識，那時存在著強烈的部族意識，這一點不容懷疑。而伊斯蘭提出新的教義跨越了這個部族的藩籬。也因此，伊斯蘭國家成功地將過去的對立由內轉向對外。

◎世界史的劇變

這一章我們已經談到掀起世界史劇變的事件——在七世紀前後的阿拉伯半島上伊斯蘭的出現、伊斯蘭國家的建立，以及伊斯蘭帝國誕生的背景。當時的阿拉伯半島在文明上是一片空白，帝國正是在這片空白上建立。其中之不可思議，值得一再強調。當然，我們也談論到在這個空白地帶，其實已有一神教的傳承存在。畢竟若是完全的空白，想來也生不出什麼東西來才是。

紅海沿岸漢志地區的城市麥加，因常有來自於半島各地的朝聖者聚集，而成為商業的中心。麥加的卡巴聖壇和以亞伯拉罕為主的一神教傳承有很深的關係。麥加不獨是由半島內的商業交易所支持，來往於葉門和敘利亞的商旅貿易也支持著這個商業城市的發展。一般定調認為，拜占庭帝國與薩珊波斯經年累月的對抗，讓波斯灣的貿易通道退化，麥加所在的紅海通路因而變得繁盛。

在接下來的三章中，我們將仔細檢視這個堪稱世界史轉折點的伊斯蘭國家如何成立，以及「持劍的吉哈德」如何展開。我們先來看看概略圖。在第二章「信徒的共同體」裡，我講述到，伊斯蘭如果只是以公正的教義來宣教，從而吸引社會中的弱者，並不足以道盡吉哈德的故事。這個時代絲毫沒有人預期之後會出現一個軍事領袖穆罕默德。

因此我們有必要仔細端詳伊斯蘭如何開始的那個時代，才會更明瞭之後的發展。穆罕默德在商人的城市麥加開始倡導新的教義，沒能得到自己部族的接納，屢屢遭受迫害。於是穆罕默德為了尋求轉機，遷移到麥加北方的城鎮亞斯里卜。

接下來是第三章「吉哈德元年」。在這個後來改稱為麥地那的城鎮上，穆罕默德建立了伊斯蘭共同體，確立了政治上的領導權。這也是他在軍事上進行戰鬥的時期。我想特別對三大戰役，還有因此確立的「持劍的吉哈德」加以描述，想探究伊斯蘭的教義為何，怎麼讓信徒願意捨身投入戰鬥。

接著在第四章「烏瑪之為社會秩序」中，我們會看到穆罕默德征服了麥加，統一了阿拉伯半島，甚至在他死後，後繼者還建立了正統哈里發國，開始了「穆斯林的征服」。我們也會看到，在新的共同體（烏瑪）中，吉哈德是如何被賦予了社會建設原理的意義。吉哈德原指的是和自己內心之惡交戰，還有為建立社會的公正而奮鬥努力，而非一種戰爭的邏輯。若真是僅有戰爭意涵，應該不足以延續如此之久。光靠戰爭無法建立帝國。伊斯蘭帝國的優越處，比起在短期間征服廣大版圖，更重要的是對其加以統治，建立一個每個人都能在此生活、繁衍、興旺的帝國。吉哈德究竟如何和建設帝國有關，就是我們論點所在。

從時間的開展來看接下來的三章，談的是從穆罕默德出生（也就是西元五七〇年起），經過了他自稱為先知的六一〇年，隨後是六二二年的聖遷，六三〇年征服麥加，六三二年穆罕默德逝世及正統哈里發體制的建立，以及之後長達十二年的二任哈里發治世的終結為止。第二代哈里發歐瑪爾依照和平條約實現了耶路撒冷開城，此時麥加、麥地那及耶路撒冷三大聖都盡皆納入伊斯蘭傘下。在這段期間合起來約有七十年左右的期間內，無論是麥加或阿拉伯半島，都經歷了極大的變化。

從穆罕默德自稱先知之後計算的話，更不過是短短二十五年間的事。

第二章 信徒的共同體

卡巴聖壇　對著亞伯拉罕所建的聖壇，今日穆斯林們依然禮拜如昔。

穆罕默德這個人

◎一個誠實正直的古萊什族青年

穆罕默德出生時（五七〇年左右）的麥加，人口推估約有一萬人。這種規模的城市裡，誰是誰彼此都認得，更何況居民有很多都是來自同一個族系的部族。統治這個城市的古萊什族，有的支族住在卡巴聖壇所在的麥加溪谷當中，還有的住在近郊。麥加的名聲與地位都因卡巴聖壇而盛，所以支族裡，前者的地位較高。

我想在這裡對所謂的「部族」加上註解。原因是部族有「未開化」的隱喻，因此最近在日本已經不用了。

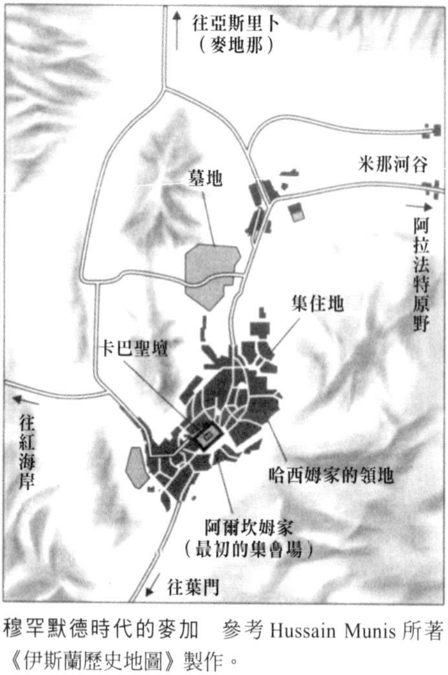

穆罕默德時代的麥加　參考 Hussain Munis 所著《伊斯蘭歷史地圖》製作。

在過去常用來描述非洲和亞洲的「族」，現在則多以民族集團的概念稱為「人」。但，阿拉伯語的「qabīla」（部族）則意義完全不同。從民族這個詞彙的定義來看，它們指的是在阿拉伯人這個大範疇當中，共同享有特定系譜的集團。而且規模大小不一，大至以一百萬人為單位，小則有數千人或數百人。

「班努．某某」多半指的是「某某的子孫」，看到那個族系的名字時，似乎像是系出同源，具有血緣關係的集團。但是其中也有不具血源關係，時間一久就自然混為一體而仍被視為同族的人，也有十萬人為單位的大規模部族仍無法視之為具有直接血緣的集團。其實不只是阿拉伯人才有這種情況，凡有族系意識的，往往是具有文化上的自我認同，不是只限於實際上的血緣關係。

比照現代，就像大部分埃及人一樣，他們或是在宗教上皈依了伊斯蘭，或是文化上阿拉伯化，進而成了「阿拉伯人」，但他們既沒有部族的族譜，也沒有意識到這一層。不過阿拉伯半島以及與之接壤的伊拉克、敘利亞、還有巴勒斯坦，即使到了今日依然保有很強的族系意識，及很深的部族認同。七世紀時，阿拉伯人只以部族為單位來區分。古萊什族是以祖先古萊什（非伏爾）為傲的集團，相對於其他部族非常團結。

當時的部族裡有一群人被稱為「哈里夫」（halīf，同盟者）。他們接受部族的保護，和部族採取一致的行動。「同盟者」乍聽之下會給人平起平坐的印象，其實更接近「附庸」的意思。不過當時的部族成員本質上是平等的，即便是族長也不過被認為是「同位階中的首領」。這麼一來，具有上下關係意涵的「臣服」這個詞彙也頗有語病。古萊什族也有臣服於他們的哈里夫，而且為數不少。有一個估算的標準是，在之後的大型戰役（巴德爾之戰）戰死的人數當中，有四成左右是哈里夫。他們和古萊什族一同生活，戰爭時也生死與共。另外還有人接受「jiwar」（庇護），他們只是受到暫時的保護，不會共赴戰場；甚至在當時還有人是奴隸的身分。奴隸的來源頗多，有渡過紅海購自非洲，多半是在家提供勞役的奴隸；也有從北方敘利亞帶來的多半具有技能的奴隸。奴隸得到解放，但仍依從主家者稱「馬瓦里」。麥加既是商業城市，也有外國人為了生意在此停留，但也僅限約數百人。

穆罕默德出生在靠近卡巴聖壇的某部族裡。那個部族稱作哈西姆家。日本伊斯蘭史學的慣例會將古萊什族的支族以「家」來稱呼，譯做哈西姆族也不算錯。穆罕默德出生時的哈西姆首領，就是領導麥加對抗從葉門來襲的衣索比亞軍的阿布杜·穆塔立卜，他也是穆罕默德的祖父。穆罕默德的父親阿布都拉，在他出生前不久就已離世。阿布杜·穆塔立卜接回了兒子的遺腹子穆罕默德，對他疼愛有加。但在穆罕默德六歲時他的母親阿米娜撒手人寰，八歲時祖父也離開人間。

穆罕默德成了真正的孤兒，由哈西姆家的新當家，伯父阿布．塔里布養育。這種情況在重視血緣的部族制下應該很常見。但由古蘭經裡的描述來看，不見得有血緣的親戚一定會善待失去依靠的孤兒。監護人篡奪了孤兒承繼的遺產者也大有人在。穆罕默德的伯父是個品格高尚的人，不過他帶領的哈西姆家已然家道中落，再沒有上一代的風光。

總之，穆罕默德雖流著高貴部族的血，卻是在勢力不大的部族當中成長。不過擁有純正古萊什族的血統非常重要。要是穆罕默德出身不明，想來宣教時也沒有人會聽他講些什麼。就連穆罕默德本人，之後開始宣傳伊斯蘭的教義時也飽受批判：「為什麼神會派個人來（不是該派個天使嗎）？就算是找了個人來當使者，怎麼會找了一個出身於這麼一個弱小部族的人（明明我們這一族顯赫多了）？」

青少年時的穆罕默德，雖然出身高貴，但處於貧弱的一族之中，與叔父和堂兄弟一起生活。少年時期穆罕默德也曾放牧，而且年紀輕輕就跟著伯父的商隊前往敘利亞。人們稱他「阿敏」（意即誠實、正直之意），可見他是個誠直的青年。這個時期的穆罕默德並未留下什麼傑出的片段，紀錄也少，更不用說有留下任何事蹟，足以令人預見此人日後會在世界史上造成如此巨大的影響。

◎結婚與平穩的生活

穆罕默德二十五歲時，受到女富商哈蒂嘉青睞，與他共結連理。哈蒂嘉此時年已四十，梅開三度。她姿容出色，依舊年輕，是個年紀大他十五歲的「姊妻」。不過這件婚事之所以能成，似乎是哈蒂嘉自己考量的結果。哈蒂嘉的前夫離世之後，她一個人經營著商旅隊。當她得知有穆罕默德這個人時，認為他可能就是自己的良配，所以在自己前往敘利亞的商隊中特別雇了穆罕默德。她在商隊裡聽聞穆罕默德的行事風格後，心想「真是這個男子」，就決定把自己嫁給他。

婚後的穆罕默德是個好丈夫和好父親，家庭也很圓滿。穆罕默德在哈蒂嘉過世後，也常常提及哈蒂嘉的賢淑與智慧，更屢屢提起「哈蒂嘉是（那個時代）最優秀的女性」，讓自己其他的妻子吃醋。也可以說，找一個夫婿，哈蒂嘉是別具慧眼。但她絕沒料到自己找來的丈夫會成為先知。

昔日過得相當艱苦的穆罕默德，能夠娶到一個才德兼備的女富商，也算是自己的幸運。他從此不用再為生活擔心，還過繼了伯父其中一個小孩養育成人。這個孩子就是阿里，日後長成一個有勇有謀的青年，穆罕默德還讓他娶了自己的小女兒法蒂瑪。穆罕默德也有很多子嗣。男孩子雖然不幸夭折，但四個女兒順利地長大。當時的麥加很明顯地是男尊女卑的社會，甚至有生下女兒後活埋的惡習，但這對夫妻並未抱持男女有別的態度。整體來說，四十歲之前的穆罕默德，支持妻子的貿易，也為家庭及自己的部族盡自己的心力，過著平穩的生活。

歷史記錄上並未留有穆罕默德曾經對麥加的社會加以批判、或對社會現狀義憤填膺的蛛絲馬跡。就在穆罕默德快四十歲時，在近郊的希拉山（現稱光明山）洞窟中頭一次領受到啟示，從之後宣教的內容推測，他也許只是憂慮人世，但詳細情況並不清楚。然而當伊斯蘭開始廣為宣教後，其內容就引發了社會革命，動搖麥加

希拉山　現在的光明山，造訪穆罕默德初次領受啟示的洞窟。

社會，甚至從根幹撼動了當時阿拉伯半島的部族社會。

◎最初的伊斯蘭

穆罕默德在希拉山洞窟中冥想時，突然被一種不可思議的現象所衝擊。有一個身影突然出現，命令他「你誦讀吧！」穆罕默德既不會寫，也不會讀，很困惑地回答對方「我不會」，然而對方死命地糾纏著他，無計可施的穆罕默德最後不得不依地照著對方講的話複誦著——或許這就是對方要他做的，而他複誦的話，正是古蘭經最初的章句。

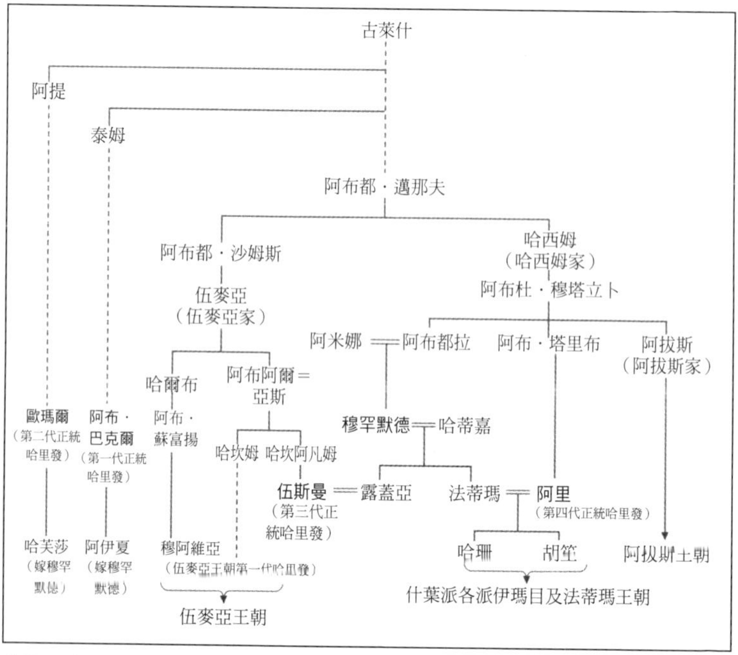

穆罕默德的族譜

你誦讀吧！「奉那創生化育主之名。他自凝血造化了人類。」你誦讀吧！「你的創生化育之主乃是至為高貴，你的主是無所保留，祂以筆教誨，闡釋人類不曾理解之事」（血塊章．一至五節）【編註：譯者採用馬堅譯本，局部稍有修訂。下同】

穆罕默德慌慌張張地離開洞窟，跑下了山，但在山下卻佇立良久，絲毫動彈不得。穆罕默德的妻子擔心晚歸的丈夫，差人尋找。好不容易回到家裡的穆罕默德，捲在妻子披在他身上的衣服裡抖個不停。「究竟發生了什麼事？」他完全沒有頭緒。

這是六一〇年左右的某一天，穆罕默德已經年屆四十，人生自有一番閱歷，但對這一種奇特的景象，年紀和閱歷卻幫不上什麼忙。穆罕默德曾經懷疑過自己是被精靈給附了身。阿拉伯語的「發瘋」（Majnūn）的意思指的是被「精靈附身」。精靈也解做幽靈，總之是眼睛看不到的生物。當時阿拉伯半島深信有精靈的存在。精靈和人類一樣可以繁衍後代，屢屢給人類帶來災難。若是人被精靈給附身，就不再能過正常人的日子。但後來，穆罕默德有了自己是先知的自覺，知道了這是大天使吉卜利勒首次到來。

讓穆罕默德能平息恐懼、不安，全多虧哈蒂嘉。現存的記載中，哈蒂嘉一點都不慌亂。她全心地鼓勵著穆罕默德，仔細地聽他描述洞窟裡發生的事，還諮詢了自己的表哥瓦喇卡。瓦喇卡在當時的麥加是少見的基督徒，他聽了事情的來龍去脈，斷定在穆罕默德面前顯身的毫無疑問就是大天使。

確知是大天使到來之後，穆罕默德有半年沒看到大天使顯靈，讓他感到不安。但穆罕默德已經自覺到大天使被派到自己眼前，自己受命成為先知，擔負起將神的訊息傳遞到人間的責任。而讓他更快接受這項自覺的，是他的妻子哈蒂嘉，她第一個相信穆罕默德為先知而成為首位穆斯林（伊斯蘭的信仰者）。

大天使吉卜利勒的來訪　14 世紀時抄本《穆罕默德的一生》中的插畫。托普卡匹皇宮博物館藏。

◎神的啟示

「獨一神阿拉選中了穆罕默德為先知，派遣大天使到來將啟示傳達給他」，這個現象究竟要如何理解，確實很難。當然，從穆斯林的角度來看，文字上所寫的就是事實（穆斯林就是這麼理解的）。不過這是結果論，因為在當時的麥加，即便不久後成為穆斯林的人也都一開始無法立即接受這樣的事。宣教也因此遲遲無法推展。

為了方便讀者理解，我把問題整理成兩個要點。其一是，我們是怎麼看待獨一神和啟示。歐洲因為伊斯蘭的出現而受到很大的影響，對伊斯蘭持否定的看法經歷過無數次的議論。近代之前的歐洲因為奠基於基督宗教，在立場上接受了獨一神與啟示，但不接受伊斯蘭存在的事實。但是近代以後，出現了對包括基督宗教在內的宗教持否定態度的無神論者，從而開始傾向思考如何解釋這種宗教現象。他們通常會把獨一神或啟示的實存擱置在一旁，視之為超自然的轉換，是平時不會發生的現象。宗教界人士的超自然體驗，不論是在什麼樣的機制下產生，它確實存在著。如果不從這一點開始分析，就很難理解宗教現象。

其二是，要如何理解其他文化的價值體系。伊斯蘭的價值體系，對歐美人以及大多數的日本人而言，是他者的文化，也是一種異文化。也就是說，伊斯蘭充滿了和我們不同的價值觀、世界觀與概念。如果每一個都要信了才能理解，那就更不可能做到跨文化理解。我們要理解的是，在其他文化中確實會存在那樣的價值，會有那樣的認知。任何社會都有本身不可言喻的部分，有太多外界看來並不實在、但確實存在的事物。日本社會也有很多外人難以理解的價值與概念。這種跨文化的價值與認知，首先要先接受這是一種確實存在的事實。至於好或不好，之後再下判斷。

獨一神、先知、啟示與經典等，是閃族一神信仰（Semitic monotheism）的基本概念，這種概念在全世界的擴散，伊斯蘭貢獻很大（請參考作者另一本作品《穆罕默德——尋訪伊斯蘭之源》）。對先知或經典，如果我們不能理解確實有一個不言可喻的世界，就無法了解穆罕默德或伊斯蘭，也只會以為伊斯蘭的帝國等於是建立在宗教的虛構基礎上。

在這裡，我們必須先確認一點，那就是在閃族人心中堪稱王道的一神教概念下，才有伊斯蘭這個宗教的發展。

◎作為啟示經典的古蘭經

穆罕默德非常謹慎地開始他的宣教活動。一開始他是對自己所屬的部族還有自己的朋友宣揚教義。這個階段先是妻子哈蒂嘉入了教，接著就是成人當中與穆罕默德交情深厚的阿布．巴克爾。未成年的則是他親手撫養長大的堂弟阿里，還有由奴隸得到解放的自由民，繼而認其為養子的柴德等都改信而皈依了伊斯蘭。祕密的宣教期約持續了三年左右（順道一提，「皈依」一詞在阿拉伯文的名詞形式就是「伊斯蘭」）。

不久，穆罕默德開始全面地對古萊什族宣教。但古萊什族人則對他的舉動感到震驚、困惑。還有人厭惡伊斯蘭，激烈地否定。想來有下面幾個理由。

第一個理由是，從宗教的角度來講，他們並不理解啟示和先知是什麼。古萊什族一向以身為亞伯拉罕和伊斯瑪儀的子孫為榮，世世代代傳述卡巴聖壇是他們所建立。在當時的信仰中，明顯可以辨認出一神教的痕跡。所以對穆罕默德所傳的教義，古萊什族反駁說「那是古早人的傳說」，就是其中一項證明。將偶像合理化為信眾與阿拉之間的「中介者」，其實也透露出當時已認定阿拉是不可見的神。就這層意義，如前一章所述，麥加廣義上是位在「閃族一神信仰的故地」上。

不過當時在阿拉伯半島流傳的多神教並未有聖典，更不用說有透過啟示，由先知傳達的「經典」了。因此「由於穆罕默德是先知，所以要接受他所傳遞的經典」這個觀念是前所未聞的。對不容易理解啟示的古萊什族，古蘭經就是透過語言的力量，讓他們瞭解「神的話語」。

◎發出D音的人

古蘭經原是押韻的散文集結而成的。章句的語尾押韻極美，時或莊嚴，時或輕快，能讓聽者的腦海裡產生鮮明的印象。就這一點，很多歐洲的東方學者也都認同。但若只是因為古蘭經押韻，就以為它是詩，那就錯了。阿拉伯語的詩有各種格式，但古蘭經完全不依這些格式，而以超過詩的格式的力量，向古萊什族挑戰。

據說當時的阿拉伯半島正是「詩人的時代」。構思出美麗詩篇的詩人在社會扮演很重要的角色。當部族之間出現抗爭時，以歌頌自己部族的勇猛、高潔的詩來對抗，甚於戰場上決出勝負。在戰場上，詩也是鼓舞戰士的重要因素。套用現在的說法可說是宣傳戰，所以部

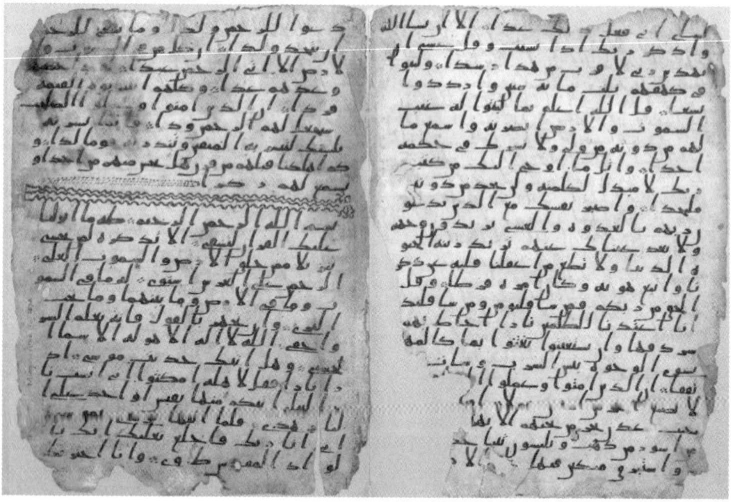

伯明罕古蘭經手稿　世上其中一份最古老的古蘭經手稿。

族裡若沒有優秀的詩人，既會影響到戰局，也會影響到戰後的勝負。詩人受到人們的尊敬，優美的詩作經過口口相傳散布到整個半島，讓作者的名聲更響亮。

遊牧民族的財產不是透過產品的累積或是建築，而是家畜、帳篷或穿戴在身上的飾品，這些能移動的才是主要的財產。而符合那樣的生活而創作出來的優美的詩或語言，也成為能隨人移動的貴重財產。

到了現在，還有一種說法來稱呼阿拉伯人，那就是「能發D之音的人」。「ض」這個音，用羅馬拼音來說就是D這個很響的音，在阿拉伯語中是個特有的子音。七世紀時，能把「D」發得好的也就是阿拉伯人。「發D音的人」這一句話裡充滿了榮耀與自信。對「發得出D之音究竟有多了不起」有疑問的人來說，無法理解這裡面的深深寓意。

古蘭經裡還出現了一個詞「Ajam」。在當時阿拉伯人的認知裡，人類分為阿拉伯人和Ajam。Ajam是什麼意思？主要指的是波斯人，原意是不會說阿拉伯語的人。實際上在推展伊斯蘭時，有很多波斯語彙被吸納入阿拉伯語文中，像齋戒月「Ramaḍan」在波斯語發音為「Ramazan」。阿拉伯語就變成了D音（/dˤ/）。

也就是說，能把D發得好聽，說得一口流暢的阿拉伯語，就表示是一個高貴的人。如果摸不透「對自己說的話引以為傲」這一層心理，就無法理解當時的情況。穆罕默德將古蘭經的章句一一吟誦出來，是為了表示這是獨一神阿拉的啟示。而面對穆罕默德的宣教，古萊什族也認同這些章句具有非凡的影響力。但他們不願承認這是神的語言，認為穆罕默德有可能是「魔術師」、「巫師」、「詩人」，甚至有「精靈附身」之嫌。

關於社會變革的教義

◎來自舊體制的抵抗

這些人究竟為何不願意接受神的諭言？他們否定穆罕默德的第二個理由是，接受教義，就得否定自己祖先傳下來的多神信仰。在當時部族的價值觀，也就是我們常稱為「部族主義」的概念裡，除了重視血統，也重視同血統集團裡的傳統。無論多神教就宗教層面而言是否正確，正因為它是緣自祖先傳承而來的傳統，就有恪守的價值。對此穆罕默德稱：「我們視父祖為一個共同體，跟隨著他們的腳步」（金飾章・第二十二節）。而古蘭經裡最初的父祖是亞伯拉罕及伊斯瑪儀勒，所以主張應該回歸那個一神教，但對此古萊什族反駁說：「那不過就是古早人的傳說罷了」。

古萊什族拒絕穆罕默德的第三個理由更為關鍵，因為穆罕默德所傳的教義，具有顛覆商業城市麥加之社會體制的革命意涵。部族主義乃是以血統和身分差異為前提，但伊斯蘭主張人皆平等。而且商業的成功帶來了富者支配的權力與驕矜，對弱者和貧者造成壓迫，伊斯蘭卻針對這個現實提出了公正與濟貧的主張。

麥加商業的成功，支持了享樂主義的世界觀，這也和當時的多神教有很深的關連。麥加的多神教不僅沒有聖典，也欠缺有體系的思想，卡巴聖壇裡也混雜供奉著各種偶像——基督宗教的聖畫像也在其中，這是因為北方敘利亞的貿易對象信基督宗教的關係。只要有具體的利益，無論什麼教的什麼神都可以進入卡巴聖壇，麥加的宗教信仰，說好聽是現實主義，說難聽是利益優先，欠缺宗教上的精神層面。

第四個理由則是古萊什族內部的領導權之爭。認同了伊斯蘭，就意謂著尊崇穆罕默德為新的首領，而抬高了他的地位。對已握有實權的長老們，還有等著接棒的年輕的首領候選人，都非其所樂見。其中的代表人物就是阿布．拉哈布，他總是臉色赤紅，被取了個外號就「火燄之父」，雖身為哈西姆家的一員，但對穆罕默德從一開始就持反對態度。後來保護穆罕默德的族長過世後，阿布．拉哈布成了當家，取消了部族對穆罕默德的保護。穆罕默德因此身陷極大的危機。

第五個理由則在於伊斯蘭是「命令的體系」。最初啟示的話就是上述的「你誦讀吧！」從這裡開始，古蘭經的基本命題就是對人類的命令「你們當崇拜創造你們的主」（黃牛章‧二十一節）、「信道的人們啊！你們當服從真主，應當服從使者」（婦女章‧五十九節）。伊斯蘭就是「皈依」的意思，服從經典裡的命令則是皈依的根幹。

相對於此，伊斯蘭出現之前的麥加是一座非常自由的城市。專門研究初期伊斯蘭的學者後藤明先生將它命名為「自由都市」。確實麥加在很多層面上都是自由的城市，這裡受到卡巴聖壇的光芒所照射，是朝聖的中心，得到半島上各部族的尊敬，所以不會成為攻擊的對象，相對安全。此外統治這個城市的不是國家、也不是王權，而是取決於長老們寬鬆的合議。既不必被徵稅也不用賦役，充分享受自由。

◎得到弱者的共鳴

的確，麥加是自由的。但換個角度看，這種自由蘊含著很大的缺陷。自由只對有錢有勢的人才是自由，性欲的放縱、殺害女孩的惡行也都被視為自由，而對弱者而言，自由就是來自於強者的壓迫與不公正的同義詞。

穆罕默德開始公開宣教時，他的主張很快地得到弱者的共鳴，想來也是理所當然。例如初期的篇章中說道「你曾見否認報應日的人嗎？他就是那個呵斥孤兒且不勉勵人賑濟貧民的人」（什物章．一至三節）。從這裡可以推測出當時對待孤兒與窮人是如何令人不忍。將伊斯蘭的教義視為勸薦慈善濟弱扶貧的人，就是看出信仰獨一神的真義。

而且被伊斯蘭吸引的很多都是年輕人。最初入教的阿布．巴克爾是個殷實的商人，和穆罕默德只差兩歲，所以算是例外。加入伊斯蘭的，不是在現有體制下的非既得權力者，就是對社會現況不滿足的青年。

此外也有女性加入。穆罕默德的父親雖然有兄弟姊妹，但其中姊妹（也就是穆罕默德的姑姑們）幾乎從很早期就信奉了伊斯蘭。當時麥加是個對女性歧視很嚴重的社會。雖然有些女性像哈蒂嘉，財富充裕，

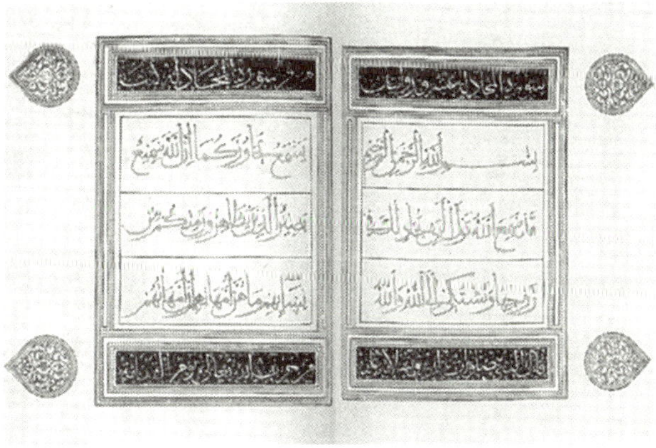

古蘭經——辯訴者章的首頁　埃及國立圖書館藏。

也有強烈的獨立自主意識，但是整體來說，像殺害女孩背後的男尊女卑，對女性極為不利的婚姻制度，處處充斥著對女性的不合理現象。提到伊斯蘭，往往大家討論的是「一夫多妻」，但實際上伊斯蘭在過去嚴格限制這種放蕩行為，甚至在法律下尋求嚴密的管理。

在伊斯蘭出現之前，和婚姻有關的惡習之一就是「吉哈爾」（離婚）。只要丈夫對妻子說，「你的背影就像是我媽媽的背影」，就是實際上離婚的狀態，妻子的權利也就被取消，但卻沒有離開夫家的自由，這對女性而言是可怕的制度。古蘭經主張「妻室不是他們的母親」（辯訴者章．第二節），而廢止了這項制度。

但當時這種以公正及保護弱者為訴求的伊斯蘭教義，並未能真的落實。那是因為否定伊斯蘭的古萊什族，採取對弱者徹底迫害的方針。古萊什族中以瑪夫茲姆家族特別敵視伊斯蘭，曾經發生過以哈里夫（同盟者）身分接受該家族庇護者信仰了伊斯蘭，結果遭到該家族予以拷問，強迫他們脫離伊斯蘭的事情。穆罕默德曾經親身經過現場，但礙於部族的制約而無法介入。他能做的僅僅是出聲鼓勵當事人。

◎遭受迫害與忍耐的麥加時期

改信伊斯蘭的人之所以能承受迫害，和伊斯蘭持來生之說有關。古萊什族的多神信仰是講求現世的宗教，對審判或來世的觀念並不強。所以對提出末日審判警告的穆罕默德，古萊什族人反問他：「埋葬之後成了屍骨，什麼時候能重生？」

我們看麥加時期的章句，不難看出關於末日將近，神將使人重生並加以審判的強烈語氣。而遭受迫害將失去生命的人，也只能忍受堅信的日子，憑藉著由殉教得以來世獲償。

但我們要注意的是，麥加時期的吉哈德完全沒有戰鬥的意味，反而與殉教常常被連在一起。殉教是在麥加的迫害時期就產生的現象，比吉哈德還早。這個時期所謂為伊斯蘭而戰的想法根本尚未存在。信奉伊斯蘭的人面對迫害，也從未想過要用武力加以對抗。

麥加時期的篇章裡說，「一切人確是在虧折之中，唯信道日行善，并以真理相勸，以堅忍相勉的人則不然」（時光章．一至四節）。其中只「以真理相勸，以堅忍相勉」的，正是麥加時期的伊斯蘭。

但是忍耐的路終有盡頭，那是因為再沒人保護穆罕默德了。

伊斯蘭雖主張要廢絕部族主義，但是在麥加生活的穆罕默德，反而受到部族的原理所保護。哈西姆家的族長阿布・塔里布自己雖然不信伊斯蘭，但他一直保護著部族裡的侄兒穆罕默德。之後從亞斯里卜（麥地那）有想皈依的人來拜訪穆罕默德，穆罕默德的叔父阿拔斯一直跟在身邊保護他。當時的阿拔斯和伊斯蘭還沒有任何關係，只是以哈西姆家的人這個身分來保護穆罕默德。

從宣教開始後過了約十年（六一九年左右），族長阿布・塔里布過世。同年穆罕默德長年陪伴身旁的妻子哈蒂嘉也離世。穆罕默德失去了兩個最支持他的人，應該是感到日暮途窮。提到哈蒂嘉，從穆罕默德成為先知到她過世為止，伊斯蘭就是穆罕默德和哈蒂嘉夫妻二人共同的事業。伊斯蘭的教義強調身為先知的穆罕默德的主要角色，並未特別提及哈蒂嘉的重要性，但實際上她功不可沒。失去了愛妻與部族的保護者，這一年對穆罕默德而言可謂是「哀傷的一年」。

麥加時期總計約莫十三年，最初的三年祕密宣教期間約有三十人入教，之後則有二百人左右信了伊斯蘭。如此長年的辛勞，這樣的人數似乎少得可憐。其間也有人受到迫害失去了生命。還有人為了避免迫害，渡過紅海來到衣索比亞（國名為阿克蘇姆）避難。當時的衣索比亞是基督宗教國家，當逃亡而來的人被國王問及「你們是什麼教？」只要朗誦了有關聖母瑪利亞的優美章句，國王因此龍心大悅。順帶一提，古萊什族與衣索比亞素來有良好的貿易往來，曾要求遣返逃亡來的穆斯林，不過衣索比亞國王並未因為貿易往來就答應他們的要求。

伊斯蘭的傳播雖然和緩，但內含對社會的批判卻很深入。就算不是信徒，應該也聽得進去伊斯蘭對各種社會惡習的指責。如果任其發展，將會危及麥加的統治體制，於是古萊什族的首領們醞釀要暗殺穆罕默德。哈西姆家的族長既已取消保護，也就不用擔心殺害穆罕默德會遭到部族的報復。於是就有了在序章所提到的夜半啟程。

◎「吉哈德時代」之前的社會構想

穆罕默德離開了麥加，聖遷到北方的城市麥地那，進入了吉哈德的時代。但在我們看到吉哈德時代之前，先一探在麥加宣教時的教義裡究竟對社會有什麼樣的構想。

穆罕默德在希拉山洞窟中接受成為先知的召命時，他也只是很單純地接受天命，並未為自己求些什麼。反倒是開始宣教後遭受古萊什族的非議與嘲諷，使他心牛不平。年輕時被人喚為「老實人」，卻因受召喚而傳達天命，反被扣上他從未自稱過的「薩滿」（巫師）、「魔術師」；明明沒寫過詩，但被嘲諷為「詩人」，想來會讓穆罕默德的心裡受傷。對此，古蘭經的章句裡屢屢提到，歷代的先知皆遭到否定、批評，也承受著苦難。

穆罕默德對自己未來的宣教，究竟有多樂觀呢？就算沒考慮到批評當下的社會，必定很難立即為人所能接納，難道他不曾希望麥加的住民能接受伊斯蘭，好讓新社會建設起來嗎？若真是如此，會不會連劍都不用拿就可能把伊斯蘭社會建設起來呢？要是麥加整個地區都加入了伊斯蘭，散播伊斯蘭的麥加會不會開啟與其他部族間的戰端呢？

這些至今都是無從檢證的疑問。只是我們依然可以推測，在持劍的吉哈德時期來臨前，伊斯蘭的社會構想是什麼。這要從「女性的誓言」來尋找。這是遷到麥地那之前，在阿卡巴（麥加的郊外）和來自麥地那的信士互相交換的第一個信誓。之所以稱為「女性的誓言」，是因為尚未帶有戰鬥義務的意涵。內容則被收錄在古蘭經當中。

> 先知啊！如果信女們到你面前來與你誓約：她們不以任何物配真主，不偷盜，不通姦，不殺自己的兒女，不以別人的兒子冒充丈夫的兒子，不違背你的合理的命令，那末，你當與她們誓約，你當為她們向真主告饒。（受考驗的婦人章．第十二節，下同）

伊本．希夏姆（八三三年歿）所寫的《先知傳》裡，也寫到與阿卡巴當地男性的誓約裡，內容和這個完全一致。「不殺自己的兒女」是因為當時有殺害女兒的習慣，這也可以概化為禁止不當的殺人。在這裡反映當時社會情況特有的說法，但若用現代說法來表達其中的倫理意涵，那應該就是（一）以伊斯蘭為基礎的獨一神的信仰；（二）經典及先知之指示的權威；（三）保全財產、禁止侵害（竊盜）、（四）對以婚姻為基礎的家族這個社會基本單位的保護、禁止違反（通姦）的行為；（五）尊重生命、禁止殺人；（六）確立公正，並禁止不公、偽證。

這是麥加時期最後的時日，不過可以看出，之後在伊斯蘭社會裡最重要的基本原則中都包含在此。我們也可以說伊斯蘭社會的構想在這個時期早就已經完成了。

◎麥加時期的吉哈德

現在我們來看看麥加時期的章句裡所提到的「吉哈德」。麥加時期，穆斯林還只是遭受迫害的少數派，所以既沒有放手一搏，面對迫害也未曾刀劍相向。但其中提到了「吉哈德」的思想，例如「為信仰而奮鬥努力的人，就是為己身努力的人」（蜘蛛章・第六節），翻譯成「奮鬥努力」的原文寫的雖是「吉哈德」，但毫無戰鬥的意義。這裡指的是和自己心裡的惡戰鬥，或是在社會上行善。

「吉哈德」本沒有戰鬥的意義，可以從敘述皈依伊斯蘭的孩子受到父母的壓迫時如何肅孝道求兩全的章節裡看出。「我（真主）曾命人孝敬父母；如果他倆勒令你用你所不知道的東西（偶像）配我，那末，你不要服從他倆」（蜘蛛章．第八節）。譯成「勒令」的部分，原文說的是「父母以吉哈德的方式」，具體地說就是說服或命令孩子要遵信多神教。由此清楚可見吉哈德的意思是「奮鬥努力」。

將吉哈德區分的話有三層意義：與內心的惡交戰的「內在的吉哈德」，致力於在社會上行善，並維持公正的「社會上的吉哈德」，還有「持劍的吉哈德」。我們聽到了吉哈德，往往會想到的是最後的「持劍的吉哈德」，但是麥加時期開始一直持續的其實是內心與社會上的奮戰，並不是拿著劍的戰鬥。

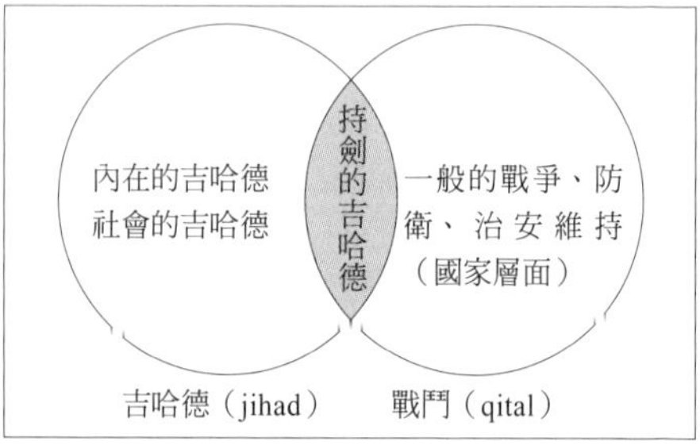

吉哈德的區分

◎與伊斯蘭對立的「蒙昧時期」

上面提過，誓言裡以「不殺害自己的孩子」來表達「尊重生命、禁止殺人」的意思，反映著當時的麥加和阿拉伯半島社會的情況。古蘭經以現代語言翻譯的話，往往會變成一種普遍性的原則，不過它其實是依循成書當時的現實狀況，呈現出相當具體的表現。

不只是在文字的表現上具有時代意義。伊斯蘭嚴正地批判了當時麥加的惡習，稱那一段時期為「蒙昧時期」。「蒙昧」指的是無知，日語中借用了佛教裡的用詞譯做「無明時代」，意指不知道真神、不知道正確的信仰的時代。至死之前未皈依伊斯蘭被稱作「無知地死去」。這段時期雖然指的是伊斯蘭出現之前的時代，但並非所有遠久的過往都包含在內。從時代來劃分的話，五世紀後半到七世紀初期相當於「蒙昧時期」，這正是古萊什族支配麥加的時代。

若將伊斯蘭視同社會革命，那麼目的就是掃除「蒙昧時期的惡習」。我曾多次提及，蒙昧時期以當時的世界情勢來看，止好處於拜占庭帝國與薩珊波斯之間的空白地帶。之後隨著伊斯蘭的世界化，作為映襯的「蒙昧時期」這個說法也變得重要了起來，但說到底，它原本不過是個地方性質的文化罷了。

同樣的在伊斯蘭的世界裡，之後提到多神教或偶像崇拜時，蒙昧時期正是代表，雖然在古代東方，還有更多重要的多神教。如本章所述，古萊什族的多神教在宗教上並沒有那麼深的意涵。可是提到亞伯拉罕時期之後多神教與一神教對立的主題時，談的也正是多神教與伊斯蘭在阿拉伯半島上的對立。蒙昧時期和伊斯蘭的對照，在看待草創時期的伊斯蘭時是極為關鍵的要素。

不過我們要留意，並非蒙昧時期的一切都是不好的，也不是要全面予以否定。穆罕默德曾說「蒙昧時期的好人，在（改信）伊斯蘭也還是好人」。這其實是他趁著征服麥加時，為求與大舉成為穆斯林的人們融合時所說的話，很明顯地承認蒙昧時期既存的美德。

第三章

吉哈德元年

指揮伊斯蘭軍與麥加軍作戰的穆罕默德　14 世紀時抄本《穆罕默德的一生》中的插畫。切斯特·比替圖書館（Chester Beatty Library）藏。

前往新天地

◎來自麥地那的邀請

麥加時期的最後，穆罕默德決定移居。失去摯愛的妻子，部族裡保護者也已離世，穆罕默德已退無可退。因此他忖度著是不是能在其他城市獲得其他人的支持。他逕向麥加附近的塔伊夫鎮出發，但遭到當地的居民薩基夫族人丟擲石頭拒絕。

他進一步尋找其他地方的可行性，此時朝聖幫了他大忙。麥加是朝聖和貿易的中心，從過去就有的朝聖和定期的市集成了他重要的宣教機會。

於是，從北方的城市傳來了好消息，那就是亞斯里卜的居民信了伊斯蘭，而且他們還準備迎接穆罕默德來當自己的領袖。本書裡所慣稱的麥地那，其實是穆罕默德移居此地後的名稱，原來稱為亞斯里卜。這個地方住著兩個大的部族集團哈茲拉吉（Khazraj）及奧斯（Aus），此外還有猶太教徒的部族。哈茲拉吉和奧斯兩個部族間長年抗爭，到了布亞斯之戰戰局陷入膠著，雙方難分高下，於是面臨了社會崩壞的危機。

當時的部族社會保障安全的原則並不是中央集權，而是各個部族只要有自己的成員被攻擊，就會傾全力反擊。自己的人若是受到傷害而不復仇，整個部族就會名譽掃地，內部成員也很難忠心信服。但要是復仇之戰啟了開端，沒有居中調停的勢力介入，戰事將一發不可收拾。在麥加，古萊什一族握有支配的權力，因此彼此間能夠抑止武力衝突。阿布・塔里布當家時，哈西姆家不放棄保護穆罕默德，因而惹惱其他部族，想要對哈西姆一家發動攻擊，但採取的手段是禁止貿易、共食與通婚，也就是經濟、社會的制裁，並非訴諸武力。

亞斯里卜當地的兩大部族集團，哈茲拉吉與奧斯二者之間並未有一方具有壓倒性的勢力，以致彼此的抗爭遲遲無法終止。也許就是面臨這個嚴峻的危機，他們決定捨棄祖先信奉的多神教，接受了廢除部族主義的伊斯蘭教義。

另一個重要的關鍵則和猶太教徒有關。亞斯里卜也有猶太教徒的部族住在這裡，其中三個主要部族分別是凱努加、納帝爾及科來薩。但不知道他們是由北方遷移過來的以色列人的後代，抑或是改信猶太教的阿拉伯部族。事實上當地兩大部族彼此的抗爭陷於膠著而露出疲態，相對地猶太各部族顯得強勢了起來。他們威脅哈茲拉吉與奧斯，告訴他們將有新的先知出現，殲滅阿拉伯各部族。

哈茲拉吉與奧斯的族人聽聞穆罕默德的事蹟時，一定有人認為「這就是預告中的先知」，而穆罕默德正是阿拉伯人。理所當然地，他們都想要籠絡穆罕默德。

◎聖遷

對住在麥加的信士而言，遷移到亞斯里卜是無法可想之舉，算不上是讓人高興或符合期待的事。麥加的古萊什族多以自己的家鄉自豪，我們在第一、二章談了很多。穆罕默德本身也將「阿拉的宅邸」卡巴聖壇交還給原來的主人為使命。可是要讓伊斯蘭立足於麥加的目標，卻太過脆弱以至於開始幻滅。

我們知道之後的歷史發展——移居八年後，麥加無血開城；我們也知道移居是伊斯蘭發展的轉機。但這終究是從結果來看，當時遷移的人是帶著悲壯的決心，甚至是遵循啟示所給的命令，艱難地捨棄了故鄉。穆罕默德一行的遷徙，史上稱為聖遷。

穆罕默德本人應該也有預感今後與麥加難免一戰。當人還在麥加時，這些爭鬥都尚未訴諸武力。但是當穆罕默德被其他部族接納，即將遷移到其他地方，而古萊什族決心排除穆罕默德，甚至想到暗殺之時，就不難想像將會出現巨大的對立。

迫害愈形激烈，致使穆罕默德將有生命危險的人依序送出麥加。最後穆罕默德就像〈序章〉所寫的夜半啟程一樣，只在盟友阿布·巴克爾的陪伴下，潛身出逃。兩人從躲開追兵，展開了到亞斯里卜的不安的旅程。古蘭經裡是這麼描述的：

如果你們不相助他（穆罕默德），那末，真主確已相助他了。不信道的人們把他驅逐出境，只有一個人（阿布・巴克爾）與他同行，當時，他倆想起在山洞裡的情景。他對他的同伴說：「不要憂愁，真主確是和我們在一起的。」真主就把寧靜降給他，而且以你們所看不見的軍隊扶助他，並且使不信道者的言詞變成最卑賤的；而真主的言詞確是最高尚的。真主是萬能的，是至睿的。（懺悔章・第四十節）

阿布・巴克爾，據說是最早歸依伊斯蘭的成年人，他深得穆罕默德的信賴，成為他逃離危險時唯一的同行者。古蘭經裡並沒有寫出阿布・巴克爾的名字，事實上古蘭經中本來就極少提及專有名詞，弟子當中除了「一個人」之外，再沒其

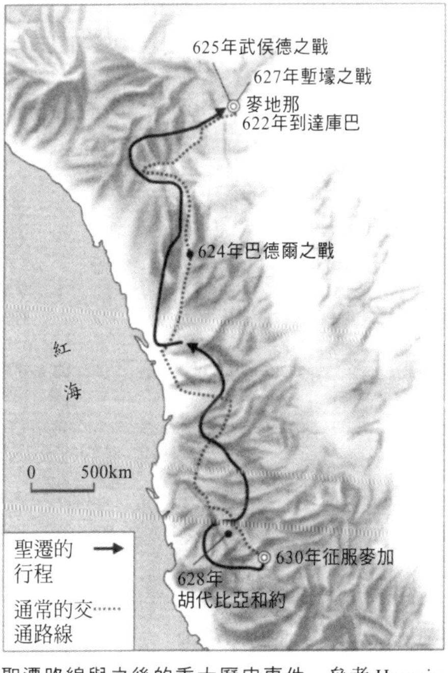

聖遷路線與之後的重大歷史事件　參考 Hussain Munis《伊斯蘭歷史地圖》製作。

他人的名字被記錄在內。但大家都知道那「一個人」就是阿布·巴克爾，而且還出現在古蘭經當中，可謂是非常榮譽的事。他在穆罕默德死後，成為首位正統哈里發，統率伊斯蘭共同體。

在麥地那等著他們的人，因為無法確保旅途中的安全而焦急萬分，所以兩人平安到達時，萬分欣喜地一起出來迎接他們。當時創作的慶祝他們平安到達的詩「滿月升上來」，迄今依然被傳誦。

古代鄂圖曼帝國的穆罕穆德畫像

◎修建清真寺

隨著穆罕默德的到來，過去稱作亞斯里卜的地方，後來被稱為「先知之城」或「真主使徒的城市」，簡稱為「麥地那」。「麥地那」這個詞的意思是城鎮，所以其他城市也會用。在今日為了區隔，往往會加上形容詞「光輝的」，稱為「光輝的城市」。加了這個形容詞，指的就是伊斯蘭第二個聖都。

來到麥地那之後，穆罕默德要做的第一件事就是修築清真寺。他將最初落腳的庫巴（Quba）定為禮拜所，之後就建立了廣為人知的「先知清真寺」，即中央清真寺。不過最初的樣子，也只是四周圍繞著牆，以椰棗樹為柱，椰棗的葉編織成屋頂的簡樸建築物。

麥加雖有卡巴聖壇，但周圍並沒有形成清真寺。「清真寺」這種宗教建築開始於麥地那，而先知清真寺日後更是成為清真寺建築的原型。清真寺（mosque）是阿拉伯語的發音masjid，以羅馬拼音呈現。masjid 指的是跪拜的場所。禮拜間有平伏禮，信徒將額頭碰到地面讚美真主，這就是sajadah（叩頭）。「masjid」一詞意謂，皈依獨一神者最謙虛的姿勢，同時也是最虔誠禮拜的動作。

原本在穆罕默德時代的清真寺並不僅是宗教建築。在這

先知清真寺　清真寺的英語 mosque 的阿拉伯語發音為 masjid，原意為叩首跪拜。

裡是他和弟子們合議，或討論治理麥地那的政務，在吉哈德時代也論及軍事。

到了麥地那之後，穆罕默德成了麥加移居到此的信士，和在當地接納他們的哈茲拉吉與奧斯兩部族信士的首領。前者被稱為「遷士」（muhājirūn，移居者），後者被稱為「輔士」（Ansar，援助者）。儘管並非兩族的所有族人都皈依了伊斯蘭，但占了絕大多數。穆罕默德在這塊新天地，成為新的共同體的領袖，甚至更進一步走上主政者的道路。

◎「允許戰鬥的章節」

移居之後沒過多久，古蘭經裡被稱作「獲得戰鬥的許可」就應驗在穆罕默德身邊。

被進攻者，已獲得戰鬥的許可，因為他們是受到壓迫的。真主對於援助他們，確是全能的。他們被逐出故鄉，只因他們常說：「我們的主是真主。」（朝覲章・第三十九至四十節）

「獲得戰鬥的許可」並非要穆罕默德選擇戰或不戰。很明顯地，這裡意謂的是既然不得不戰，那麼就允許戰鬥。而且是對那些只因信仰伊斯蘭就受到迫害流放的人，告訴他們可以起身一戰。總之這裡強烈意謂著「別再無謂地迴避戰鬥了」或該說「必要時，要戰」。

麥加時期所得到的命令——「你應憑智慧和善言而勸人遵循主道，你應當以最優秀的態度與人辯論」（蜜蜂章・第一百二十五節），與之後所持的面對迫害應忍耐的方針，在此有了很大的轉換，變成以實力防衛自己。

要注意這裡用的是「戰鬥」（qital），而非「奮鬥」（jihād）。先前提過吉哈德是指普遍的奮鬥努力，僅僅是這個詞並不意謂著戰爭。要具體提及拿劍戰爭，就要用 qital 這個詞彙。但是確實是在獲得允許戰鬥後，吉哈德才又有了「持劍的吉哈德」之意。接下來的章句裡提到「吉哈德」也包含了持劍的吉哈德。

從「他們是受到壓迫的」這個理由來看，很清楚地看到強烈的戰鬥防衛的意義。以往未曾反擊的，如今轉變成要反擊回去。

同時，戰鬥的許可也宣告了與古萊什族漫長的戰爭於焉開始。可以預期的是，面對不擇手段的古萊什族，以實力反擊，意謂著今後的戰鬥如果沒有爭出高下就不會結束。

新共同體的原則

◎麥地那憲章

在展開新的共同體之際，穆罕默德寫下了關於共同體的內容。這段文字的原文寫作「頁」或「書」（kitāb），現在則慣稱為「麥地那憲章」。就其明示在麥地那成立的這個共同體的理念和制約來看，稱為「憲章」確實最合適不過。

古典時期的文書的通例，原文不會標上條文的編號。但是為了方便研究，現代多將條文編號以便討論。雖然條文要如何斷句，牽涉到編號的計算和匯總，而有不同的解釋空間，但至少四十七條，至多五十二條，並沒有太大的差異（筆者參照歐美和日本的研究成果，以五十二條為準加以翻譯。以下引用的編號也是以此為依據）。

憲章的開頭就明訂「（一）此系先知穆罕默德——願真主賜福給他，並使他平安——為古萊什族與亞斯里卜城之眾信士、穆斯林及其隨從者、共同奮鬥者訂立之約書」，「（二）彼等對外皆屬統一之整體」。這個「統一之整體」就是烏瑪（ummah），可見是為了新共同體之成立而做出的宣言。

「烏瑪」意即共同體，對伊斯蘭而言是一個極重要的關鍵性的概念。本書只要是談及這個概念，就會附加說明。要知道既是「一個共同體」，就不能再強調其中有部族或人種的差異。

在這個條文之後，有十條都在規定「奧夫族亦應按其既有慣例，承擔殺人罰金；其每一集團均應恪守信士之間慈善公正之原則贖回戰俘」，並在後面將其他部族的名稱一一列出（「薩伊代、哈里斯、朱舍姆、納加爾、阿慕爾、奈比特和奧斯等眾家族亦然」）。這表示，為了停止在麥地那所發生的部族之間的抗爭而邀來的穆罕默德，在建立了新的共同體的同時，也必須對過去之間的戰爭糾紛加以清算。

對新的共同體而言，內部的秩序當然重要──「（十三）誠篤信士對其同人中的橫行無忌者、侵犯他人者、傷風敗俗者，應群起反對之，即使該徒為某信士之愛子。」

憲章也載明了在防衛與和平上，共同體應該採取一體的行動──「（十七）衆信士應同安共樂，在爲真主而征戰時，不得瞞著同人私自與他人媾和，除非該項媾和於信士公平有利。」

◎猶太教徒的同意

猶太教的部族雖未邀請穆罕默德前來，但是既然是同一個城市的居民，也接受在防衛上有共通的利害之處，因而也同意建立新共同體。有關這一點可見於下列規定：「（二十五）與奧夫家族結盟之猶太人，與眾信士同屬一個整體。猶太人及其支持者可保持其自身之宗教信仰，穆斯林亦有其自身之宗教信仰。其中（各）有庇護者與自身，然有不正，犯罪者不在其中。暴虐及犯罪者，惟害其自身及其家屬」。

猶太教各個部族同意共同防衛，可從下面的規定看出：「（三十七）猶太人應承擔由其支付之費用，穆斯林亦然。締約者應同心協力抗擊與之交戰者，彼此應互進忠言。」不過，猶太教的部族並沒有義務要參加伊斯蘭所從事的戰役。因此在戰費的負擔上，附上條件「（三十八）猶太人作為戰士，應與眾信士共同擔負戰爭費用」。

◎烏瑪提供的安全保障

麥地那憲章宣稱，此地對所有成員都是安全的所在——「（三十九）亞斯里卜者，禁城也，其腹地屬締約者所共有。鄰居有如自身，既不能受到傷害，亦不能犯罪於人。」此外，「（十五）真主之庇佑，於眾信士一律平等，於其中地位低下者甚之。對他人而言，眾信士彼此互為親朋盟友。」

這和由部族來保護成員的時代，可以說是劃時代的改變。過去弱小部族的成員，或是沒有得到部族保護的成員，他們的生命與安全都充滿不確定。就算有部族的保護，也不過是對可能遭到的報復加以防止罷了。但是憲章明示，超乎部族的烏瑪是一個統一的單位，確立了約束所有成員，並保障安全的原則；不只如此，當成員對他人實施庇護時，其效力同樣及於烏瑪全體。麥地那對成員來講不僅只是安全不可侵犯，「（四十）在其保護下的異教徒，只要不作惡不犯罪，和給予保護的人得到同樣的待遇」。

就像我們現在所見，麥地那憲章對訂立新的共同體原則舉足輕重，不過其中最重要的項目之一，就是制定穆罕默德的領導權及裁定權的條文。憲章有言──「（四十二）締約者之間發生任何可能導致嚴重後果之分歧與爭吵，均須服從尊嚴的真主及其使者穆罕默德判斷裁決。神基於此憲章嚴懲（違約者），並將執行之責賜予最誠實之人」。「（四十七）凡離開或留居此城者，均可獲安全，惟暴虐或犯罪者除外。真主確系廉潔、敬畏者之近鄰，穆罕默德確系真主之使者。」

戰爭的開始

◎巴德爾的三叉路

考驗新誕生的共同體之決心的一場戰爭終於到來，史稱「巴德爾之戰」。我們都知道，在那之前，這個新共同體得到了終將難逃和古萊什族一戰的「戰鬥的許可」，而在麥地那也發生了襲擊麥加商隊的事件。移居到麥地那的人們因為無法經商維持生計，於是在商隊經過的道路襲擊，這是當時部族常採取的手段。

這件事情當然有受生活所迫的一面，但是在麥地那，對抗麥加也具有戰略上的意涵。對商業城市麥加而言，商隊必經之道的安全關乎存亡。即便襲擊本身只是小小的比試，也成了終將對決的前哨戰。

就在這個情況下，聖遷後的兩年，穆罕默德獲報麥加的大型商隊將從敘利亞返回，

巴達爾之戰

因此策劃了襲擊。據稱這是一支有一千頭駱駝的龐大商隊，率領的人是古萊什族的首領之一阿布．蘇富揚。襲擊這支商旅，意謂著對麥加的商業給予決定性的打擊。

阿布．蘇富揚早有警戒，因此謹慎行事。從敘利亞返回麥加的商隊必經之路是在麥地那的西側、靠近紅海的路徑。當穆罕默德獲報商隊日漸接近，集結了死士出兵赴戰。可以想像的是，如果這支商隊遇襲，麥加勢必會派兵報復。

從麥地那出兵的軍力約有三百餘名（據伊本．希沙姆《先知傳》所記載，遷士中有八十三名，輔士〔援助者〕當中奧斯族人有六十一名，哈茲拉吉族人有一百七十名，共計有三百一十四名）。他們裝備欠缺，駱駝只有七十頭，每三、四個人才配到一頭。穆罕默德本人和堂弟阿里還有一名叫馬爾薩德的信士共騎一頭。馬爾薩德原本是古萊什族的哈里夫（同盟者）出身，本沒有什麼地位，在麥加時期皈依伊斯蘭時也隱而未宣。但他似乎膽識過人，之後也屢次越過麥加城牆、潛入城中救出從麥地那被抓的俘虜。

穆罕默德一行人唯恐自己錯過南進商隊，故在巴德爾附近——距離麥地那南邊一百二十公里處——靜候，巴德爾位在從麥地那的路、從敘利亞來的路、及再南前往麥加的路之三叉路口一帶。這裡有水源，商隊可以駐足休息。

穆罕默德派遣的偵查兵前往巴德爾，從當地的女子口中獲知商隊大概在第二天或第三天到達，然後回到營隊裡。不久之後，阿布・蘇富揚也親自來到穆罕默德的營地偵查。他從巴德爾的居民口中得知有兩名偵查兵，從偵查兵所到之處將遺留下的駱駝糞便敲碎，發現其中有椰棗核，從而知道這是來自「麥地那的那票人」。因此，他讓商隊不要停留，而是直接往前趕路。這堪稱是指揮官特有的優秀資質。

另外，麥加也據報獲知了穆罕默德正計劃攻擊商隊的訊息。因為很多商人挹注資金在這個大型商隊上，故這個消息讓人不寒而慄。首領阿布・加赫勒（Abu Jahl）所領導的古萊什族為了救援商隊、迅速動員一千名士兵——在當時是很龐大的軍力。他們快馬加鞭趕來援助，迎擊穆罕默德。

由麥加派出的軍力，選擇有別於南下的商隊的路徑，揮軍北上，企圖趁此機會一舉殲滅穆罕默德一干人等。此時商隊的通路已暴露在極度危險當中。麥加的想法是：就算救援商隊，讓它平安脫離，若就這樣放過麥地那的伊斯蘭共同體，必定為將來埋下禍根。

◎究竟往前，還是撤兵？

穆罕默德獲知麥加的軍隊揮軍北上，找來麾下的信士們協商下一步。這些人的出兵，原本是為了襲擊大商隊而獲得戰利品，但眼下看來，可能得和麥加的大軍一戰。究竟該前行赴戰，還是退兵？

跟隨穆罕默德的士兵約三百人，其中遷士（移居者）中能赴戰的人全部加入。例外的只有穆罕默德的女婿伍斯曼（'Uthman，之後的第三代哈里發），因為妻子露蓋亞（Ruqayyah）重病而留在麥地那，還有去探查商隊的兩人。合計有七十四名。順帶一提，當中還包括尚是少年的烏麥爾。當時他年僅十五歲，被穆罕默德要求留守，但他哭泣以求讓自己同往。獲准隨軍後，由他的兄長薩俄德．伊本．阿比．瓦卡斯（Saʿd ibn Abī Waqqās）為他穿上了戰甲。薩俄德後來成了擊潰薩珊帝國軍隊的司令官。

代表遷士的長老阿布．巴克爾及歐瑪爾，對與麥加軍隊的作戰態度積極。其他遷士長年追隨穆罕默德，度過許多艱辛的歲月，也不畏一死。自有「戰鬥的許可」之後，伊斯蘭軍即使是首次應戰，但這些人早有持劍奮戰的準備。

問題在於輔士。確實在第二次阿卡巴誓約中，麥地那的新信士們以劍起誓，要保護穆罕默德——但這是在麥地那。他們在麥地那等著穆罕默德一行人遷移到來，旅程中的保護不在他們的義務範圍內。而麥地那憲章雖然確立了共同防衛的義務，但也是為了保衛麥地那，像這樣在麥地那之外和麥加軍隊對戰，不在誓約的規定範圍內。

穆罕默德向他們尋求意見。與穆罕默德時代有關的重要史料，伊本・希沙姆的《先知傳》提到，代表輔士的薩俄德・伊本・穆阿茲（Sa'd ibn Mu'adh）站起身來說道：

我們信您，信您所言，我們為您所帶來的真實作證，並對您給予我們的承諾，誓言效忠。真主的使徒呀，依著您的想望前進。讓我們一起同行。我們向遣您與真理前來的真主立誓，就算為越過（紅）海要您捨身跳入，我們也將和您一起。在我們當中沒有任何人遲疑。明日將與敵人交鋒也沒有人會不耐。我們能挺得住戰鬥，在與敵人對峙之時，一切有我。相信，真主您的眼裡的愛會由我們為您展現。因此，帶著真主的祝福，和我們一起向前挺進。

輔士的決心無疑鼓舞了穆罕默德。要知道沙漠的人民既不親海，也不擅長和海打交道。光是從要跳海這些話，就可以看出有多大的決心。伊本・希沙姆也寫道：「真主的使徒（穆罕默德）聽聞薩俄德所言大感欣喜，心裡更篤定地說：『前進吧！汝當感到欣喜。真主給了兩個（意指商隊或麥加大軍）之中其中一個承諾。我似乎看到它們注定敗北。』。」

另一方面，率領商隊的阿布・蘇富揚，知道自己和出兵前來的麥加軍隊錯身而過，差人傳話說商隊一切安好，請麥加軍隊返回。但是麥加軍隊已經決心一戰。脫離軍隊回到麥加的人，為數甚少。

◎對決時刻

當穆罕默德一行進入了巴德爾打算宿營時，來自麥地那的輔士建議說要先占領一大片飲水區。這個預設的戰場，之後看來也是極為正確的選擇。麥地那軍建立了一個蓄水池，可根據自己的需要隨時用水。反之，麥加軍為了要確保水源，行動反被牽制。

一般來說，沙漠裡的行旅總在夜裡。在灼熱的白天，人們待在營帳中防止耗損體力，等到太陽下山才開始前行。巴德爾戰役究竟進行了幾天眾說紛紜，但想必是在齋戒月中期。太陰月的中期正好是滿月前後，便於夜裡出行。麥加軍隊接近巴德爾的時間是在

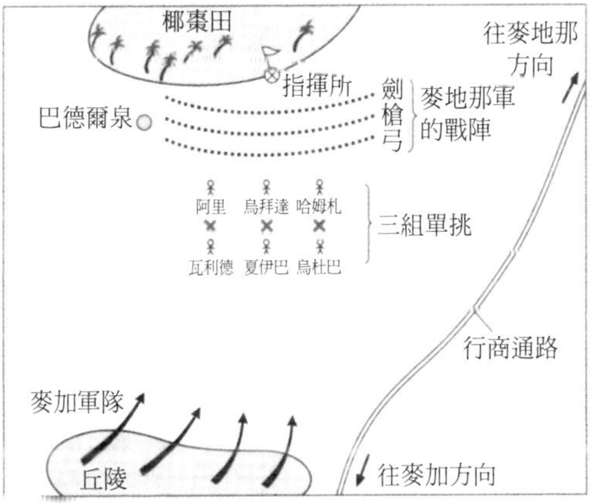

巴德爾之戰的模式圖

早晨，此時穆罕默德一行早已補足了睡眠，並在太陽升起時背對著太陽布好陣勢。有關巴德爾戰役，熟悉戰史的伊斯蘭史學者清水和裕評價很高，認為麥地那軍採取的是極佳的戰略。

巴德爾位於亞爾雅爾溪谷，當麥加軍隊抵達南側的山丘上時，太陽已經升上來了。他們發現，位於下方的麥地那軍隊為數極少，兵力不及麥加軍隊的三分之一，而且裝備簡陋。

這一場戰役在世界史也深具意義。事實上，戰爭的勝敗決定了麥地那新生共同體的命運，也讓伊斯蘭從此在世界史上扮演了角色。若是麥地那軍敗北，伊斯蘭共同體就會因此銷聲匿跡，這場在阿拉伯半島帝國的空白地帶上所發生的戰爭，就會為人所遺忘。

依當時的慣例，戰爭先採取一對一對決的方式。嚴格地說是從三對三的個人戰開始。雙方各自派出的戰士全都是來自麥加，也就是古萊什族的同族人為了伊斯蘭而決鬥。這場單挑是麥地那獲勝，之後便正式開啟了戰端。麥地那軍隊雖然人數甚寡，但奮戰不懈。穆罕默德採步兵、弓箭手橫列並排的隊形，在阿拉伯戰史上也是首次。麥加軍隊雖奮力一搏，終究不敵而敗走。

麥地那軍據傳有十四名戰死，其中包括少年烏麥爾。麥加陣營至少有五十名戰死，又約有五十名（一說有七十名）士兵成了俘虜。領軍的阿布．加赫勒也在戰爭中喪生。

古蘭經文對這次戰爭和勝利描述如下。

當時，你們求援於你們的主，他就答應了你們：「我要陸續降下一千天使去援助你們。」真主只以這個答覆向你們報喜，以便你們的心境因此而安定。勝利的到來只因為真主的應允。真主確是萬能的，確是至睿的。（戰利品章・第九至十節）

在當時，古蘭經的章句，是根據穆罕默德所接受的指示而與時俱進、不斷增加的。每當有事發生時，真主就會透過穆罕默德顯示事情發生的意義、還有行動的方向。章句透過穆罕默德而顯現，就如同信士們也是透過穆罕默德和真主對話。和人數多達自己三倍的敵軍對抗，而且獲得超乎想像的勝利，不難想像這些人深刻的實際感受，在被告知這是獲得神助時，他們確信真是如此。

我們現在所看到的古蘭經，是七世紀中期完成的，而在穆罕默德時期還是現在進行式。不僅如此，很多人為了得到確實的答案，要從「真主的使者」穆罕默德口中親自得到。像是開戰前中了敵人的箭而戰死的青年哈利撒，他的母親來到穆罕默德跟前——那時他已經回到麥地那——問兒子算不算殉教：「請告訴我，我的兒子現在如何。如果他已經到了樂園，就讓我挺著接受失去他的事實；如果他不在樂園裡，就讓我們一掬悲嘆之淚。」穆罕默德告訴這位母親，青年哈利撒已經到了天堂（Jannat al-Firdaws）。

面臨試煉

◎麥加軍隊的報復

凱旋回到麥地那的穆罕默德，聲勢更是高漲。儘管麥地那當初沒人反對穆罕默德的到來，但還是有人對基礎尚未穩固的共同體採觀望的態度；也有人不希望對古萊什族持過於強硬的態度。不過，如今情勢一轉。

相信穆罕默德的人因為戰勝而產生信心，也因為戰利品和俘虜的贖金大大解決了遷士的窮困。而俘虜的贖金，有錢人家是四千銀幣，最少也有一千銀幣；付不起錢的則豁免，這是伊斯蘭很典型的寬宥政策。麥地那的人們因此對穆罕默德更加支持，和周邊部族的同盟關係也更加鞏固。

穆罕默德的發言權變得愈強，古萊什族的自尊和名聲就越受到更大的傷害。自己的同族人信仰了新興的宗教，從故鄉「出逃」，還結合了他們的同盟者，讓明明擁兵三倍的自己吃了大敗仗，這，不管對於麥加的威信，還是商隊行經路徑的安全，都是很難接受的事實。此外，有親人在巴德爾戰死者的內心裡也燃起了復仇之火。復仇，對部族主義來講是不可欠缺的價值觀。古萊什族對穆罕默德敵視的態度，更甚以往。

古萊什族挑起的報復戰就是次年發生的武侯德戰役。巴德爾之戰失敗後，古萊什族決定將阿布・蘇富揚商隊平安從敘利亞回來所賺的錢，全都花在報復戰上。他們也派遣族人深入到阿拉伯半島上的其他各部族，力邀他們參戰，決意要切斷麥地那生息的根基。

武侯德戰役因為是發生在武侯德山麓（Jabal Uhud，又譯烏乎德山），因而得名。穆罕默德對這座山十分鍾愛，因

武侯德戰役

為阿拉的另外名字叫做「阿哈德」（唯一之意），和這座名為「武侯德」的山在阿拉伯文的子音完全相同。儘管如此，在這個山麓的戰役卻讓穆斯林名譽上蒙塵。

這次戰役大概是巴德爾戰役發生後一年（也有其他的說法）。從麥加有三千兵力殺到武侯德山麓，其中有七百人穿著鎧甲，有多達二百人的騎兵，戰鬥用的駱駝數量幾乎和士兵的人數一樣。總司令就是阿布・蘇富揚，他因為阿布・加赫勒在前一年戰死而成為古萊什族的大首領。這一回戰役比較特別的是女性也加入其中，阿布・蘇富揚的妻子欣德也從了軍。她在巴德爾戰役中失去了父親烏吐巴、叔父夏巴還有自己的兄弟瓦利德，因此決意復仇。

◎武侯德戰役

麥加軍隊在武侯德山麓宿營。他們極盡挑釁之能事，放開駱駝和馬，把從麥地那一路綿延至此的麥田吃得一片狼藉。麥地那以農為主，此舉無疑給了這個新共同體很大的打擊。穆罕默德等人嚴陣以待，商討究竟在城內堅守，或是該出城迎戰。麥地那出身的長老認為麥地那堡壘堅固不易攻下，以守城不出為上策。但是年輕的一輩則認為，如此會受到非議以為自己懦弱。不僅如此，還有一個年邁者提出了殉教的期望。也有人認定，無論「戰勝或殉教，二者皆是善果」。大敵當前，吉哈德精神成了主要議題。推測看來，穆罕默德在不得不的情況下決心出兵迎擊。

這一回穆罕默德領兵千人，但出兵後立即有三百人隨伊本·烏拜伊（Ibn Ubayy）臨陣脫逃——這件事情之後在麥地那內部產生摩擦，產生了對信仰不真誠的「偽善者」的問題。剩下七百人的麥地那軍，既有遷士，也有輔士中的哈茲拉吉族、奧斯族等，後者都有自己的大將。他們在穆罕默德的指揮下，趁著夜色攀上武侯德山，從而取得地利之便，彌補了自己人數上的劣勢。穆罕默德更派出五十人的弓箭隊爬往山的更高處，要他們確保麥地那軍擁有地利，他指示他們說：「就算我們開始搶奪戰利品，你們切不可前來；就算我們身陷危險中，你們也絕不可前來救助。」——但由於弓箭隊未遵從指示，後來陷全軍於危險之中。

太陽升起時，麥加軍隊也已經完成布局。右翼的指揮官是在巴德爾戰死的首領阿布·加赫勒的兒子伊克利馬，左翼的指揮官是在巴德爾戰死的將領瓦利德的兒子哈立德·伊本·瓦利德（Khalid ibn

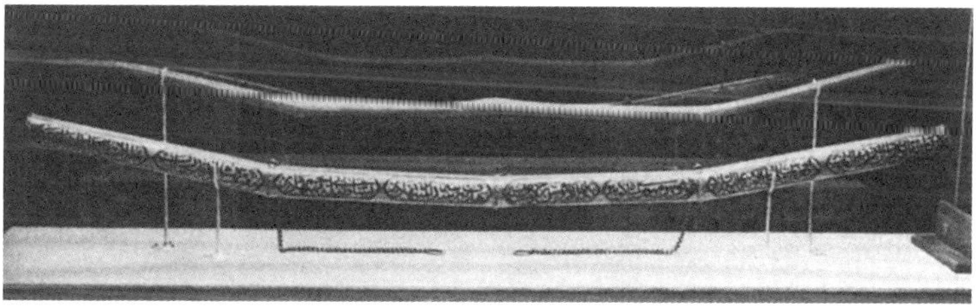

流傳到今日的穆罕默德所用的弓　托普卡匹皇宮博物館藏。

al-Walid），大軍總司令則是阿布．蘇富揚。女人則是擊鼓和搖鈴鼓來鼓舞男人。

戰鬥開始了，得地利之便的麥地那軍占了上風。除了穆罕默德的叔父哈姆札（Hamza ibn 'Abd al-Muttalib）戰死之外，麥地那軍一路挺進，麥加軍的戰線一路潰敗，被迫退到山麓。但就在戰鬥即將結束時，麥地那的弓箭隊眼睜睜地看著戰利品，按捺不住，為了分一杯羹而衝下山來到山麓。指揮官死命地制止，但是留下來的弓箭手只剩下十個人左右。

◎哈立德的反擊

眼見這個反攻的大好良機，趁勢把握住的是左翼指揮官哈立德——後來他改信伊斯蘭，立下擊潰拜占庭軍隊等顯赫武功，是個被稱為「真主之劍」的武將。哈立德展現他所擅長的騎馬戰術，在一瞬之間翻轉了戰勢，他麾下的騎兵隊偷襲了麥地那弓箭隊駐守的地方，將留在原地的十幾個弓箭手驅逐殆盡。麥地那軍失去了弓箭的護援，加上反擊的麥加大軍之壓制，故從山麓節節敗退，最後反被自己四倍人數的敵軍所包圍。士氣如虹的麥加軍隊，口中大喊著他們信仰的神的名字「烏薩呀！呼巴爾呀！」最後終於攻進了穆罕默德的本營。

穆罕默德拚命激勵他的信士們，但麥加軍隊有一個人刺穿了他穿著鎧甲的肩膀，穆罕默德負傷倒下，對手誤以為他已經陣亡。「穆罕默德死了」，麥加軍隊四處散布這個消息，讓麥地那軍鬥志盡失。看到自己最大的目的已經達到，麥加軍幾乎都把劍入鞘，準備結束戰爭。

這一天的對戰，麥地那軍約有七十五人戰死，麥加軍只犧牲了二十名，相較下來麥地那軍是吃了大敗戰。穆罕默德好容易從這一個打擊恢復過來，身邊的高徒也總算脫離危險。

阿布・蘇富揚的妻子欣德，為報父兄的深仇加入了麥加軍隊，她看到哈姆札的遺體時，切開了他的胸膛，吃掉了他的肝臟，實現了她前一年為復仇而立的誓言。她還勸其他女子從敵軍遺體割下耳朵當作首飾，行徑蠻橫到古萊什族的族人都皺起了眉頭。

阿布・蘇富揚爬上了武侯德山，對著躲在山上的麥地那軍隊呼喊。當歐瑪爾依照穆罕默德的指示回應了他之後，他才得知穆罕默德已死的訊息是誤傳。這一次戰役已經終結，但雙方爭戰的歲月卻還沒結束。

◎重建共同體

武侯德戰役所顯示的，是這個新共同體還不夠牢固的事實。伊本・烏拜伊之眾原本該是忠誠的信士，也沒能遵照穆罕默德的命令，在開戰之前臨陣脫逃。

第二天，穆罕默德只帶著前一天參戰的兵士——他們其中很多還在負傷中——展開追擊戰，以防麥加軍隨時有可能襲擊麥地那。穆罕默德讓武侯德戰役出戰的士兵去追擊，意謂著就算傷兵再多，他要的就是可以信賴之人。他在巴德爾戰役中得到的權威，在這一場戰役受到動搖。

此刻，如果麥加軍繼續進擊的話，有可能會把麥地那這個國家給推翻。不過古來什族想的倒沒有那麼長遠，他們在武侯德戰役中一雪前恥，也對穆罕默德報復成功，以復仇為目的來講，可說是遂了心願。相較於懷抱創造新社會願景的伊斯蘭，這點倒是大相逕庭。

穆罕默德費盡心力重新建構共同體，也從吉哈德的觀念中找到了重要的教訓。古蘭經有很多章句是出自武侯德戰役之後。比如在描寫武侯德山麓之戰的同時，古蘭經講到：「穆罕默德只是一個使者，在他之前，有許多使者，確已逝去了；如果他病故或陣亡，難道你們就要叛道嗎？」。如果穆斯林相信了全能的真主，對真主所直接下達的斥責的詞句，不知該有多麼惶恐。想必這樣的章句應該會讓信士銘記教訓在心，絕對不會再違反軍紀。

透過上述這些話，穆罕默德藉以強化了共同體內部的連結，努力讓這個社會變得安定團結。

麥地那的防衛

◎部族聯盟的來襲

在武侯德戰役後，除了一些小型的衝突，最重要的是兩年後麥地那的「塹壕之戰」，史上也稱之為「部族聯盟的來襲」。阿布．蘇富揚率領古萊什族，傾其所有的財富與力量，並全力動員、聯合阿拉伯半島內的同盟，意圖徹底破壞伊斯蘭國家。他們在武侯德一戰時，差一步就擊斃穆罕默德，結果卻功虧一簣。穆罕默德之後成功地重建了共同體，鞏固麥地那的內部，對周邊的影響力也愈來愈大。

這次的部族聯盟派出為數約一萬名的兵力，騎兵也有六百騎。相較於武侯德戰役時的三千名兵力，聲勢更是浩大。

不過此次麥地那也有了周延的迎擊之策。麥地那是個三方為山所環繞的險要之地，開口在北方。穆罕默德聽取波斯人薩爾曼的獻策，在北方設築塹壕。薩爾曼是波斯出身的信士，從遙遠的地方來到穆罕默德身邊，也因此得到重用。穆罕默德的直傳弟子中，薩爾曼和衣索比亞出身的比拉勒都是非阿拉伯出身的門徒，常被拿來當作伊斯蘭超越民族的象徵。

波斯人的獻策具有非常意義。阿拉伯戰史上使用壍壕即源起於此。這一次戰役前，麥地那還將作物提早收成，不再像前次一樣任由麥加軍隊的駱駝蹂躪。

戰役僵持了約莫兩周。因為壍壕，封鎖住了麥加軍隊擅長的騎馬戰術，而步兵戰上，麥地那士氣高昂的將士們居於優勢。此外，部族聯盟本就是被現實的利害關係所誘，因應一下古萊什族的情事，在得不到戰利品的持久戰下，部族聯盟自然瓦解，最後麥加軍隊在沒有戰果的情況下撤了兵。借用伊斯蘭史家清水和裕的話，壍壕之戰不過是「穆罕默德大軍擅長設定戰場的這個特質一次正常地發揮而已」。

回溯這一段歷史，這一次部族聯盟已經是古萊什族能夠動員的軍事力量的頂點。有這麼大的勢力卻無法攻下麥地那這個城邦，意謂著麥加為主的社會秩序（伊斯蘭稱之為「蒙昧時期」），其命運近乎壽終正寢。源自部族主義的血統之價值、部族結合的多神偶像崇拜、以及商業財富代表的現世利益，以上述支撐的既無理想又欠缺體系的部族社會，如今已然無法遏制以信奉獨一神的宇宙的教義，以人類平等為訴求的伊斯蘭的勃興。

◎塹壕之戰

塹壕之戰發生在西元六二七年四月。和武侯德戰役相較，這次的戰役上，穆斯林思慮縝密，也嚴遵穆罕默德的指令，挺過了敵軍龐大陣營的包圍。古蘭經中也記載了從這次戰役得到的許多教訓。在以「同盟軍」為題的古蘭經的篇章裡，詳細地記述了當時的戰況。故事性不強的古蘭經裡有這種內容，算是非常難得。

信道的人們啊！你們應當記憶真主所賜你們的恩典。當時，敵軍來攻你們，我就對他們派遣暴風和你們所未見的天兵。真主是明察你們的行為的。當時，他們從你們的上面和你們的下面來攻你們；當時，你們眼花心跳，並對真主作種種猜測。在那時，信士們曾受到考驗，並受劇烈的震動。（同盟軍章．第九至十一節）

超過萬名的敵兵，可想而知是多麼令人懼怕的對手。實際上在固守城池的時候，麥地那軍相當艱辛，此時居民間也心生動搖。不過因為核心集團遵循穆罕默德的指示，麥地那軍執行了之前的準備和守城的忍耐，最終為自己贏得勝利。就這個層面來看，可以說完全吸取了武侯德戰役的教訓。

經過了三次重要的戰役，麥地那共同體可說是克服了困難的草創期，突破了軍事上的危機。

◎與猶太部族的摩擦

回過頭來，我想附帶講一下麥地那的猶太教徒。之前提過，在穆罕默德來到麥地那時，猶太教徒也接受了「麥地那憲章」。雖然一開始是猶太人告訴古萊什族與奧斯族人「不久後將有先知出現」，不過當穆罕默德真的出現後，猶太教徒中接受伊斯蘭的人卻為數極少。他們反而以自己的宗教知識批判、指責穆罕默德。可能也有另一面的原因，即哈茲拉吉族和奧斯族愈加凝聚、力量愈來愈大時，也損及到他們的利害關係。

穆罕默德期待得到猶太教所接受，這一點都不足為奇。但是實際上猶太教徒對穆罕默德採取的敵對態度，造成主要的三個猶太部族在與麥加軍隊作戰時產生摩擦，最後被逐出麥地那。凱努加族原是以加工金製品為業，巴德爾戰役時違反麥地那憲章，從頭到尾旁觀，因此遭到放逐。納帝爾族則是在武侯德戰役之後，與穆罕默德對立而遭到放逐。科來薩族則在塹壕之戰中祕密地與古萊什族為首的同盟軍結盟，並在戰後藏身於自己的要塞中，和穆斯林軍徹底對抗，最終斷送了自己的命運。

不過伊斯蘭和猶太教之間的關係並沒到普遍惡化的地步。由麥地那憲章所確立的原則依然得以維持，猶太教徒以其「經典之民」的身分，和基督宗教都享有宗教上的自治。這也是之後伊斯蘭帝國容許宗教共存的「帝國的原理」之一。有關於此，容後再敘。

吉哈德的理念

◎人為何捨身奮戰？

我們這樣一路看過來至今，再回頭看則很清楚地知道，穆斯林信了穆罕默德，卻並非在一開始就選擇了持劍的吉哈德。曾經有將近十三年的麥加期間，他們一直從事著和平的宣教活動。

可是當迫害加劇，一些人因此喪失了生命，以至於最終，穆罕默德也從暗殺中逃過劫，不得不離開了故鄉尋求新天地，搬遷到麥地那。這時，他再也回避不了和麥加的古萊什族之間的武力對決，為了讓新生的宗教得以延續，守住在麥地那的新共同體，就不得不拿起劍來戰鬥。就這樣，進入了「戰鬥的許可」的時代。也可以稱作「持劍的吉哈德」的時代。

以上的說明，從外部來看，是容易理解的。但是就穆斯林內心的一面來看，又是如何呢？從這一層意義上，要想理解穆斯林何以走上賭命奮戰這個問題，就得問吉哈德是從何而來。

這也和下面的這個問題有關——伊斯蘭之前，阿拉伯的諸多部族也曾經打過仗，即便賭上性命也要維護自己的名譽。但這不是因為他們相信這麼做可以在來世得到報償。我們知道，阿拉伯的部族社會並不相信有死後的生命，他們的偶像崇拜，也窺看得到有其現實的考量。所以他們從原先的人生觀，轉而進入伊斯蘭的世界觀、人生觀，更進一步到了無畏捨身的階段，可說是巨大的躍進。

反過來說也可以。例如在巴德爾戰役後，古萊什族為了報仇而挑起了武侯德之戰，這體現了為自己的骨肉至親、還有整個部族而復仇，是部族社會中的重要價值。亞斯里卜的哈茲拉吉族和奧斯族也是浴血奮戰到筋疲力竭。為了復仇而戰，極有可能會失去生命，所以也就意謂著賭上性命是值得的。因此我們就可以理解：如果是改信了伊斯蘭的人們為了替伊斯蘭報仇，也是可以犧牲生命的。復仇的價值依然是復仇的價值，只不過是換個對象而已。

當然實際上並不是那麼單純。新的教義將「為了部族」、「為了我族的名譽」這個想法視為「蒙昧時期」的惡習。伊斯蘭的主張是，為了阿拉鞠躬盡瘁，就是為了純粹的真理鞠躬盡瘁，這和為了部族或個人的虛偽名譽而戰是不同的價值。竭心盡力的方式也許是「忍耐」，也許是「戰鬥」，伊斯蘭要求穆斯林依著新的價值而生存：捨棄了部族的復仇的價值，即使為阿拉（真理）涉險、犧牲生命也要努力。這真的是太大躍近的一步，從不同的角度來看也可說是一百八十度的大轉變。

◎自我犧牲

再換一個說法——如果吉哈德被定義成「為了真主，捨棄所有，竭盡所能」的話，它是如何讓每個個體都做如是想呢？無論是在忍受迫害甚或殉教的麥加時期，還是在持劍的吉哈德之麥地那時期。實際上，「捨棄所有」遠較生命來得偉大。

「使者和他的信士們，以自己的財產和生命而奮鬥（Jihad，吉哈德）」（懺悔章．第八十八節），此章句裡的「生命」，原文是「nafs」，也包含生命的意思在內，直譯的話就是「一己之身」。「nafs」也可以譯為「自身」，指的是一己之身的內在本體。當說到「一己之身」時，也就包含身體和生命在內。因此，譯作「獻上財產與一己之身」較貼近原義。這麼一來，就等同於「捨棄一己之身」，也就是「自我犧牲」。不過伊斯蘭之前的阿拉伯半島上並沒有自我犧牲的想法。為了無形的名譽而戰，其實還是為了自己。那麼究竟「自我犧牲」這種思維從何而來？

當時，或許還有個解釋。也就是說，如果給現世裡的阿拉伯人看到來世就像是現世一般地具象，為了求得來世的回報，他們也就不惜犧牲現世的自我。實際上古蘭經裡對樂園的描述栩栩如生，似乎有股力量，好像會刺激朗誦者所有的感官。聽著古蘭經的阿拉伯人訴以聽覺的想像，而喚起影像，一切彷彿就在眼前。附帶一提，對此，基督宗教從禁慾的觀點屢屢在歐洲對伊斯蘭加以批評，特別對稱為「Khuri」（美人）的在天國樂園裡之處女的這種印象，更是大加撻伐。伊斯蘭的教義中對性慾、物慾並不否定，如果用戴著禁慾的有色眼鏡來看的話，便會招致類似的誤解。

確實，當時的信士們，彷彿是透過穆罕默德和真主對話似地，接受了古蘭經裡的章句，因此很合理，他們對章句中描繪的內容產生有如真實的感受。這麼一來，如果真的有來世，它或許和現世裡的實際利害也就沒什麼差別了。

但是，從蒙昧時期到伊斯蘭時代，這樣的世界觀或人生觀的巨大變化，不禁令人會想：

這些人真是同樣的一批人嗎？光用連續性就可以解釋得清楚嗎？古蘭經裡的印象，如現實一般的真，看來不足以解釋上面所說的這麼大的躍進。

◎靈魂的煉金術

要解開這道謎題，我想提一個「靈魂的煉金術」的概念。穆罕默德對同時代的人宣揚伊斯蘭，講述古蘭經時，彷彿像煉金術將賤金屬變成貴金屬一般，也把人心從部族主義轉換成伊斯蘭。他確實把蒙昧時期為了復仇即便淩弱也不以為恥的鐵石心腸，轉換為具有平等主義的新靈魂。

「靈魂的煉金術」只是一種比喻。「煉金術」雖然出現的時期較晚，但應該也是產生於伊斯蘭世界，故我們論及初期的伊斯蘭時使用這個比喻，多少還是可以被接受。就請讀者配合筆者的論調繼續看下去。

煉金術在英文是 Alchemy，這個詞出自於阿拉伯語。而去掉了定冠詞之後，也就成了英文的 chemistry（化學）。這兩個詞彙在阿拉伯語裡是同一個詞根。煉金術就是初期的化學，原點都是伊斯蘭帝國的實驗化學。

現今我們認為金由鐵而生，是不符合科學的迷信觀點。在煉金術的各種嘗試下，有許多化學上的發現，但即使有如此卓越的副產品，煉金術一開始的想法還是被我們認為是不科學的。伊斯蘭建築專家提圖斯（Titus Burckhardt）在保存摩洛哥的伊斯蘭城市費茲上有所貢獻，他本身也寫了有關煉金術的著作。他在書上指出，煉金術並非不科學，視之為迷信的看法，起因於人們對煉金術的想像造成的誤解。

他說，所謂的煉金術的目的，並不一定要把物質的鐵轉換成物質的金。為此他舉了一個體現了煉金術哲學的例子，那就是現存在西班牙格拉納達的伊斯蘭時代的宏偉建築——阿爾罕布拉宮（al-Hambra，紅宮）——裡面有名的「獅子中庭」。環繞著中庭的廊柱砌著精緻的裝飾，再用紙灰粉刷，讓人看到物質轉換成美。特別是鄰接的「姊妹廳」的天花板尤其華麗，光線從上照入室內，更見金碧輝煌。它的美吸引了許多來自世界各地的訪客。布哈特說，這裡原來的素材只是單純的石頭，卻轉換成了黃金。從裝飾中閃耀的光，確實呈現給我們的是美麗的黃金。布哈特的觀點是，這才是煉金術原來想達到的境地，把石頭變成黃金絕非空談。

或許在伊斯蘭以前的阿拉伯人，真的是注重現世的、剎那的享樂。他們遵循著部族主義，信奉蒐集來的偶像，容易激動，昧於自己的財富與能力而偶然輕賤弱者。他們也或許縱慾，十分地男尊女卑。但是相對的是，他們具有勇氣，慷慨待客，深知扶弱的美德，厭惡不義。我們也可以認為，穆罕默德讓這樣的人鍛鍊心智，以新的理念為他們指引方向，讓他們打開雙眼，看到人生的意義還有真諦，將他們的心性轉換成伊斯蘭——這種空前未有的人類精神。

姊妹廳

獅子中庭

相信這並不容易。事實上，不是所有的靈魂都能轉換成黃金，本書之後會談到，在穆罕默德死後，舊有的價值還一度復辟。不過我們也可以說，即使是用同樣的素材，從頭練起，變換成新的形態，就像煉金術一樣，人也有可能脫胎換骨。如果不做如是想，可能無法說明何以伊斯蘭的出現會在阿拉伯半島上衍生出改變世界史的事態。

◎人生的意義

古蘭經裡所宣揚的人生的意義，並不僅僅是為了真主奉獻一切。下列的章句據說是在巴德爾戰役後才有的。

> 信道的人們啊！你們當借堅忍和拜功，而求佑助。真主確是與堅忍者同在的。為主道而被戕害的人，你們不要說他們是死的；其實，他們是活的，但你們不知覺。我必以些微的恐怖和饑饉，以及資產、生命、收穫等的損失，試驗你們，你當向堅忍的人報喜。他們遭難（或親近的人死去）的時候，說：「我們確是真主所有的，我們必定只皈依他。」這等人，是蒙真主的祜佑和慈恩的；這等人，確是遵循正道的。（黃牛章・第

（一百五十三至一百五十七節）

這裡，將人生中充滿的恐懼、飢餓和損失的不合理，在伊斯蘭教義的框架裡加以說明，並不只單是稱頌殉教者會到樂園裡，所以才要為吉哈德奮戰。還要注意的是，親人的死亡被視為「災難」。在此任何人都看得出來，親人的死令人傷心，這正是宗教的原點。

古萊什族的生死觀裡，認為人只要死了，不過就化成骸骨而已。伊斯蘭則以較寬廣的宇宙論來談論生死，或許更可視為包容了人生的悲苦。當外在環境不允許有其他選擇的話，「持劍的吉哈德」不可避免地將造成人的死亡。如果沒有一個人生觀能包容，想來共同體裡的成員也經不起犧牲。

因為有如此完整地包容的架構，才讓吉哈德或殉教思想有了意義。下一章，我們會看活著的人組成的共同體，如何在奮戰之外還有補全的作法。

第四章 烏瑪之為社會秩序

叫拜塔（Minaret）　是清真寺常有的建築，用以召喚信眾禮拜。圖片右方為禁寺叫拜塔。

伊斯蘭生活的規範

◎麥地那的新社會

伊斯蘭的首要目標在於建立模範社會。之後雖然出現了伊斯蘭國家的要素，究其本質依然是奠基於宗教理念的社會建設。

在麥地那新成立的共同體，正是上一章所提到的「烏瑪」。烏瑪將穆罕默德奉為最高領導人，同時所有的成員都處於平等的地位，因此屬於穆斯林之間互助合作的社群。

古蘭經的內容以聖遷為分界線，可分為「麥加啟示」和「麥地那啟示」兩個類別。初期的麥加啟示宣揚的是獨一神的實存還有末日將近，勸人悔改。而聖遷後的麥地那啟示則多為與具體社會生活有關的章句。因此我們可以說，麥加啟示以「末世論」以及「企望來世」的思想為中心，而麥地那啟示則是「以現世為主」，是「務實主義」的教導。

但如果就此以為信士們在被迫害的麥加時期只能一味地追求來世，而在麥地那建立了共同體和政權後，就只把眼光對準現世，這樣的觀點未免是太早就妄下斷語。在這之後，屬於伊斯蘭帝國強盛的時代，其時伊斯蘭信仰的兩大主軸、「末日觀」與「來世觀」確實已經變得不明顯，發展出來的是一套追求享樂與關注現世的生活型態。在這樣的時代裡，自然也出現了批判享樂主義的生命觀，主張篤信伊斯蘭教義的運動，還有要求正視純粹伊斯蘭精神的人們。

但是麥地那時代尚未發展到這個階段。當時各種現實問題已開始顯露，必須藉由改造社會、重整政治的途徑來處理，但這同時並沒有伴隨著追求享樂的傾向。倒不如說，將腳踏實地的社會生活奠基在伊斯蘭的教義，將理念加以實踐的意味來得更為強烈。不同的是，麥加時代的信士們僅屬於極少數人，如今他們有了自己的社會，於是也有了具體的需求，因此各種制度應運而生。

我們來看看麥地那究竟被塑造成怎麼樣的社會。

第一，伊斯蘭社會的生活有其獨特的時令，作息的規律也得以確立。伊斯蘭的信士每天做五次禮拜。每天禮拜五次這個數目，是麥加時代的後期定下來的，只不過當時還沒有禮拜所。最早的禮拜所是在麥地那郊外的庫巴，這是穆罕默德從麥加出走後，到達麥地那郊外的此處時首先進行禮拜的處所。接著信士們決定了以麥地那為居住地，於是就在當地建設了有一定規模的清真寺。

這座清真寺，以「先知清真寺」之名而聞名，直到今天仍然是聖城麥地那的宗教中心。

庫巴清真寺　據傳是最初禮拜的場所。

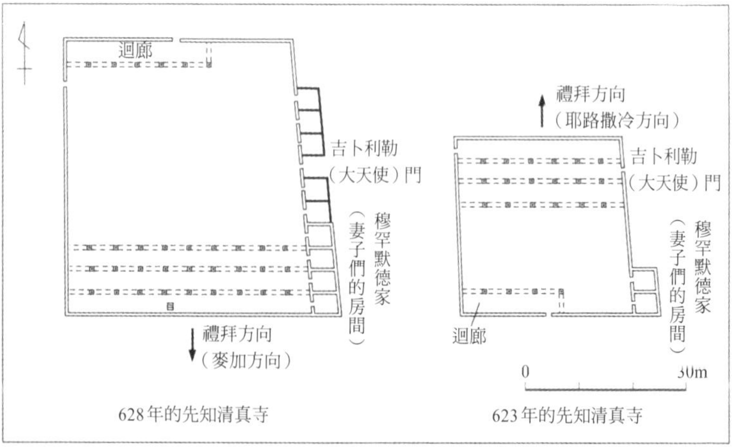

先知清真寺　623 年與 628 年的比較。禮拜的方位改變，規模也隨之擴大。

先知清真寺的修建，包括遷士（Muhājirūn，意為「移居者」，指跟隨穆罕默德從麥加遷居麥地那的信士）和輔士（Ansār，意為「援助者」，指當時原居於麥地那的信士）在內的每個人都親自參與。清真寺的牆壁是用土磚砌成，人們砍伐椰棗樹用做柱梁，屋頂則是以椰棗葉鋪蓋。先知清真寺在起初修建的時候，長度為三十五公尺，寬度為三十公尺，面積約有一千平方公尺。牆壁的高度則是二公尺左右。

由於阿拉伯半島的降雨量較少，當時的清真寺大多沒有以磚石砌成的圓形穹頂。用椰棗葉鋪砌而成的屋頂足夠遮蔭之用，而它的下面就是穆罕默德作為伊瑪目（Imām，領導者）所站立講道的處所。而這裡也是平時人們聚會交談的場地。

後面則是供窮人居住的空間，有屋頂的部分稱為「迴廊」。在這裡聚集而居的是最貧困的信士們，這些人既無地可耕，也沒有本錢可以經營買賣。但他們總是在清真寺裡，既常常參加禮拜，也聆聽穆罕默德的講道，身體力行感受伊斯蘭的精神。因此，也有一部分人在之後得以成為宗教長老，不過這只是意外的插曲。就當時的社會情況來看，這個「迴廊」也讓清真寺兼任了福利設施的角色。

◎禮拜規範的確立

一天五回的禮拜分別是日出前的「晨禮」、在正午之後開始的「晌禮」、在下午後半時段的「晡禮」、日落之後的「昏禮」與入夜以後的「宵禮」。雖然「晌禮」和「昏禮」的名稱聽起來和日出日落的時刻密切相關，其實在正午、日落還有日出的當下是不能行禮拜的。這是為了和之前擁有廣泛影響的太陽神信仰作出徹底的切割。

五回禮拜究竟是從具體什麼時候逐一開始，在沒有時鐘的年代，其實很難交由人們自行判斷。例如在「晌禮」的時間結束後，過不多久就又接上「晡禮」。這兩節禮拜的分界一般是以「太陽落在地面的影子長度和本體的長度一致時」，不過大概沒有人能夠杵一根棒子在地面就準確測定出日影的長度，所以還是必須由清真寺來通知禮拜的時刻。

究竟要採取什麼方法向人們告知禮拜的時刻，麥地那的信士們對此也加以討論。先前創立的其

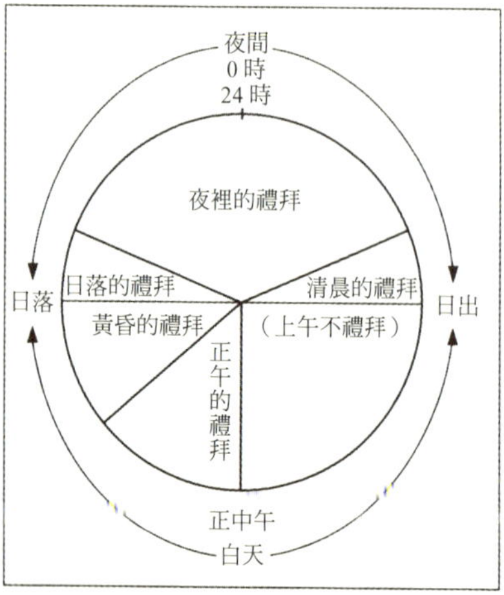

伊斯蘭的禮拜　每日時間軸。

他一神教猶太教、基督宗教分別使用吹角笛和敲木梆的方式，因此也有人提議沿襲類似的做法，但問題在於這無法顯示出伊斯蘭的獨特性。最後的商議結果是用人的呼喊聲作為禮拜的信號，這稱作「宣禮」。宣禮詞先由「真主至大」開始，然後是「來禮拜吧」、「來行善吧」，最後則以「萬物非主，唯有真主」作結。

第一位被任命為宣禮員的人是名叫比拉勒（Bilal ibn Rabah）的解放奴隸。他出身於哈巴夏（阿克蘇姆王國，即今天的衣索比亞），曾經隸屬於麥加的瑪夫茲姆家。他是初期改信伊斯蘭的其中一人，並為此受到主人家的拷問與毒打，後被阿布·巴克爾所買，得以擺脫奴隸身分。比拉勒的聲音優美且嘹亮，因此獲選為宣禮員。

宣禮員在阿拉伯文被稱為「穆亞金」（Mu’azzin），而比拉勒就以「先知的穆亞金」的稱號而聞名。話說起來，之後在穆罕默德前往麥加作小朝聖時，比拉勒也在卡巴聖壇的頂部宣禮，預告著伊斯蘭時代的到臨。比拉勒相當長壽，後來還加入了敘利亞遠征軍，並在攻陷大馬士革時成為第一位在當地作宣禮的人。

而在清真寺蓋好後，除了每天的日常禮拜之外，週五的禮拜（主麻）也成了信士們的功課。正午的禮拜也唯獨在星期五這一天舉行，信士要聚集在清真寺舉行集體禮拜。

一般認為，歷史上的首次主麻是在穆罕默德抵達麥地那郊外、並建立起庫巴清真寺之後，於向著北面的麥地那市中央行進時舉行的。禮拜地點距離庫巴不到一公里，而之後在此位置修建的清真寺也命名為「主麻清真寺」。

關於主麻的意義，古蘭經的記載如下。

「信道的人們啊！當聚禮日召人禮拜的時候，你們應當趕快去紀念真主，放下買賣，那對於你們是更好的，如果你們知道。」（聚禮章・第九節）

「放下買賣」是很重要的一句話。從中我們可以得知，它隱含的前提是人們在星期五的早上召開集市，並努力地做生意。基督宗教把星期天定為安息日，但是伊斯蘭教義並未對主麻日賦予同樣的定位。這一天既是聚禮的日子，也是做生意的日子。實際上，在麥地那以及之後建設的伊斯蘭城市裡，也通常會圍繞著中央清真寺的周邊形成市集。因為人人都會來參加主麻日的禮拜，而在聚禮完畢後，人們也順便會在清真寺附近逛逛，這正是做買賣的好時點。章句上也說道「當禮拜完畢的時候，你們當散布在地方上，尋求真主的恩惠」（聚禮章・第十節）。所謂尋求真主的恩惠，就是指做買賣、工作營生的意思。

◎禮拜方向的變化

在清真寺的內部，一定會標有禮拜的朝向位置。根據伊斯蘭教義對於無形的獨一神的信奉，必須有一個朝向能夠指示出神的所在，而這個朝向就稱為「基卜拉」（Qibla）。最早期在麥地那建造的清真寺，它們的禮拜方向是北邊的耶路撒冷。穆罕默德在麥加逐一訂立關於禮拜的規範，而在麥加時代的末期——做法是在向著耶路撒冷的方向禮拜的同時，也要對著卡巴聖壇。耶路撒冷位於麥加的北邊，要同時對到這兩個方向，就只能在麥加市內或麥加以南的地點做禮拜，否則沒辦法做到。

聖龕（Mihrāb）　標示著麥加方位的凹槽。圖為先知清真寺的聖龕 [illegible]

遷到北方的麥地那後，穆斯林約有一年四個月的時間仍然繼續向著耶路撒冷做禮拜。但這樣一來，禮拜時就成了背對麥加。某日，人們接到改變基卜拉的命令。新的禮拜方向是對著麥加的卡巴聖壇。古蘭經記載道，「我確已見你反復地仰視天空，故我必使你轉向你所喜悅的朝向。你應當把你的臉轉向禁寺。你們無論在那裡，都應當把你們的臉轉向禁寺」（黃牛章．第一百四十四節）。「禁寺」指的就是卡巴聖壇。

這個布告也被傳達到麥地那各地，有的清真寺是在正在舉行禮拜的中途才收到通知。由麥地那的市中心向北約五公里處，有一座由哈茲拉吉族的支派所建立的清真寺。人們正在舉行禮拜的時候，穆罕默德的傳令忽然來到，被告知要改變禮拜方向。他們原先是朝著北邊的耶路撒冷禮拜，根據命令，他們再改為朝著南方的麥加繼續禮拜。一次的禮拜分別向兩個方向朝拜的情況非常

雙向清真寺內部聖龕一景　位於麥地那市內。

罕見，故這座清真寺後來就以「雙向清真寺」而廣為人知。

◎天課與斷食

在社會制度這一層面，與宗教禮拜有著同樣意義的是天課（Zakat）。古蘭經裡有許多章句要求「確立禮拜，捐獻天課」，而穆罕默德本人也從麥加時期就明示要救助窮人與孤兒，但天課真正被制度化則是在麥地那時代，據說是聖遷後的第二年。

根據各人所擁有的財富類別，交付天課的份量也有所不同。雖然不清楚天課制度當初在麥地那確立時的規定是什麼，但按照之後的規定，農產品的話是收穫量的百分之十，如果是擁有金銀和貨物的商人，份額則是四十分之一（百分之二點五）。財產是家畜的話，情況會稍為複雜些，這是因為種類和畜養的方式不同，各種家畜的價值並不相等。如果是羊，則每擁有四十頭交付一頭，牛則是每擁有三十頭，交付一隻一歲的牛。

同時也在這一年，訂立了齋戒月斷食的規定。古蘭經記載道：「信道的人們啊！齋戒已成為你們的定制，猶如它曾為前人的定制一樣」（黃牛章．第一百八十三節）。斷食在其他很多宗教當中也都存在，並不是源於伊斯蘭。對於這一點，經文也說「猶如它曾為前人的定制一樣」。猶太教和基督宗教都有為修行以及信仰而斷食的行為，而其他的宗教例如佛教，也存在斷食現象。但是伊斯蘭的斷食，則另有其獨特做法與意義。

每當進入齋戒月，穆斯林在為期一個月（二十九天或者三十天）的時間裡，從每天日出

	伊斯蘭月名	
一月	穆哈蘭姆（Muharram）	元日 10 日　**阿舒拉節　齋戒** 追悼胡笙殉教（什葉派）
二月	色法爾（Saphar）	
三月	賴比兒・敖外魯（Rabia-al-awwel）	12 日　先知誕生慶典
四月	賴比兒・阿赫爾（Rabia-al-accher）	
五月	主馬達・敖外魯（Jomada-al-awwel）	
六月	主馬達・阿赫爾（Jomada-al-accher）	
七月	賴哲卜（Rajab）	27 日　紀念登霄之夜
八月	舍爾邦（Shaaban）	舍爾邦月中之日（赦免之夜）
九月	拉瑪丹（Ramadan）〔齋戒月〕	**齋戒** **尊貴之夜**（17、27 日或下旬的奇數夜）
十月	閃瓦魯（Shawwal）	**開齋節**
十一月	都爾喀爾得（Dulkaada）	
十二月	都爾黑哲（Dulheggia）〔朝聖月〕	**朝聖** **古爾邦節**

伊斯蘭曆的十二個月　伊斯蘭曆即回曆，始於西元 622 年（聖遷之年），為純粹的太陰曆。＊粗體字為穆罕默德時代確立的節日與祭禮

前的清晨，經歷一整個白天直到太陽下山為止，都停止進食。在這期間，連一顆椰棗、甚至一滴水都不得入口。由於伊斯蘭所使用的陰曆一年的總天數比太陽曆少十一天，因此齋戒月並不都在同樣的季節，但如果碰上夏天就會變成名副其實的苦行。制定齋戒月是在伊斯蘭曆的第二年，這一年始於西元六二三年的七月，而齋戒月則是陰曆的第九個月，也就是西元翌年的三月。若是三月，氣候還算溫暖。漢志地方的夏天酷熱，白晝時間很長（以現在的氣候來看，五月至九月的白天最高氣溫，平均約在攝氏四十度）。之後的紀錄中，記載著作為長老的阿布・巴克爾為了耐得住盛夏斷食的嚴酷，曾經在齋戒月的某一天用浸濕的衣服包裹自己的身子。

斷食固然是為了敬神，停止進食以祈求神的赦免，但同時也是為了貧窮且三餐不繼的弟兄，能讓自己理解他們所經歷的痛苦。當時的麥地那並不是富裕的社會，有不少信士仍陷於窮困，因此斷食有著很大的現實意義。

到了齋戒月的結尾，穆斯林有個義務，這就是為了窮人而「在開齋時天課」（Zakat al-Fitr）。相對於根據各人所擁有的財產而要求的天課，也即按照一定的比例捐贈財產，開齋節的天課則是一家之主將家中擁有的小麥、米還有椰棗等物資，按照家庭成員的人數乘以定額而捐出，並馬上分配給窮人。分配的具體數量是以當時的度量衡單位「撒午」（Sāʿ）計算，每一撒午大約相當於現代的二點一七公斤。這個重量的小麥、米、椰棗等，全多以實物捐獻為原則。接受到天課的人，如果是小麥或椰棗，馬上全家有好一頓溫飽。

共同體的各種制度

◎禁止飲酒

麥地那時代的初期，訂立了兩個節日。第一個是接續在齋戒月之後的開齋節，而第二個則是處在朝聖月的宰牲節。當這兩個節日來臨，共同體的成員會打扮一番參加禮拜，接下來也會有三天或四天的假期讓大家好好的享受。一般認為伊斯蘭對於音樂並不推崇，但在這些假日裡，樂舞是被允許的，於是人人都唱歌跳舞歡慶著節日。

與此同時，伊斯蘭也顧及到平日未能受到眷顧的人。開齋節時會分配「開齋時的天課」，而宰牲節則會分配肉類。這期間人們會屠宰牛羊之類的家畜，而宰殺得來的肉不僅是給自己還有親人食用，也有三分之一是向貧窮的弟兄捐贈。平日嘗不到肉味的人，在這一天可以大快朵頤。

就這樣，形成了同甘共苦的烏瑪共同體架構。此外，也制定了倫理規範。像是孝順父母的義務還有禁止殺人等等，正如前一章所描述的，早在麥加時代時就針對這些根本的倫理議題而訂下了守則。與此同時，伊斯蘭教義也禁止賭博（伊斯蘭曆三年，即西元六二四／六二五年），以及飲酒（伊斯蘭曆六年，即西元六二七／六二八年）。

關於飲酒，是經過三個階段才做到全面禁止。一開始的情況是，「他們問你飲酒和賭博（的律例），你說：『這兩件事都包含著大罪，但對於世人多少都有利益，而其罪過比利益還大。』」（黃牛章．第二百一十九節），也就是說，對於飲酒和賭博的行為並未全面否定。接著是禁止在醉酒時禮拜──「信道的人們啊！你們在酒醉的時候不要禮拜，直到你們知道自己所說的是什麼話」（婦女章．第四十三節）。而最後則以「信道的人們啊！飲酒、賭博、拜像、求籤，只是一種穢行，只是惡魔的行為，故當遠離」（筵席章．第九十節）的說法全面禁止。

將飲酒、賭博、偶像崇拜與占卜四件事相提並論，從這一點可以得知禁酒從本質上來說，並不是與食物有關的規定。我們常聽到「穆斯林不吃豬肉，不飲酒」這兩點被同時提及，因此會以為禁止飲酒是和飲食相關的戒律，但實際上是基於對神的信仰以及人生態度的立場，而對酩酊昏沌的狀態加以否定。

此外，伊斯蘭教義對於人們互訪時的禮儀也有所規範。對此古蘭經記載道：「信道的人們啊！你們不要進他人的家去，直到你們請求許可」（光明章．第二十七節）。想來，過去的風俗習慣是只要屬於自己認識的人家，就可以毫無顧忌地不請自進。若是偏遠地方的小村莊，這樣做也許不致被人批評。也由於如此鉅細靡遺的規定，確立了符合麥地那情況的都會式禮儀。

◎婚姻制度的確定

對於穆斯林之間的婚姻，伊斯蘭教義也明確地加以制度化。早在麥加時期信士們就對放縱性慾的行為提出強烈批判，但是明確地訂立起伊斯蘭的婚姻制度則是在麥地那時期。簡單來說，這也就是著名的「一夫四妻」制度。古蘭經對婚姻制度有下列的記載：

「你們中未婚的男女和你們的善良的奴婢，你們應當使他們互相配合。如果他們是貧窮的，那末，真主要以他的恩惠，使他們富足。」（光明章．第三十二節）

「如果你們恐怕不能公平對待孤兒，那末，你們可以擇娶你們愛悅的女人，各娶兩

妻、三妻、四妻；如果你們恐怕不能公平地待遇她們，那末，你們只可以各娶一妻。」（婦女章・第三節）

這個制度的背景是兩個重要因素。第一個問題是，該以何種教義對新共同體的基礎單位——家庭加以建構。以伊斯蘭教義為主軸而成立的烏瑪共同體，形成超越部族主義的連結，但是烏瑪本身並非由個人與其他個人構成的共同體。它的基本單位是「家庭」。過去的社會一直是以部族為基礎、以父系傳承為主而形成各種婚姻型態，另一方面也存在著賣春制度，婚外情也屬尋常，此外還有不受血統限制的養子制度。整體而言，以上這一切能夠成立，是因為由男性主導著社會關係的關係。

於是，伊斯蘭教想改變這樣的情況，試圖建立以男女雙方合意為基礎的牢固婚姻制度。依照伊斯蘭法的規定，婚姻是藉由男女當事人彼此同意而訂立的民事契約，而雙方成婚也是以女當事人的同意為前提。所有的契約都是一樣，契約要產生效力就一定要有全部當事人的同意。即使丈夫有多位妻室，婚姻制度的基礎仍然是丈夫和妻子兩個人的契約，同時由於這種契約是以複數締結而成為「多妻制」。

第二個問題則是由於戰爭頻繁，有很多人因此犧牲，而戰死軍人的遺族不是寡婦就是孤兒。阿拉伯語當中的詞彙（Yatim，孤兒），指的就是喪失父母親的孩子。無論孩子是失去雙親的其中哪一方，甚至是雙親皆亡，他們都是不折不扣的 Yatim。在認可信士娶兩個甚至三個、四個妻子的章句裡，記載著「如果你們恐怕不能公平對待孤兒，那末，你們可以擇娶你們愛悅的女人，各娶兩妻、三妻、四妻」，明顯可看出多妻制度的目的也是為了讓孤兒得以受到照顧。

失去了丈夫的女子，以及失去父親的孩子該如何維持生存，對於這類社會問題的解決方法就是一夫多妻制。在尚不存在公共社會福利制度的時代裡，這可說是合理的解決之道。伊斯蘭教義偏好平等主義，古蘭經也記載著「如果你們恐怕不能公平地待遇她們，那末，你們只可以各娶一妻」。

話說，穆罕默德本人為了平等對待自己的妻子們，每天輪流在其中一位妻子處生活。穆罕默德的家就蓋在清真寺旁，而他各個妻子們的屋舍也與它並排著（見頁一二二下圖）。

麥地那時期，在發起（持劍）吉哈德的同時，也將這樣的社會保障措施加以制度化。吉哈德並非鼓勵人們不顧一切地置生死於度外，而是要求他們為了防衛共同體而盡忠，若是有人因此而戰死，要支援戰死者所遺留的家人，就要依靠社會發揮重要的功能了。

政治的春秋

◎作為政治家的穆罕默德

伊斯蘭法整體上看來似乎屬於「命令的體系」，信士們該做的事全是得自於神的教誨。但穆罕默德並未強迫人們接受這些教義。在自己遭受嚴苛迫害的麥加時期，穆罕默德鼓勵著弟子們，同時自己也挺了過來，而到了麥地那之後，他也是一個堅毅的領導者，為了共同體的建構而盡心盡力。而穆罕默德的能力不僅表現為忍耐力，而且他還發揮極大的政治影響力。

聖遷之後僅僅八年，穆罕默德就率領三萬大軍讓麥加無血開城。而這八年期間，他

逃離麥加　穆罕默德與阿布·巴克爾

完全掌握著麥地那的局面。之所以能夠全權掌握，多半源於穆罕默德能夠迅速地判斷狀況，施以合適的手段，充分發揮了政治家的作用。

穆罕默德到達麥地那之後，明裡暗裡與他對抗的，是哈茲拉吉族的首領伊本·烏拜伊，在武侯德戰役的前夕，他率領麥地那三分之一的兵力脫離戰線，因此種下了日後紛爭的種子。儘管他改信了伊斯蘭，但卻放不下之前作為部族首領的立場。

想想人性的複雜，也就不訝異會有這樣的人物出現了。當上首領之後，任何人都會想保持權力或地位，從而也就對潛在的競爭對手產生妒忌心理。或者應該說，除了追隨伊本·烏拜伊的一部分人之外，哈茲拉吉部的民眾居然大都樂於在穆罕默德麾下效力，這確實令他想不通。總之，伊本·烏拜伊一定對「失去的威勢」心有不甘才是。或許，他也忌妒著穆罕默德的聲望。但最根本的問題還是，伊本·烏拜伊無法充分理解烏瑪這個新共同體的教義，他的行事方式還是沿續著部族政治的邏輯。

對於伊本·烏拜伊的反抗與敵對態度，穆罕默德始終採取溫和處理的立場。既然伊本·烏拜伊已經接受了伊斯蘭信仰，如果和他產生衝突，那麼就是共同體的內鬨、屬於違反伊斯蘭教義的行為。在某次規模不大的遠征途中，局勢差一點因為伊本·烏拜伊而一觸即發，而當時穆罕默德則下令在正午行軍。在乾燥的地帶，一般是不會選擇在豔陽高照的時段裡行軍的，但穆罕默德卻下達了出人意料的行進命令，讓每個人肉體疲乏。而穆罕默德這樣做的目的，是要讓眾人沒有體力和氣力來引起爭鬥。從這一點可以看得出穆罕默德的謀略水平和細心程度。

穆罕默德長於政治謀略，也反映在他和穆斯他力（mustaliq）族族長的女兒結婚這件事上。穆斯他力族與麥地那政權敵對，而且打了敗仗，許多成員包括族長的女兒喬瓦里亞都成了麥地那的俘虜。喬瓦里亞為了免除高額贖金，請求穆罕默德介入此事，而穆罕默德則對這項請託回以誠意。因為女兒得以獲釋，族長對這件事的處理深表感激，因此前往麥地那並改信伊斯蘭。其後穆罕默德對喬瓦里亞求婚，而該族的俘虜也全數無條件釋放。於是這個部族就處於穆罕默德的保護下，同時他們誓言對穆罕默德忠誠。麥地那政權瞬間得到了強而有力的盟友。

一個男人能娶到四個妻子，這是對一般信士的規定。而穆罕默德本人，則是伊斯蘭歷史上的例外，他的婚配沒有人數限制。穆罕默德在逝世前舉行的朝聖，所有的妻子都隨侍在側，為數有八人之多。而穆罕默德的婚姻當中，有幾段很明顯屬於政治聯姻。

像是穆罕默德與喬瓦里亞的婚姻，這是基於外交策略的考慮而締結，而另外一些則是為鞏固共同體的內部，例如之後繼位的第二代哈里發歐瑪爾，他女兒哈芙莎與穆罕默德的婚姻，就屬於這類情況。哈芙莎年紀輕輕地就成為寡婦，身為長老的歐瑪爾就對同為長老的伍斯曼提出親事，但被伍斯曼拒絕。穆罕默德則對心感不滿的歐瑪爾毛遂自薦：「我可以為她找一個更好的丈夫」，讓歐瑪爾大感歡喜。

但是穆罕默德展現謀略家的力量，最明顯的反映還是在塹壕之戰後第二年所謀劃的小朝聖這件事上面。

◎胡代比亞和約

朝聖一般是在朝聖月（陰曆的十二月）舉行，而小朝聖則是可以在為期四個月的聖月期間隨時實行（後來伊斯蘭教義又規定，小朝聖在一年當中的任何一個月都可以實行）。某一天，穆罕默德告訴信士們將實行小朝聖，要他們速速準備前往麥加。有人預期會和古萊什族兵戎相見，主張全副武裝地出發，穆罕默德回答道：「此行的目標只是要去卡巴聖壇朝聖」，於是只牽著作供奉之備的家畜，輕裝出門。

當然，這一時期麥地那與麥加還是處於劍拔弩張的戰爭狀態。麥加方面絕對料不到穆罕默德一行人等竟然毫無武裝地前往麥加舉行小朝聖。麥加此刻是進退兩難。如果以武力阻撓穆罕默德的隊伍，不僅破壞神聖月的規定，也會讓負責守護聖地的古萊什族名聲掃地。不過就這麼任由穆罕默德等人舉行小朝聖，恐怕也會被眾人以為古萊什族向麥地那屈服。特別是前一年塹壕之戰的敗北，這讓古萊什族在阿拉伯半島上可謂顏面全失。

穆罕默德一行人到達聖地麥加附近的胡代比亞（Hudaybiyyah），並就地紮營。古萊什族決意不再讓他們往聖地方向再跨近一步。雙方之後談判了好一陣子。

此時穆罕默德在洋槐樹下，接受信士們以臣下之禮向他起誓，史稱「里德萬之誓」（Pledge of Ridwan）。

雙方你來我往地提出談判條件，最後按照穆罕默德的提議下達成共識。這項和約根據雙方會面的地名，稱為胡代比亞和約（Truce of Hudaybiyyah）。於是，穆罕默德與麥加簽訂了為期十年的雙邊和平協議。

◎精準的謀略

關於胡代比亞和約的簽訂，從事後的角度看，顯示出了穆罕默德精準的謀略。不過當時跟隨著穆罕默德的信士們，卻認為這是一份屈辱的和約。原因是古萊什族不願意在條文中承認穆罕默德為「真主的使者」——而只接受他以「阿布都拉之子穆罕默德」的名義簽署和約——而且無論是接納從各地前往麥加的朝聖者，或者是送返俘虜的條件上，條文規定對麥地那都是不平等的。更何況，原本這次出行是為了到麥加舉行小朝聖，但是並未達到此一目的就原路返回，有很多人對這點也頗為不解。

這些人都有決心為伊斯蘭捨一己之命。要是為了朝聖，要他們拿劍開路，相信他們也樂於突擊挺進。但是樂於接受看似屈辱的和約，幾乎沒有人有此見識。連歐瑪爾也甚表不滿。古蘭經記載道，回程時，這場和議被形容為「明顯的勝利」：

「我確已賞賜你一種明顯的勝利，以便真主赦宥你已往的和將來的過失，並完成他對你的恩典，且昭示你一條正路。真主將給你一種有力的援助。」（勝利章．第一至三節）

但是在這個時間節點，很多人仍然沒辦法理解其中的奧妙。明明是屈辱的和約，哪裡算得上是「明顯的勝利」？真主給的「有力的援助」又是什麼？不難想像，當時很多人的心裡都有著類似的疑問。

和約的達成，其後馬上轉化為麥地那的軍事優勢。因為和麥加簽訂了和平條約，麥地那對北邊的威脅得以有餘力防備。不過在穆罕默德一行人返回麥地那的途中，這件事並不明顯。

◎小朝聖的成功

胡代比亞和議的翌年，穆罕默德帶著三千人前往麥加舉行小朝聖。根據和約條款的規定，古萊什族必須連續三天從麥加城內撤出，到阿布．克巴斯山宿營，使得穆罕默德一行能夠在麥加自由朝拜。卡巴聖壇為三百六十尊偶像所環繞，「先知的宣禮員」比拉勒則站在卡巴聖壇上方，召喚大家前來參加伊斯蘭的聚禮，而信士們對著真主的所在禮拜，不受拘束地圍著聖殿繞行七圈，是為「繞行之禮」（Tawaf）。

到了這個時候，所有人才領悟到胡代比亞和約的意義。穆罕默德既不需要耗費一兵一卒，甚至不需要展示己方擁有優勢武力，就讓信士們得以自由前往麥加，進行小朝聖。想來，伊斯蘭勢力的壯大之前從沒有這樣明白地昭示過。

從客觀效果來看，胡代比亞和約就是後來麥加無血開城的先聲。穆罕默德利用和古萊什族修好而帶來的戰略良機，遠征海拔爾以消弭來自北方的威脅，既強化了伊斯蘭共同體的安全，也提升了己方相對於麥加的軍事優勢。

這一時期最重要的事件，就是哈立德．伊本．瓦利德（Khalid ibn al-Walid）投奔麥地那，並改信伊斯蘭。哈立德是優秀的武將，武侯德戰役時他是麥加軍隊的左翼指揮官，造成麥地那軍的重大傷亡。而加入伊斯蘭陣營之後，他也在遠征敘利亞時立下戰功。

胡代比亞和約成立兩年後，發生了一件麥加單方面毀約的事件。這個事件其實只是一場小型武裝衝突，不過政治層面的意涵遠遠超出了事件本身。古萊什族的首領阿布．蘇富揚意識到和約瀕臨破裂，而這會對麥加造成政治危機。率領商隊從敘利亞返回後不久，他隨即前往麥地那，尋求雙方締結新和約的可能。但蘇富揚的努力卻沒能獲得太大進展，這是因為穆罕默德深知，麥加單方面地違反協定，這正是發動戰爭的好機會。穆罕默德的妻子之一烏姆．哈比巴雖是阿布．蘇富揚的女兒，但她並未協助父親居中調停。最後阿布．蘇富揚只得無奈地回到麥加。

對穆罕默德而言，這是決定阿拉伯半島之主的關鍵時刻。他率領一萬名士兵，從漢志地區南下。但是軍隊的前進目的地起初並沒有公布。究竟是劍指麥加，還是向當時造成衝突的部族所在地進攻，抑或是要攻占塔伊夫？其後穆罕默德一行人接近麥加，他下令全軍都舉起火把。遠處的一萬只火炬，從麥加方面看來是何其龐大的陣勢。

◎征服麥加

於是阿布·蘇富揚再次拜訪穆罕默德。這時候他得知，阿拉伯半島有許多部族都加入了穆罕默德的軍隊。古萊什族一直無法有效施加影響力的遠方部族，以及之前和穆罕默德持續對戰的部族，這些人如今都加入了穆罕默德一方。甚至，古萊什族的勇將哈立德也是如此。阿布·蘇富揚應該理解到雙方勝負已分。麥加人的抵抗除了造成無謂的傷亡，再沒有其他任何意義。若真是如此，提早投降反而有利於戰後對麥加的處理。因此蘇富揚表明：「萬物非主，唯有真主。穆罕默德乃真主的使徒」。

擅於政治懷柔的穆罕默德，給予阿布·蘇富揚「古萊什族之長」的榮譽。這意謂著當麥地那軍隊進入麥加時，凡是到蘇富揚家中避難的人們，其安全都可以得到保障。另外，留在自己家中以及到卡巴聖壇避難的人們，他們的安全也獲得保障。

穆罕默德的軍隊兵分四路，從不同方向向麥加推進。伊斯蘭軍幾乎沒遭遇到任何抵抗，就控制了麥加全城。穆罕默德到達卡巴聖殿，他唱誦著「真理已來臨了，虛妄已消滅了；虛妄確是易滅的。」（夜行章·第八十一節），同時持杖將三百六十尊偶像逐一推倒。其中體積最大的偶像是呼巴爾，屬於古萊什族的守護神。穆罕默德一聲令下，神像跌得粉碎，而其他的偶像也被焚毀。

願意改信伊斯蘭的人，逐一為了皈依而告白。阿布・蘇富揚的妻子欣德，在武侯德戰役時為了復仇而吃下哈姆札（穆罕默德的叔父）的肝臟，甚至向其他人宣揚「從穆斯林的遺體割下耳朵當作首飾」的做法，如此行徑蠻橫的女子也誓言恭順。她一開始害怕遭到信士們的報復，掩著臉表明皈依，後來才表明自己的身分。當時雖然不是所有的麥加市民都成為穆斯林，但未改信伊斯蘭的人，其安全依然得到保障。

伊斯蘭的實現

◎阿拉伯半島的統一及穆罕默德歸真

征服麥加之後，麥地那政府的管轄範圍變得更大了。伊斯蘭曆九年（六三〇年／六三一年）被稱作「遣使之年」，這是因為阿拉伯半島的各個部族都向麥地那派遣使節團，而他們也改信了伊斯蘭。此時阿拉伯的部族都接受了穆罕默德作為最高領導者，於是成就了阿拉伯半島史上的首次統一。

而伊斯蘭曆十年（六三一／六三二年）則被稱為「別離之年」。穆罕默德在這一年舉行朝聖，後世稱之為「辭朝」。朝聖時，信士們並不知道穆罕默德將不久於人世。這一次朝聖據說有十萬名信士參加。藉由這個機會，穆罕默德再次確認朝聖禮儀的淵源，重新將之定義為「亞伯拉罕時代以來的儀式」，同時清除了多神教的影響。此時制定的朝聖儀式，一直延續到今天。

之後穆罕默德在位於阿拉法特原野上的「慈悲」（Rahman）山頂，進行了有名的布道。這一次布道就是史上著名的「辭朝演說」，穆罕默德向眾人問道：「我的責任應該已了」。前往聞道的人們，則回答「我們能證明這是確實的」。

穆罕默德的最後話語，在古蘭經中記載為「今日我（真主）已為你們成全你們的宗教，我已完成我所賜你們的恩典，我已選擇伊斯蘭做你們的宗教」（筵席章．第三節）。穆罕默德所宣揚的教義，其名稱終於被確定為「伊斯蘭」。穆罕默德的使命於是也告一段落。

若是將麥加時期的穆罕默德為「忍耐的先知」，麥地那時期的穆罕默德就是「戰鬥的先知」，而且是胸懷著統合社會夢想的政治家。他可以在有必要時顯示出寬容與仁慈，而「手中持劍」也成為他的日常狀態。

穆罕默德逝世時，他並沒有把伊斯蘭之劍就此收入劍鞘的打算。為了一雪之前敗於拜占庭軍的恥辱，穆罕默德試圖再次組織敘利亞遠征軍。但是在完成確立伊斯蘭共同體與伊斯蘭國家的使命之後，擴張領土再不是真主交付予他的責任了。西元六三二年六月八日，在鄰接著麥地那清真寺的自宅（準確來說，是在他妻子的屋子裡），穆罕默德歸真。

◎共同體的三個危機

如果對照麥地那政權在穆罕默德離世時的版圖（見頁一六四至一六五地圖），我們就可以理解到，穆罕默德確實是阿拉伯半島的統一者。對於這樣的人物，通常的稱呼應該是「阿拉伯之王」。但穆罕默德並不是一般的所謂「王者」。他所行使的不是國王式的權力，而麥地那共同體也不是王國。

準確地說，穆罕默德是新社會的建立者。「社會」的意涵比起「國家」要來得人。而政治，則是社會所具備的眾多功能之一。就這層意義來看，穆罕默德確實盡力建設伊斯蘭社會，而內政、外交乃至於軍事，都只是這場社會建設的一部分。既然穆罕默德被稱作「獨一神的使者」，不難想像伊斯蘭信仰的版圖自然是要超出阿拉伯半島，到達更廣闊的天地。而要將麥地那共同體孕育成世界帝國的人，則是穆罕默德的後繼者。

由於我們得以了解伊斯蘭世界的後續發展，所以很容易談論在穆罕默德的領導之下所誕生的這個新共同體的意義。但是對於當時的民眾，以及下一個世代的人們來說，這些意義還不能全面地加以把握。如果想準確地評價伊斯蘭社會，起碼要同時了解西元七世紀與八世紀這兩百年間的歷史。

穆罕默德辭世後，伊斯蘭共同體並未立即得到更進一步的發展，相反，新生的麥地那共同體處於危機之中。而危機分別來自三個不同的面向：首先，麥地那國家本身瀕臨解體的邊緣；其次，阿拉伯半島諸部族也在此時發起叛亂；另外，拜占庭帝國以及薩珊波斯帝國也對北部邊境造成威脅。

應對這三個危機的領導人是阿布·巴克爾。巴克爾出身於古萊什族的泰姆家，是最早追隨穆罕默德的信士之一。巴克爾也與穆罕默德擁有共同的祖先，他們都是使古萊什族得以定居麥加的古萊什族首領古賽（Qusayy）的後代。巴克爾是個富裕的商人，不惜耗盡家產為穆罕默德效力，同時他也深得穆罕默德的信賴。

穆罕默德死後，巴克爾必須讓陷入驚慌的信士們恢復鎮定，但他首先要做的是阻止伊斯蘭共同體的分裂，這是因為輔士們開始產生自行擁立領導人的想法。麥地那政權的基礎由兩部分人組成，其一是從麥加遷居麥地那的遷士，其二則是原本就住在麥地那的輔士。聖遷以後，穆罕默德一直努力維持著兩者之間的融洽關係。但隨著麥加的降服以及當地人改信伊斯蘭，出身於古萊什族的遷士與麥地那的輔士的關係開始緊張起來。

◎正統哈里發體制的成立

遷士和輔士的緊張關係可以追溯到穆罕默德時代，但穆罕默德在世時，雙方的嫌隙並沒有達到浮上檯面的程度。可是隨著古萊什族人大舉改信伊斯蘭，改變了信士之間的力量平衡，這也就成為輔士必須考慮的現實威脅。從之後的政治發展來看，輔士們的顧慮並非杞人憂天。三十年後成立的伍麥亞王朝，其主導者就是這一時期改信伊斯蘭的伍麥亞家族。

穆罕默德逝世後，輔士們聚集在一起打算自行選出領導人，阿布·巴克爾得知此事後急忙趕到集會地點，努力說服他們放棄想法。輔士們認為應該分別在他們和遷士之中各選出一名指揮官。阿布·巴克爾反對這個提案，堅持在穆罕默德之後應該只選出一人擔任全體信士的領導人，同時僅從遷士當中尋找人選也是較為合適的做法。

輔士們之所以接受這個說法，無非是因為阿布·巴克爾本人就是遷士們的長老。巴克爾是最早跟隨穆罕默德的人之一，深明伊斯蘭的教義；無論遷士還是輔士，都相信巴克爾能理解自己一方的處境；而新近改信伊斯蘭、擁有龐大勢力的古萊什族人也對巴克爾相當信賴；另外，巴克爾也熟知阿拉伯半島各部族的情況。

於是，阻止了信士分裂的阿布．巴克爾接受麥地那信士的「臣從之誓」（效忠），以「先知的哈里發」（Khalīfat Rasūl Allah，哈里發意為後繼者、代理人）之身分成為最高領導人。哈里發是「Khalīfah」在拉丁語言中的對音，如果按照日語對音的話則是「卡里夫」。也因此，從阿布．巴克爾開始、前後共有四位領袖的「正統哈里發制」宣告成立。

◎阿布．巴克爾的困境

在麥地那成立的新體制，被後人稱呼為正統哈里發體制。在這個體制之下，阿布．巴克爾掌握著伊斯蘭共同體的全權，不過它與穆罕默德時代有了一樣決定性的差異：這就是不再有新的「先知」，因此也再沒有神所下的啟示了。

根據古蘭經，穆罕默德在自己不久於人世時說道「今日我（真主）已為你們成全你們的宗教，我已完成我所賜你們的恩典，我已選擇伊斯蘭做你們的宗教」（筵席章．第三節），宣告他本人的使命已然完成。既然穆罕默德以「真主的使徒」作此發言，這也意謂著穆罕默德是「最後的先知」，在他之後再也沒有神的啟示。

阿布·巴克爾早在穆罕默德生前就已擔任伊斯蘭共同體的長老，而穆罕默德本人也經常諮詢他的意見。但是阿布·巴克爾總是採取「最終決定權在穆罕默德手裡，穆罕默德本人難以作出判斷時則等待真主賜予啟示」的立場。對阿布·巴克爾來說，他的職責就是服從指令。

但是擔任哈里發之後，作為共同體首長的阿布·巴克爾再也沒有來自上面的指令可服從了。與此同時，由於失去了穆罕默德這位名符其實的超凡領袖，伊斯蘭共同體在宗教、政治兩個層面都遭遇前所未有的困境。

第一個危機，也就是伊斯蘭共同體的分裂，由於阿布·巴克爾的領導力得以化解。一開始策劃著要與遷士分庭抗禮的輔士們，滿足於擁立這位風格平穩的第一代哈里發。但巴克爾還面臨著第二個危機，這就是阿拉伯半島諸部族的叛亂。與麥地那內部的不穩態勢相比，它的嚴重性在於有可能使得這個以麥地那為首都的新興國家就此傾覆。

◎叛教戰爭

對於這些曾在穆罕默德晚年宣示忠誠的阿拉伯諸部族，以「叛亂」的說法描述他們的行動也許並不恰當。阿拉伯半島除了一部分地區之外，缺乏強勢國家組織的存在，而漢志地方和位於半島中央的內志地方也只出現過相當鬆散的部族聯盟。部族間的聯合通常只是族長們彼此合作的延伸，雙方領袖發生世代交替之後就不具有持續的約束力。穆罕默德這位統率能力出眾的「族長」離世後，之前和他締結的盟約也隨之而作廢，對照當時的標準來看也是相當合理。

而這些部族也特別抗拒「天課」制度的推行。穆罕默德離世後，他們拒絕對巴克爾支付天課。阿布・巴克爾和麥地那其他長老將定義為「叛教」。也就是說，這不只是單純背叛了麥地那共同體，同時也是對神的背叛。

阿布・巴克爾向著因為穆罕默德之死而心志動搖的信士們堅定地說道：「爾等一直追隨穆罕默德，而他不幸離世。但我們信奉的乃是真主，真主決不會死亡」。對於拒絕交稅的部族，巴克爾展示出「你們和穆罕默德締結的盟約就是向神立誓，因此決不容許任意背棄」的立場。

阿拉伯各部族原本認為自己服膺的是穆罕默德這一位實力強大且氣勢如虹的族長，對伴隨著伊斯蘭誕生而出現的麥地那新共同體（「烏瑪」）的構成原理，並未能充分理解。與此同時，在反叛的部族中也出現了與伊斯蘭教義作對抗的勢力。有人向著跟隨他的諸部族，宣稱自己是與穆罕默德地位相同的「先知」。伊斯蘭教將這些人統稱為「偽先知」。

準確而言，這些「企圖反叛」的阿拉伯諸部族，出發點各不相同。有部分人是因為原來就有的部族間對抗，例如自己所屬的部族和某個歸屬於伊斯蘭國家的部族敵對，於是趁著穆罕默德逝世這個機會，舉兵攻打敵人。而像是哈尼發族這樣的部族，他們雖說是處於麥地那政權的支配之下，但並未改信伊斯蘭。但以上幾種情況的共通點在於，他們都拒絕服從伊斯蘭國家的命令。如果任由這些部族自行其是，新生國家的基礎將會瓦解。於是阿布．巴克爾馬上組織軍隊攻打他們。隨之而來的一連串戰爭則被稱作「叛教戰爭」。

這場戰爭的最大意義，是使散居於阿拉伯半島各地的遊牧民受到國家組織的統制。長期過著遊牧生活的阿拉伯各部族，不願受到定居社會的支配，加上各部族間各持己見、衝突日漸激烈，若不加以控制，阿拉伯半島的政治安定也無從談起。遊牧文化對於伊斯蘭信仰有著各方面的影響力，就這一點來說伊斯蘭文明和中華文明、歐洲文明大異其趣，但遊牧民族的我行我素終究不為統治者所樂見。

勇將哈立德．伊本．瓦利德被派遣到內志地區，更在亞瑪瑪地區（Yamamɛ）擊潰

「偽先知穆賽里瑪」（Musaylima），同時巴克爾也派出部隊前往葉門、安曼、巴林（Al-Bahrain，指阿拉伯半島東部沿岸地區，而不限於今天的巴林島）各地，並相繼取得勝利。

當初穆罕默德在和各部族談判時，除了宣示教義，還使用聯姻和餽贈禮物的方法，而阿布·巴克爾也使用同樣的策略。反叛的部族中，對於仍然信奉伊斯蘭教的少數派，或是重新表示歸順的部族，他都採取寬容的態度。

◎共同體的再度統合

叛教戰爭的結果是，麥地那政府對阿拉伯半島的掌握程度，與穆罕默德晚年時相比有所提升。被派遣到各個戰場、與叛教勢力對抗的司令官及其部下，一看就知道是麥地那共同體的統治階層。大致而言，他們主要來自漢志地區的麥加、麥地那以及塔伊夫。塔伊夫位於麥加以東約六十五公里，是和麥加並稱的大都市。在這個城市定居的薩基夫族，曾在聖遷前驅逐過穆罕默德，而在麥加開城後也繼續與伊斯蘭國家對抗，但是他們在穆罕默德晚年時改信伊斯蘭，此後隨著伊斯蘭國家的逐漸擴張，薩基夫族也更為接近伊斯蘭共同體的權力核心。

像麥加這些城市，乃是因為漢志地方的貿易而興盛，因此本地居民當中也有很多商人。

為了經營大規模商隊貿易，麥加的商人們不僅需要龐大的資本，而且也要有能力管理大量人員與物資。而他們的才能和經驗，對於新生伊斯蘭國家的運作也是十分有用。

伊斯蘭征服的開始

◎來自北方的威脅

隨著叛教戰爭的結束，阿拉伯半島的局勢逐漸安定下來。不過，阿布·巴克爾還要面對更為嚴重的第三個危機，這就是兩大帝國對北方邊境的威脅。阿拉伯半島北面鄰接伊拉克、敘利亞地區，其時伊拉克由薩珊波斯帝國所轄，而敘利亞則處於拜占庭帝國的統治。儘管這兩個帝國持續互相對抗，但它們對於南方的新興伊斯蘭國家也未曾掉以輕心。

在這裡，我們有必要說明一下當時的國際情勢。第一章提到，羅馬與波斯是西亞到地中海之間的兩大文明圈，而阿拉伯半島並不屬於這其中的任何一個。拜占庭帝國與薩珊波斯帝國共同統治著這一帶，兩國之間的戰爭以敘利亞及美索不達米亞為舞台長期持續上演。

穆罕默德以先知身分而活躍時，正是波斯擁有戰略優勢之際。薩珊帝國在六一一年時攻入敘利亞北部，六一七年揮兵進逼埃及。拜占庭皇帝赫拉克流士好不容易奪回敘利亞，已經是六二九年的事情。換言之，穆罕默德在麥地那建立伊斯蘭共同體、在阿拉伯半島上擴張勢力時，敘利亞處在波斯帝國的占領下。薩珊帝國對阿拉伯半島幾乎沒有占領並統治的慾望，所以這個情勢對穆罕默德來講相當有利。

征服麥加後，阿拉伯半島由伊斯蘭國家所統一，因此也就和北方的拜占庭帝國勢必一戰。

和敘利亞的衝突，可以追溯到穆罕默德的晚年。作為神的使者，穆罕默德也向拜占庭皇帝派遣宣教使者，但在拜占庭境內卻看不到受到伊斯蘭教深刻影響的痕跡。說起來，穆罕默德既然是承繼著自亞伯拉罕以來所有先知的譜系，或許他也期待伊斯蘭信仰能為猶太教徒、基督教徒所接受，但除了零星的個人改信伊斯蘭之外，手握權力的君主並沒有這麼簡單地就此服膺於穆罕默德。唯一的例外應該是哈巴夏（衣索比亞）的國王。雖然哈巴夏是以基督宗教為國教，但由麥加前往當地避難的穆斯林受到保護，而國王本人對於穆罕默德也頗為讚賞。

胡代比亞和約簽訂後，穆罕默德征服了位於麥地那以北的海巴爾。接著他派遣宣教使者前往敘利亞，但這些人卻在當地遭到殺害。穆罕默德無法坐視不管，於是命令他視如己出的養子柴德（順帶一提，後來伊斯蘭教廢除了養子制度）為指揮官，領軍三千人進攻敘利亞。這支部隊到達死海附近的穆俄塔（Mu'ta）時，遭遇強大的拜占庭軍隊並被擊潰。這是伊斯蘭國家和拜占庭帝國的初次交鋒。

而在第二年，壓制了麥加勢力的穆罕默德得知拜占庭帝國將出兵攻擊，因此率領四萬士兵搶先一步，往敘利亞方向進攻。但之後證實這個情報有誤，於是麥地那軍隊僅征服了位於阿拉伯半島最北端的塔布克城，之後原路返回。另外，穆罕默德和鄰近紅海的阿卡巴灣（現為約旦領土）的基督教徒簽署協定，以保證其安全為條件，使當地居民每年向自己納貢。

擔負著征服使命的伊斯蘭騎士們　13 世紀抄本《瑪嘎麻特》（Maqamat）的插畫。法國國家圖書館藏。Maqamat 是一種阿拉伯語的男性文學體裁。

這次雖然未與拜占庭軍正面對陣，但也應對了他們的威脅，算是有備無患。之後，穆罕默德再次組織敘利亞遠征軍。這支新遠征軍的司令官，就是在穆俄塔戰死的柴德之子烏薩瑪。被拔擢的烏薩瑪相當年輕，這引起了麥地那長老們的戒懼。不過就在新遠征軍出發前，穆罕默德已經一病不起了。

◎苦惱的決斷

以上是阿布·巴克爾擔任哈里發時的情況。長老們再次主張他們對烏薩瑪的年紀太小感到不安，要求另派司令官。阿布·巴克爾回以「你們難道想推翻先知本人的決定嗎」，繼續任用烏薩瑪。確實，烏薩瑪後來也證明了他是一個很有能力的武將。

其時的敘利亞，曾經連續五世紀受到羅馬帝國還有拜占庭帝國的統治。這裡是戰略要地，甚至還有過出身於當地的羅馬皇帝。但是，薩珊波斯在七世紀初占領敘利亞並統治約二十年，因此對當地民眾而言，拜占庭的統治已經不再是理所當然。另外，薩珊波斯對嘎珊王國的打擊也是重要的影響因素。能不能把敘利亞一帶的部族納入自己的統治之下，不論是對拜占庭帝國或是對伊斯蘭國家來說，都是關乎自身安全的重要議題。

另外，位於敘利亞東邊的伊拉克地區，是薩珊波斯帝國的核心領土。當時薩珊波斯的首都泰西封（Ctesiphon），位置在現在的巴格達附近，伊斯蘭國家一旦揮軍北上，薩珊帝國缺乏足夠的防守縱深。拜占庭帝國的首都君士坦丁堡距離敘利亞地區相當遙遠，但伊斯蘭國家不同，如果薩珊軍在前線守不住的話，波斯帝國的心臟地帶很快就會暴露在危險中。因此在雙方交界地帶，如果伊斯蘭方的部族稍有齟齬，很快地就會引起嚴重的衝突。

深知這一層道理的麥地那政府領導人們，當他們想到自己要和版圖巨大的波斯帝國交戰，應該也會感到不寒而慄。眼見伊斯蘭軍隊就要和拜占庭帝國在敘利亞展開大戰，同時還要防備另一個超級大國薩珊波斯，如果說己方勝券在握未免也過於自信。要是在其中一條戰線敗下陣來，恐怕伊斯蘭共同體也要徹底瓦解了。

但是事到如今，除了對戰事全力以赴之外別無他法。得以從叛教戰爭抽身的阿佈・巴克爾，將大軍遣往北方邊境。

◎伊斯蘭征服的開端

由此，開啟了「伊斯蘭征服」的時代。這時候人們不禁要問，何以伊斯蘭大軍曾漫出阿拉伯半島征服橫跨東西的廣大區域？簡單的解釋是，伊斯蘭軍隊對己方的新信仰充滿熱誠，想要宣揚自己的宗教，所以開始征服事業。這個看法的背後其實是歐洲自古以來的偏見，認為「伊斯蘭是靠著利劍而擴張」，也就是所謂「左手持劍，右手拿著古蘭經」的模式。

但這個說法其實是倒因為果。確實這是一群信仰非常虔誠，為了「持劍的吉哈德」而賭上身家性命，懷有滿腔抱負的優秀戰士。無庸置疑，這也是他們得以致勝的原因之一。但是這些充其量也只能說明「伊斯蘭征服的成功」，卻無法說明「為什麼要發起伊斯蘭征服」。如果只是因為信仰虔誠而來的一腔熱血，是不足以發動軍隊攻打外國。

因此，我們要回顧一下當時的國際情勢。阿拉伯半島的居民大多是難以統治的遊牧部落。麥地那共同體從六二二年起花了近十年的時間，也才成功地控制了半島的一半範圍。如果這件事沒能成功，這個共同體一定會被以麥加為中心的反伊斯蘭勢力破壞，結果就是二選一。

阿布・巴克爾時代，麥地那共同體對阿拉伯半島各部族的整合進入最終階段。巴克爾面對的議題是，統合鄰接北方邊境的各個敘利亞部族。如果不能夠統整這些部族，以漢志地區為核心的伊斯蘭國家就不可能長久地統治阿拉伯半島。而且，有意從薩珊波斯手中奪回敘利亞的拜占庭帝國，也想將這些部族再次整合為己方所用。

此前敘利亞曾經有個由阿拉伯系部族統治的嘎珊王國，它臣屬於拜占庭帝國。如果沒有薩珊波斯的軍事打擊，立足於漢志地區的伊斯蘭國家首先對戰的應該就是嘎珊王國，而它將會獲得拜占庭帝國的全面支援，因此這一戰恐怕也是勝負難料。居中緩衝的嘎珊王國如今已然消亡，敘利亞地區的各部族也無所歸屬，這就迫使麥地那的統治階層必須要將他們收編在自己旗下。

再者，因為阿拉伯半島是乾燥地帶，僅憑這一帶的版圖不足以建立國家。由於農業產能太低，國家也就無法長期自立。換句話說，伊斯蘭若只滿足於在半島內建立一個「小王國」的話，根本無法應對拜占庭帝國的威脅。新興的伊斯蘭國家想要延續自己生命，它就必須控制住北方邊境的各部族，因此和拜占庭帝國的一戰也就勢在必行。從地緣政治學的角度來看，這一帶並不存在足以維持地區和平的勢力均衡。

◎和敘利亞的連結

前提既是雙方衝突已不可避免，想來戰勝所得到的報酬也必然很大。敘利亞是塊物產豐饒的土地，長期以來也和麥加商人有著頻繁的生意往來。過去麥加商人們從將敘利亞的黃金及工藝品運往南方，從而獲得了大筆的財富。而更重要的是，敘利亞的土地屬於濕潤的綠地。從古到今，大馬士革附近一直都是適宜人類聚居的地方，就這層意義來說它可被稱為

「最古老的都城」，這一帶也是阿拉伯半島北邊最大的綠洲。再則，聖都耶路撒冷也位於這一帶。人們只要閱讀古蘭經就可以了解到，對穆斯林而言敘利亞是他們的「祖宗之地」。而在整個敘利亞地區當中，耶路撒冷更具有特別的意義。

征服敘利亞，對位於漢志地區的伊斯蘭國家來說，是順理成章的事情；而征服伊拉克（美索不達米亞）則是應對來自薩珊波斯帝國的威脅，因此勢必也要一戰。相對地，向西跨越非洲大陸，以埃及為起點征服北非倒沒有必然性。

伊斯蘭軍一開始和拜占庭軍在敘利亞交戰時，吃了一個大敗仗，甚至指揮官也戰死了。但是到六三四年，猛將哈立德在巴勒斯坦南部的阿吉納迭因（Ajnadayn）大破拜占庭軍隊，結果扭轉了情勢。翌年他包圍了敘利亞的首府大馬士革，守城方在半年後向哈立德俯首稱臣。一般來說，這個時期的伊斯蘭軍隊並不擅長攻城戰，多半是做好萬全的準備誘敵會戰，然後從正面擊破敵軍。

因應敘利亞的危機，拜占庭帝國在皇帝的指揮下集結了十二萬人以上的大軍。與之對峙的伊斯蘭軍則以四萬人的陣仗迎戰，六三六年八月，兩軍在雅爾木克發生激戰。伊斯蘭軍隊雖然人數不及對方，不過因為他們組織有序，指揮明確，結果獲得了勝利。他們藉地形之便實施奇襲戰術，一舉擊潰了拜占庭的軍隊。於是敘利亞的歸屬就在這一戰被決定了。

◎耶路撒冷和約

翌年，爆發了耶路撒冷圍城戰，經歷漫長的戰火，最後雙方達成聖都開城的和議。拜占庭的軍隊也全部撤離這個地區。希臘正教會為了護持教義的尊嚴，應該希望死守耶路撒冷，但帝國的軍勢力猶未逮。最後耶路撒冷城歸降伊斯蘭國家，於六三四年即位為第二代哈里發的歐瑪爾要求確保他的人身安全，並在這一前提之下遠赴巴勒斯坦。

相信耶路撒冷值得歐瑪爾這麼做。麥地那共同體剛建立的時候，穆斯林仍然是以耶路撒冷為禮拜的基卜拉（方位）。而在聖遷之前，穆罕默德曾在某

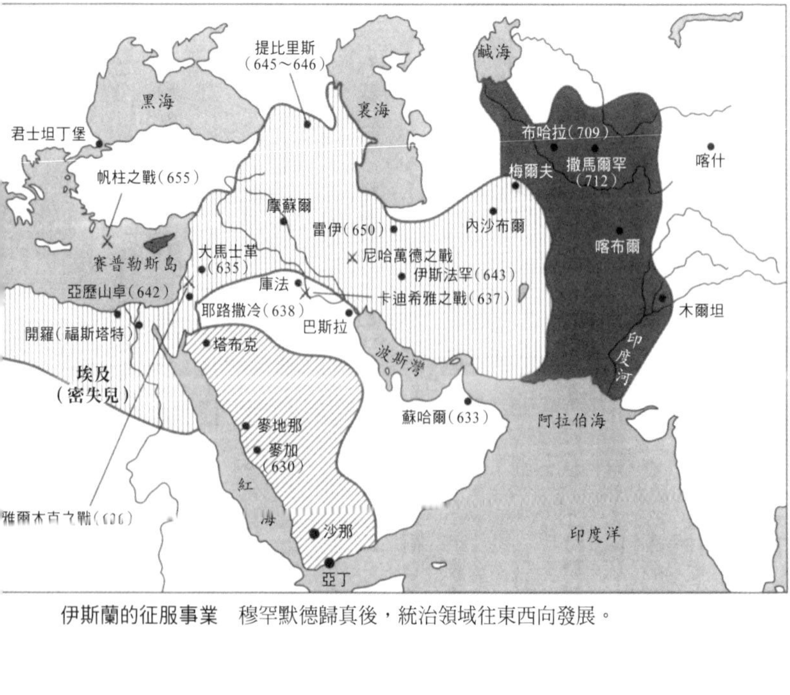

伊斯蘭的征服事業　穆罕默德歸真後，統治領域往東西向發展。

個夜晚到訪耶路撒冷，並在耶路撒冷產生神祕體驗：他見到了已先行升天的先知們，自己也到達神的跟前。藉由這一事件，伊斯蘭承繼了閃族一神教的脈絡，而耶路撒冷也成為伊斯蘭的聖地之一。對歐瑪爾來說，耶路撒冷具有特別的意義。

六三八年，歐瑪爾會晤了降服的希臘正教會大主教，承諾將耶路撒冷城內的基督教徒，按照「庇護民」的名義加以保護。而對於之前被禁止入城的猶太教徒，歐瑪爾也同樣給予他們庇護民的地位。這件事常用於說明，各個宗教在伊斯蘭國家統治下得以共存的事例。實際上伊斯蘭教、基督宗教、猶太教這三個閃族一神教在耶路撒冷並存的歷史，就是從這個時候開始的。

歐瑪爾在古代神殿的遺跡看到一塊巨岩，並認定它就是穆罕默德「夜行登霄」的起點。這一帶在之前的基督宗教時代被人遺棄，因為伊斯蘭國家的統治而再度成為聖地。巨岩所在地被稱為「歐瑪爾的清真寺」，後來在伍麥亞王朝時，在原址重蓋有著黃金圓頂的清真寺。

時至今日，這座巨岩的圓頂清真寺看來依然燦爛，頂部閃閃發光。

◎薩珊波斯的終結

伊斯蘭國家與薩珊波斯帝國的對戰，導火索是某個信奉伊斯蘭教的部族侵入了伊拉克地區，而雙方之間的第一場大會戰被稱為「河橋戰役」。於六三四年發生的這場戰役，伊斯蘭軍出現了明顯的戰術疏失。兩軍隔著幼發拉底河對峙，而伊斯蘭軍隊選擇渡橋進擊彼岸的波斯軍隊，這是戰術上的錯誤。一旦開始落敗，背水擺開的陣勢就成了撤退時的致命弱點。結果伊斯蘭軍吃了一場大敗仗，甚至司令官也當場戰死。

不過，伊斯蘭軍接著扳回一城，得以消除對波斯帝國軍隊的畏懼心理，此後一路勢如破竹。在與拜占庭軍隊對戰（雅爾木克 Yarmuk 之役）並獲得大勝之後，翌年伊斯蘭軍在卡迪希亞擊潰了由司令官魯斯坦所率領的薩珊軍隊，更乘勝追擊攻陷首都泰西封。這支伊斯蘭軍隊的司令官是薩俄德・伊本・阿比・瓦卡斯。他們從波斯帝國處得到的戰利品，是任何一個阿拉伯半島的居民一輩子都沒看過的大量財寶。

失去伊拉克地區的薩珊君主伊嗣俟三世逃亡到東方，重新招兵買馬並試圖反擊。但是在六四二年的尼哈萬德（位於伊朗西部）一戰中，伊嗣俟三世再次敗給伊斯蘭大軍，而波斯帝國也就此滅亡。之後他輾轉在各地逃亡，六五一年在梅爾夫（Merv，木鹿城）遭殺害，薩珊帝國的君統也宣告斷絕。

當初恐怕沒有人想像得到，如此巨大的波斯帝國會敗在伊斯蘭軍隊的手上。關於這件事還有個傳說，伊斯蘭國家的使節覲見薩珊君主時，被笑說「衣衫襤褸的阿拉伯人，竟敢侈言世界宗教的教義」，薩珊君主還下令「用土塊打發他走」，讓這位使節擔著沙袋離開。從波斯回到自己陣營的伊斯蘭使節卻解釋說，這是「波斯的土地將會屬於我們」的祥瑞之兆。後來的發展，果然正如這個機敏的見解一樣。偌大的波斯帝國，之後一直被納入伊斯蘭帝國的版圖當中。

第五章

邁向帝都大馬士革

伊瑪目阿里聖祠（Imam Ali Ibn Abi Talib Shrine）　位於納傑夫市的什葉派聖地，有許多參拜者來訪。

由城邦轉型為帝國

◎歐瑪爾的繼承者

在第二代哈里發歐瑪爾長達十年的統治之下，伊斯蘭國家的基礎得以建立。歐瑪爾繼續推動著伊斯蘭征服事業，從伊斯蘭國家的周邊著手，消弭國際危機，並首創行政機關（Diwan／Dewan）制度，健全了國家組織。

第一代哈里發，阿布．巴克爾指名歐瑪爾為繼任者，這得到了信士們的贊同，但與之相比較，歐瑪爾遇刺身亡後，他的繼任者卻遲遲未能決定。謀劃暗殺歐瑪爾並給他造成致命傷的，是隸屬於某個薩珊帝國遺臣的波斯奴隸，這樣做只是出於個人報仇，和政治因素無關。瀕臨死亡的歐瑪爾意識到他沒有足夠的時間作出政治決斷了，因此指名了麥地那六名長老，留下遺言，讓他們商議決定繼任者。

六名長老當中有四人認為自己不適合擔任哈里發，因此只剩下伍斯曼和阿里兩個人。伍斯曼是很早就追隨穆罕默德的信士，而且他先後和穆罕默德的兩個女兒成親，被人們稱為「雙光者」。他的第一任妻子是穆罕默德的二女兒露蓋亞（Ruqayyah），兩人在受迫害的麥加時期一同到衣索比亞避難。但露蓋亞在巴德爾戰役時病死，伍斯曼在為亡妻哀傷之際，感嘆說自己再也不是穆罕默德的女婿了。於是穆罕默德又將三女兒烏姆・庫勒蘇姆（Umm Kulthum）許配給他。據傳穆罕默德還說，萬一這個女兒也死了，只要自己還有一個女兒可嫁，就還會再許配給伍斯曼。

由穆罕默德親自作主的婚嫁，包括他本人的婚姻在內，往往都帶有強烈的政治意涵。伍斯曼得以迎娶穆罕默德的兩個女兒，可見他對共同體而言是舉足輕重的人物。伍斯曼也是個家境殷實的商人，在為伊斯蘭軍隊購買裝備時，出手闊綽。據說穆罕默德遠征敘利亞的塔布克時，他單獨認購的裝備，就足夠一萬個士兵使用。

另一位候選人阿里，也是個重要人物。阿里是在麥加時期一直保護著穆罕默德的伯父阿布・塔里布之子，也就是說他是穆罕默德的堂弟。阿里深獲穆罕默德的信賴，穆罕默德晚年曾對他說：「汝之於我，猶如亞倫之於摩西。」輔佐摩西的亞倫是其兄長，而穆罕默德和阿里兩人的歲數相差三十歲左右，他們的關係更像父子。穆罕默德在為自己的幺女法蒂瑪選婿時，相中了阿里。

同時阿里也是有名的戰士，他常常擔任伊斯蘭軍的先鋒，因此也有很堅定的追隨者。根據麥加古萊什族的家世，伍斯曼出自伍麥亞家（Banu Umayya），而阿里則出自哈西姆家。

阿里的追隨者當中也有人認為他是繼承穆罕默德的合適人選，但在穆罕默德歸真時，阿里只有三十來歲，而在歐瑪爾過世時，阿里也不是輩分最長的長老。

因此六名長老的協調結果，是伍斯曼被選為第三代哈里發。

◎聖典．古蘭經的編纂

伍斯曼的治世，從政治層面來看是相當的混亂。因此不僅在同時代人那裡能聽得到諸多不滿聲音，後世對他的執政評價也不高。但是當我們考量到伊斯蘭的整體歷史時，伍斯曼卻是貢獻最大的，因為是他讓古蘭經得以確立正典的地位。

伊斯蘭教的聖典，正如名字「古蘭」（Al-qur ān，意為誦讀）所指稱，一開始是以朗誦和背記作為傳承的基礎。穆罕默德本人並不懂得閱讀與書寫文字。他從大天使吉卜利勒那裡接收到啟示之後，就立刻記在腦子裡。新的古蘭章句，先由穆罕默德朗誦出來，然後弟子們馬上加以背記。如此類推，由記得內容的人朗誦給其他人聽，然後聽到的人再把章句記住，神的話就這樣流傳開來。

說句題外話，同屬閃族一神教系統的這三個姊妹宗教，共享著「從獨一神獲取啟示」

的概念，但他們的聖典內容卻各不相同，這個現象確實耐人尋味。基督宗教的聖經，稱為「Bible」（書），這是因為其時已發明出書冊的時代背景。將文書做成小冊子並裁切為四邊形，並裝訂其中的一邊，這可是人類史上的第一等發明。如果沒有蒙受到這一個恩惠，現代文明恐怕也無從發展。甚至連最近流行的電子媒介，在閱讀文字時依然仰賴「頁」的概念，可見「Bible」的影響十分深遠。總之，聖經就是書冊的型態。

　而猶太教的聖典，則是在小冊子型態的書寫物發明之前，以卷軸的型態而呈現。「新約」、「舊約」是按照基督宗教的教義而產生的區分概念，猶太教只承認「舊約」部分，這才是他們的「聖經」。嚴格來說，「聖經」也並不是正確的說法。它其實不是一本「Bible」（書冊），而是由「律法書卷」（即摩西五經，希伯來文：תורה，英文拼寫：Torah）、「先知書卷」（希伯來文：נביאים，

古典且莊嚴的古蘭經　古蘭經光明章的首頁。托普卡匹皇宮博物館藏。

英文拼寫：Navim）以及「文集」（希伯來文：כתובים；英文拼寫：Kh'tuvim）所組成的「塔納赫」（希伯來文：תנ"ך；英文拼寫：Tanakh，取以上三個詞彙的字頭而成），型態上是幾個「卷軸」的集合。

而伊斯蘭教的聖典，則是回歸到更原初的型態。經過背記、背誦，然後朗誦讓內容廣為流傳，讓人理解。因為不依賴文字紀錄，可以說它是最原始也是最原初的。在論及伊斯蘭教時，「原始」這個詞彙並不帶有任何否定的意涵。伊斯蘭教時或強調亞當是人類的祖先，時或主張要重振亞伯拉罕的教義，他們喜歡自己以原初、原始的說法被人形容。

穆罕默德有一個書記官專門負責記錄他的對內指示和對外文書，這一點在古蘭經當中也有所記載。當時得以被寫下來的素材既稀少又貴重。穆罕默德的言行，究竟被紀錄部分的比例有多少，自古以來眾說紛紜，而現代的研究也沒有定論。人們只能確知在伍斯曼時代，所有的紀錄被集結起來，並整理成書冊。

伍斯曼之所以下令將古蘭經編纂為書冊，直接原因有兩個。第一個原因是在之前的征戰當中，能夠完整背誦古蘭經的人大多戰死沙場；第二個原因是各地開始流傳著不同版本的聖典內容。這就意謂著，隨著穆斯林的對外征服，伊斯蘭教得以廣為傳播，而古蘭經的背誦者相對於全體民眾的人口密度也在降低，光靠朗誦已無從確認聖典是否仍然準確無誤。

於是伍斯曼讓熟悉聖典的信士們編定古蘭經，而且他更大膽決定按照編定內容製作了五本書冊（準確的數量說法不一），並將它們寄發麥加、巴斯拉、庫法（Kūfa）、大馬士革等地，其他的記載版本則予以銷毀。如果按照傳說，這時候一共製作了七本古蘭經，這就意謂著它們也送到了葉門和密失兒（Misr，現今的埃及）。對其他版本銷毀之徹底，從當時曾被確認存在的其他抄本，內容全部失傳這個事實可見一斑。按照伍斯曼的命令編纂而成的伊斯蘭教聖典，被稱為「伍斯曼版本」，現今流傳的古蘭經都以這個版本為依據。

在統合伊斯蘭共同體這一點上，編纂古蘭經在宗教、法律以及政治層面都具有很大的意義。其後接續的伍麥亞王朝時代、阿拔斯王朝時代，建立起伊斯蘭教法，伊斯蘭帝國的法律體系因而得以成功架構。但這一切之所以成為可能，是因為基本的古蘭經文本在正統哈里發時代就已經整理完成。基於同樣的內容，為求靈活的解釋而使得各種教法學派開始發達，從而也就有辦法因應許多現實中的問題。

◎伊斯蘭社會的深刻變化

伊斯蘭教若是以「統合信仰與社會」為目標的話，古蘭經內容的統一就是對於促成這件事的最大貢獻。只不過，社會中如果還包含政治或統治、行政功能的話，究竟發揮到哪種程度較為符合伊斯蘭的教義，其中還有很多難以言明的部分。特別是歐瑪爾時代的伊斯蘭征服，使得麥地那政權逐漸由城邦體制轉換成帝國體制。更大的經濟與社會層面的變化正一步步發生，並逐漸演變成無法應對的政治危機。

伍斯曼擔任哈里發時，他的年紀已經超過七十歲，可謂垂垂老矣。要求他意識到新的國家體制已然產生，並能夠機敏對應問題，實在是強人所難。理解伍斯曼所面臨的危機，我們就得先看看歐瑪爾時代所產生的變化。

歐瑪爾時代的麥地那國家，由於得以從征服地獲取戰利品以及徵得稅收，因而歲入豐沛。如果將國家定義為「通過稅收將財富聚積，再對其重新分配」的政治結構，那麼在伊斯蘭時代以前的漢志地區未曾有過。麥地那政府的領導層對於伊斯蘭國家成為吸金機器這一點，恐怕也難掩驚訝之情。

第一代哈里發，阿布·巴克爾治世時將全部政府收入用於重新統一阿拉伯半島，但從他的統治末期直到歐瑪爾時代，這筆收入產生了龐大的盈餘，因此歐瑪爾必須制訂出財富的分配規則。歐瑪爾採用的方式是，對長年以來為伊斯蘭教作出貢獻的人分別予以評價，稱為「撒比卡」（Sabiqa，意思是「資深」），指的是比別人更早、更深入地將自己奉獻給伊斯蘭信仰。另外，和穆罕默德本人有著親近關係的人也得以被優先考慮。於是就形成了從穆罕默德的妻子以及直傳弟子為首、逐級支領不同數額金錢的階級制度。而普通戰士在之前只在分配戰利品時得到收入，這時候也獲發固定的薪俸，稱為阿塔（ʿAṭāʾ）。歐瑪爾建立了完整的名冊來記錄支領薪俸者的名單，同時也把薪資的發放情況加以記錄。這就是行政官員制度（Diwan／Dewan）的開始，其後繼位的伍斯曼也延續了這項制度。

體制轉換期的混亂

◎財富分配問題

這種對於政府財富的分配，必然會衍生出很大的問題。其中一個問題是，對伊斯蘭信仰的奉獻直接與現世的利害相掛鉤。過去信士們承受古萊什族的迫害、移居到麥地那、先後參與巴德爾戰役和武侯德戰役，這些事情全被視為是為了真主還有伊斯蘭信仰所做的自我犧牲。無論是「內在的吉哈德」還是「持劍的吉哈德」，本質上都是為了追隨神的道路而努力奮鬥，目的只是希望真主能因此滿足欣悅，在自己死後得以進入來世的樂園。從客觀效果來說，如今所有的努力都是為了得到以金銀財寶的形式而給予的報酬。熬過了麥加時代的迫害，參與了巴德爾戰役，這些貢獻現在都按照「撒比卡」，也就是金錢來換算。

歐瑪爾所實行的分配原則如下：給予穆罕默德的妻子們每人六千迪拉姆（Dirham，銀幣名稱）；巴德爾戰役及武侯德戰役的參戰者每人五千迪拉姆；在征服麥加之前移居麥地那的遷士每人三千迪拉姆。最低的薪俸金額，據說也有三百迪拉姆。由此，伊斯蘭共同體的意涵開始產生質變。

另一個問題則是，財富分配的結果，使得國家組織開始膨脹。在伊斯蘭征服之前，國家財富主要是信士們為了真主與共同體而自願捐獻。但是當國家機構掌握巨額收入，並將其分配給共同體裡的各成員時，有權決定分配規則的人，也就是統治者，就有了很大的權力。

第二代哈里發歐瑪爾，對於這兩個問題採取了三項對策。第一是本人過著簡樸甚至清貧的生活，而自己的家人也不能享受這些財富。第二是實行公正而嚴峻的統治。第三是強調作為最高統治者的權限，不容許手下的武將或總督犯有絲毫的過錯，而且將各地的總督頻繁調動或者免職，避免權力和財富過度集中在他們手上。歐爾瑪的嚴明統治，從征服敘利亞、外號為「真主之劍」的哈立德．伊本．瓦利德最後被罷免，而且晚景淒涼，就可清楚看出。

歐瑪爾的治世獲得後世史家們的正面評價，即使到了今天，在提及伊斯蘭國家時，往往將這一時期的情況視為模範樣本而作參考。歐瑪爾不僅在行政、司法上的執行嚴峻無庸置疑，而且對於行政制度的創設也有完備的規劃，對於伊斯蘭國家體制的建設確實發揮了很大的作用。但這樣的公正，或許只是憑藉著歐瑪爾個人的強力信念而得以實現。問題的關鍵在於「撒比卡」這個分配結構是立足在宗教教義之上的論功行賞，因此就無法在財富分配方面真正做到人人平等。

當然，新加入的信士未必會要求與之前的有功者享有同等待遇。只要財富總額一直在擴大，酬勞的分配應該也會到達每個角落。如此一來，就算是位居下階的戰士們也能滿足。歐瑪爾時期，因為伊斯蘭國家的領土不斷擴張，並沒有在分配問題上產生太大的矛盾。

◎征服事業的停止

但是到了第三代哈里發伍斯曼在位時，征服事業稍稍停了下來。如此財富總額的分配就有了極限，於是巨大的不滿情緒也開始醞釀。同時必須指出，當初在叛教戰爭中一度與麥地那對抗、之後歸順的阿拉伯各部族，也被歐瑪爾動員到敘利亞以及伊拉克方面的戰事上。第一代哈里發，阿布・巴克爾並不相信這些部族，因此沒將他們編入伊斯蘭軍隊的戰列，但是歐瑪爾採取了相反的政策。也因此，他在針對拜占庭帝國以及薩珊波斯帝國的戰役上擁有了大量兵源，讓伊斯蘭國家克服了同時受到兩大帝國威脅的危機。

但是這些新加入的阿拉伯部族，與其說是為了伊斯蘭信仰而戰，不如說是為了戰利品或者薪俸而戰。或者說，「持劍的吉哈德」不僅讓他們積極展現自己的虔誠，同時也帶來世俗層面的功名利祿，因此他們紛紛踴躍參戰。若真是這樣，很快就有人因為領土停止擴張一事而心生不滿，從某種意義而言也是理所當然的結果。對於跟隨穆罕默德的信士們而言，「內在的吉哈德」優先於「持劍的吉哈德」。但是對新改信的這些穆斯林而言，次序卻是相反。就這一點來說，伍斯曼所繼承的國家體制也到了命運艱困的時期。

一方面伊斯蘭信仰主張人在神之前一律平等，因此在權利義務上也應該一視同仁。但另一方面，在立足於教義之上的「伊斯蘭社會」當中，更受注重的是秩序與法律。為了抑制由城邦體制轉變為帝國體制所伴隨的政治混亂，伍斯曼採行了傾向後者的統治方式。但性情穩重同時也已年邁的伍斯曼，無法像剛勇的前任歐瑪爾那樣繼續施行嚴峻的政治，而且統治效率也是需要考慮的因素，因而他重用自己部族也就是伍麥亞家的族人。

因此，在對伍斯曼的統治產生極大不滿的批判者當中，也出現了麥地那顯貴們的身影。

阿布・巴克爾的女兒阿伊夏是穆罕默德晚年最寵愛的妻子，她曾經向人展示穆罕默德遺留下來的衣衫，並說道：「這一件衣衫還沒變形，伍斯曼大人倒是早早就把伊斯蘭信仰扭曲成別的樣子」。

◎伍斯曼之死

當時麥地那的上層人物難以達成政治共識的還有一個理由是，當初參與建立烏瑪共同體的核心信士們，特別是長年追隨穆罕默德左右的直傳弟子們，很多都以軍官或者行政官的身分被派到麥地那之外。即使是其中的核心人物，在歐瑪爾時期也大多成為派駐外地的官僚。想要達成共識，就得有相當數量的、擁有共同認知的人參與其中，但在伍斯曼時期這個基礎已經消失。

與之相對，麥地那城內對於既有體制都是抱持不滿情緒的人，後來也就出現了企圖暗殺伍斯曼的謀反者。伍斯曼統治末期，交雜了批判、不滿的聲音與謀反的想法，從庫法、巴斯拉、密失兒（埃及）來的不滿分子陸續湧入麥地那，最後他們包圍了哈里發的宅邸，並殺害伍斯曼本人。

當時伊斯蘭國家逐漸形成了帝國的模樣，但是首都麥地那雖然作為最高統治者的所在地與行政中心，卻不是防衛牢固的帝國之都，而首長伍斯曼也不是住在守衛森嚴的宮殿裡。伍斯曼只住在尋常的宅邸，周圍也沒有常駐的警衛，因此從事後看來，或許他確實太疏於防備了。總之，暴徒們闖入了哈里發的宅邸中。在被殺害之前，伍斯曼將由於自己命令而得以編纂的古蘭經放在眼前，並朗誦其中的章句。據說他的血當場濺在了古蘭經上。

伍斯曼死後，繼任哈里發的合適人選只剩下阿里一人。麥地那的信士向他宣誓效忠，阿里就此成為第四代正統哈里發。但是此前被伍斯曼任命為敘利亞總督的穆阿維亞（Muawiyah bin Abi-Sufyan）對阿里的繼位心存不滿。這時穆阿維亞正是伍麥亞家的首領，他要求找出殺害伍斯曼的兇手並加以處罰。

◎渾沌的阿里時代

阿里面臨的是一個非常複雜、混亂的狀況。他本人一直反對伍斯曼的統治方式，特別是重用伍麥亞家族，它等於回歸到血統主義、部族主義的舊有做法。在這一點上他和阿伊夏還有其他的麥地那顯貴看法相同，不過阿伊夏也不盡然支持阿里。另一方面，伍斯曼的遇害使得人人都感到驚愕與不快，因此阿里、阿伊夏還有敘利亞總督穆阿維亞，都一致認為要找出殺害伍斯曼的兇手並加以懲處。

阿里的議題是要再度確立正統哈里發體制，同時對殺害伍斯曼的兇手加以懲治，並對叛亂者予以鎮壓。而其他人則以「將殺害伍斯曼的兇手繩之以法」作為最優先事項，並以此為理由，對阿里的哈里發地位和領導權提出挑戰。

阿里是穆罕默德身邊的人，而且是被選為第四代哈里發的領導人，他很清楚如果不遵循伊斯蘭教義，伊斯蘭共同體也就沒有未來。伊斯蘭信仰嚴禁具有部族主義色彩的「血債血還」，將實施刑罰視為國家、統治者專屬的事項。這一點也被視為維護社會安寧所不可欠缺的理念，但是其他人極力要求懲處殺害伍斯曼的兇手，似乎他們要的只是部族問的血債血還。

阿里身為正統哈里發，不能放縱兇手和叛亂者逍遙法外，然而麥地那共同體的長老卻無意在此事上協助他。再加上伊斯蘭國家招致這個事態的原因，也就是使得伍斯曼本人遇害的危機，完全未能得到解除。

眾所周知，阿里在未成年時就成為最早皈依伊斯蘭教的人。他是和阿布·巴克爾一樣的早期信士，與穆罕默德的關係也是相當親近。阿里既是穆罕默德的堂弟，由穆罕默德和他的妻子哈蒂嘉視同親生兒子而撫養長大，而且還娶了他倆的小女兒為妻。阿里是個勇敢的騎士也是廣為人知，而在他身上，也體現出伊斯蘭信仰的平等主義理想。但也有人認為阿里過於理想主義，不適合從事現實的政治。

確實，阿里在他一上任時就想把各地的總督都撤換掉，這讓人覺得他缺乏政治現實感。當時有人說服阿里，暫時讓各地總督留任，先將中央體制重新確立再說。想來，難免還是會有人對他的「虎頭蛇尾」輕率地加以批評。阿里一心想恢復伊斯蘭共同體的既有狀態，但卻沒有統御帝國政治的能力。只不過阿里確實忠於伊斯蘭教義的理想，因此後世將他的治世美化，並樹立為典範，從這一點來說阿里時代或許還是稱得上具有某些正面意義。

在阿里短短五年的統治期間，內政混亂、紛爭不斷，局面一片渾沌，正統哈里發體制已然開始崩壞。阿里本人也經歷一番苦難折磨，最終命喪於暗殺者之手。但從「漢志地區的伊斯蘭國家」邁向「世界的伊斯蘭帝國」，這條路充滿著太多的險阻，「渾沌時期」恐怕是任何人都無法迴避的。

◎第一次內亂

對於後來遜尼派所抱持的正統政治論而言，很難對阿里時期作出明確的評價。

首先為反抗阿里而發起武裝革命的人，是穆罕默德的妻子阿伊夏、長老脫勒哈（Talha ibn Ubayd-Allah）與祖拜爾（Zubayr ibn al-Awwam）。這些人都是追隨穆罕默德左右的直傳弟子，要是問什麼是伊斯蘭教，那就該先聽聽這些人的講道。而阿里也是這樣的地位。他們都是伊斯蘭信士們應當信服的典範人物，何以彼此間會演變成劍拔弩張的關係？

脫勒哈、祖拜爾和阿伊夏等人，以伊拉克地區的巴斯拉市為據點，與阿里分庭抗禮。就農業生產力而言，敘利亞、伊拉克和埃及在當時伊斯蘭國家所支配的各區域當中，處於相當重要的地位。當時敘利亞為穆阿維亞所統治，而埃及則

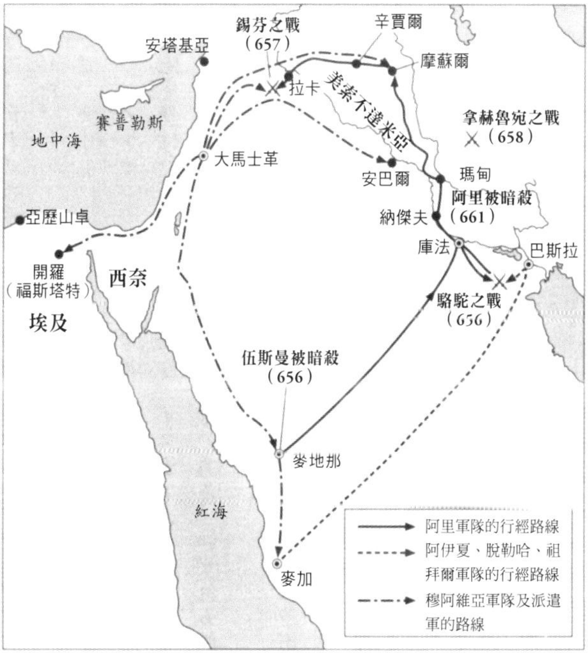

第一次內亂時的行軍路徑與戰役

幾乎陷入無政府狀態。因此能支配伊拉克就顯得至為關鍵。阿里的勢力也以伊拉克的庫法為據點。

兩邊陣營的對峙，在「駱駝之戰」中達到白熱化，「駱駝」指的是載運阿伊夏轎子的駱駝。由於大部分的戰鬥都發生在它的周圍，因而得名。

雙方犧牲者眾，脫勒哈當場戰死，祖拜爾也從戰場逃亡，並在前往麥加途中命喪黃泉。阿伊夏遭生擒，並被阿里客氣地送返麥地那。

據傳阿伊夏與阿里和解，自行承認犯下錯誤。她在麥地那成為宣教師，向人講授穆罕默德及他的教誨長達二十多年，直到離開人世。她所傳授的伊斯蘭教義，成為伊斯蘭主流派即遜尼派的核心教義以及法學理論的根幹，對後世影響深遠。

麥地那的長老們為何刀劍相向，此後一直是伊斯蘭史學家們苦思不已的問題。這場共同體的內亂被稱為「菲特納」（Fitna），也就是伊斯蘭國家的第一次內戰，在伊斯蘭史上也被稱為「大內訌」。而它的本質原因，是雙方都認為自己是意見正確的一方。伊斯蘭教是強調真理和正義的宗教，很明顯雙方也都自認為「我是遵從古蘭經的教誨，錯不在我」。

各人都自認是為了正義而戰，因而導致共同體的內訌，那麼要如何回避這種危險，就成了第一次內亂後的重要議題。也因此，在伊斯蘭法從伍麥亞王朝到阿拔斯王朝的體系化過程中，抑制穆斯林彼此發生衝突的理念一直受到重視。

◎錫芬之戰

成功壓制以巴斯拉為據點的反對派後，阿里的矛頭轉向敘利亞總督穆阿維亞。阿里要求後者承認自己是哈里發，但是穆阿維亞完全不予理會，最後阿里只能訴諸軍事手段。

阿里的大軍從伊拉克前往敘利亞，在錫芬與穆阿維亞的勢力對峙。若是觀察阿里軍隊裡的成員，就可發現大多是很早就加入伊斯蘭教的信士，也就是以輔士和遷士為主。而穆阿維亞這一方包括他本人在內，則多半是其後皈依的新晉穆斯林。不過問題的關鍵，並不在於誰作為穆斯林的經歷較長或者較短。在之前已形成的麥地那政權結構當中，最早皈依伊斯蘭的信士們受到較多尊重，而他們得到的俸祿也較為豐厚。所以就這一層意義而言，這一戰是「企圖維持既有利益結構的人」與「希望改變這個結構的人」之間的對立。

在這一戰中，曾在征服埃及時立下軍功的大將阿姆爾（'Amr ibn al-'As），選擇和穆阿維亞站在同一陣線。阿姆爾建議在槍尖綁上寫有古蘭經章句的條幅再上戰場。當阿里大軍的兵士們看到懸掛在對方槍尖上的古蘭經章句，由於信仰堅篤反而失去戰意，因此戰局陷於膠著，之後雙方著手進行和平談判。

這一場談判對阿里造成政治上的致命傷。阿里的陣營當然是憑藉他作為正統哈里發而師出有名，但是其中有人對談判展開批判，甚至脫離了戰線。他們對於阿里選擇和「叛亂者」穆阿維亞平起平坐地談判，感到非常憤慨。這些批判者之後成為「分離者」，在歷史上被稱為「出走派」（al-Khawārij，也稱作哈瓦利吉派）。這是伊斯蘭史上最初的派系分裂。

「出走派」因為他們的偏激立場而廣為人知。他們的立場偏激，其中一點反映在政治思想上。這一派系對於在錫芬舉行的談判相當不滿，堅持非現實的理想主義原則，主張只要是立場正確的穆斯林，無論任何人都可以成為哈里發。而且他們為了讓自己的主張得以貫徹，不惜大動干戈，其中也包括暗殺。

為了奪取阿里、穆阿維亞、阿姆爾的性命，「出走派」陸續派出刺客。結果他們雖未能殺害穆阿維亞或阿姆爾，但卻成功使阿里死於利刃之下。

正統哈里發時代於焉終結，穆阿維亞繼任為哈里發。長期被捲入內戰的人們也承認了他的地位。正如我們後來所知，穆阿維亞就任哈里發的意義不僅在於他個人掌握最高權力，同時他也開創了伍麥亞王朝。

「白衣」帝國伍麥亞王朝

◎伊斯蘭征服的重啟

隨著內戰的終結，伊斯蘭征服得以再次發起。伍麥亞王朝的對外征服事業，大致可以分為三期。第一期是從王朝創始（六六一年）的二十年間（至六八三年止），期間征服了波斯帝國的東半部故土呼羅珊（Khorasan）。之後伊本・祖拜爾（Abd Allah ibn az-Zubair）成為反對者並自行擁立哈里發而引起第二次內戰，此後進入了第二期（六九二年至七一八年），伊斯蘭國家取得了北非的西半部、伊比利半島、伊朗高原以東的河中地區（Tranxoniana）、信德（Sindh，現今巴基斯坦一帶）。第三期為王朝晚期的七二〇年至七四〇年，這期間征服事業遭逢困難，於是伊斯蘭版圖的擴大遂由接續掌權的阿拔斯王朝繼續推進。

總的來看，伊斯蘭國家在伍麥亞王朝時代成為支配廣闊疆域的巨大帝國。而伊斯蘭世界的中央地帶，也是在這個時期納入版圖。

伍麥亞王朝的代表色是「白色」。所謂白色，準確來說是穆斯林男性在頭上捲著的頭巾伊麻瑪（Imāma，也叫 turban）的顏色。伊麻瑪其實是伍麥亞王朝時，用於纏繞殉教者遺體的布巾。從這一層意義來看，戰士們就是隨時穿著喪服而打仗的。

伊斯蘭埋葬遺體的辦法是土葬。人過世後，會先將他的遺體全身清潔乾淨，裹上兩、三條白布。墓穴則是往地底挖掘和該人身高程度相當的豎穴，並從底部再挖掘小小的橫穴。埋葬遺體時先將臉朝向麥加斜放後橫擺，再以土將豎穴填埋。橫穴的設計則是不想讓土直接蓋在遺體上。

這一套喪葬模式是在穆罕默德時期就定立的規矩，伍麥亞王朝時代依然沿用。古蘭經中並沒有規定具體的埋葬方式。因此穆斯林至今依然不喜火葬，這倒不是因為古蘭經明確記載說「禁止火葬」或「信士有土葬的義務」之類。土葬在伊斯蘭教創立之前就已經行之有年，到了伊斯蘭時代也繼續被視之為當然。穆罕默德對於喪葬的細節曾經有所指示，最後就被當作傳統（Sunnah）而維持下來。

◎殉教者的名譽

殉教者在埋葬時與一般的埋葬有不同的做法，那就是他們的遺體不需經過清潔。雖然在遺體上全身潑水如同沐浴一般來淨化，對死者是一種敬意的表示，但對於殉教者，不這麼做反而是最大的敬意。對殉教者的埋葬在伍麥亞王朝也是很重要的儀式。

在穆罕默德的時代，流傳著一段「殉教者受天使洗淨」的傳說，那是在伊斯蘭曆三年（西元六二五年）武侯德之戰時候的事。正如之前在第三章所提到的，這是在麥地那新成立的伊斯蘭共同體與麥加方面的第二次會戰，而麥地那軍隊也有許多戰士犧牲。漢札拉（Hanzala Ibn Abi Amir）也是這其中的一人。據說當時穆罕默德眼前浮現出「殉教的漢札拉在升天的途中，有天使出現為他洗淨身體」的情景。如果從不對殉教者行沐浴之禮，這個景象確實不尋常。

回到麥地那之後，大家終於弄清楚怎麼回事。原來漢札拉在他犧牲的前一天，按照原訂計劃舉行了婚禮。雖然他和其他人一樣要按照預定時間隨軍出發，但穆罕默德指示漢札拉「圓房後再趕來會合」，所以他和自己的妻子共度一夜良宵。兩個人一旦共結連理，依照伊斯蘭的規定要在發生性行為後沐浴全身。但是新婚的妻子說什麼也不願意即將出征的丈夫就此離開，於是兩個人又再度歡好。之後急於出征的漢札拉不想延遲，因此當時沒有沐浴就裝出發，後來成為敵人的刀下亡魂。也就是說，這一場沐浴並非是「接受天使的洗淨」，而是補上原該有的沐浴而已。

我們回到正題，由於被視為殉教者的人「其實是活的」（黃牛章．第一百五十四節），所以未加淨身也不行葬禮，才是對他們致以最大的敬意。伍麥亞王朝也積極動員穆罕默德的直傳弟子擔任武將或是兵士，過去和穆罕默德一起為「持劍的吉哈德」而戰的人，繼續作為戰士的典範，支援各地的戰事。

時至今日，隨著伊斯蘭征服，這些人的墓地也散置在各地，並成為信士們表達敬意的場所，它們在伍麥亞王朝的版圖內隨處可見。例如被建設為軍營城市、位於北非突尼西亞地區的蓋拉萬（Kayrawan），城外就有一個信士的墳墓，據說他的腳下埋入了穆罕默德的頭髮。另外在今天的伊斯坦堡，有位為土耳其人所熟知、追隨穆罕默德的信士阿布．艾優卜（Abu Ayyub al-Ansari）之墓。艾優卜直到伊斯蘭軍隊攻打拜占庭帝國首都君士坦丁堡時仍然從軍，最後也戰死於此。

◎征服北非

在伍麥亞王朝的征服事業中，最令人為之矚目的應該是占據從北非到歐洲的安達魯西亞的廣大區域。伊比利半島之所以會被稱為安達魯西亞，源自於伊斯蘭時代的人認為那裡是

「汪達爾人的土地」。

被稱為「北非征服者」的烏葛巴．伊布．那菲（Uqba ibn Nafi）據說曾經參與征服埃及的戰役，之後他率領軍隊被派往西方，逐一征服了北非各地。現今的突尼西亞屬於古代迦太基的國土，迦太基因為曾和羅馬對抗而聲名大噪。非洲得名「阿非利加」（Afrika）也是因為對這一帶的稱呼，而阿非利加的阿拉伯語對音是「伊福利基亞」（Ifrīqiyah）。烏葛巴征服後，在當地建設軍營城市蓋拉萬。他所建設的清真寺，至今依然以烏葛巴清真寺的名字而著稱。

烏葛巴所率領的大軍在現今的阿爾及利亞、摩洛哥等地與拜占庭帝國的軍隊以

烏葛巴清真寺（Mosque of Uqba）　位於伍麥亞王朝的北非據點，突尼西亞軍營城市蓋拉萬城內的中央清真寺

及當地居民柏柏人（the Berbers）持續對戰，並以迅雷般的速度到達大西洋沿岸。據傳烏葛巴曾經把自己的身體浸入大西洋，以表示對真主的感謝。從這裡折返的烏葛巴在阿爾及利亞的東部，由於改信伊斯蘭的柏柏人部族發起反叛而遇害（六八三年）。他在當地的墓地，迄今依然是人們前往參拜的地方。

◎橫渡直布羅陀海峽

慕薩．伊本．努賽爾（Musa ibn Nusayr）則屬於主持伊斯蘭征服的下一個世代。他出身於居住在阿拉伯半島和敘利亞之間的拉赫姆族（Lakhm），誕生時正是第二代哈里發歐瑪爾的治世。因為驍勇善戰，慕薩為伍麥亞王朝所提拔，成為蓋拉萬的總督。他為了再次制服西方，將過去烏葛巴所征服的土地重新攻占，並對烏葛巴的兒子們表示自己已經為他們的父親報了仇。

北非的西部一帶又被稱為馬格里布（Maghreb，阿拉伯語的「日落之處」），現代摩洛哥的國名代稱也源自這個說法。大致說來，「伊福利基亞」的範圍包括今天的利比亞、突尼西亞、以及阿爾及利亞的東部，而它的西側就是馬格里布。除了休達（Ceuta）之外，慕薩在其餘各地都已經稱霸。

慕薩的旗下有一個名叫塔里克（Tāriq ibn Ziyād）的柏柏人跨過海峽，從今天叫做「直布羅陀」的地方登陸歐洲。這個地方叫「加巴爾・塔里克」（Jabal Tariq，在阿拉伯語中的意思為「塔里克的山峰」），其後輾音寫為直布羅陀（Gibraltar）。西哥德王國的國王羅德利哥（Rodrigo）在對陣塔里克時戰敗身亡，這也成為之後穆斯林軍隊征服整個伊比利半島的關鍵事件。

穆斯林在歐洲的進擊一直持續到普瓦捷戰役（法語：Bataille de Poitier）為止。攻入法國西南部的穆斯林大軍在普瓦捷遭遇法蘭克王國的查理・馬特（Charles Martel）並大敗，此後伊斯蘭軍不再往北北進。

從歐洲的角度看，查理・馬特的這場勝仗在歷史上極為重要。一般的看法認為這一戰若是查

普瓦捷戰役

理．馬特輸了，恐怕整個西歐都會伊斯蘭化。只不過，伊斯蘭軍隊當初是不是有征服西歐的意圖，還有待查證。英國研究伊斯蘭的泰斗瓦特（Watt）分析說，當時伊斯蘭軍隊的補給線已經延伸到盡頭，此外，歐洲也沒有足夠豐厚的戰利品作為征服的誘因。

伍麥亞王朝將安達魯西亞取為囊中物時，並未意識到對後來的意義。到了八世紀中葉，伍麥亞王朝被東方發起的革命所推翻，幾乎全部家族成員遭到殺害，唯一的生還者逃往遙遠的西方，並在安達魯西亞重建王朝。這個王朝稱作後伍麥亞王朝，建都在哥多華（Cordova），創造了將近三世紀的繁榮局面。九至十世紀時巴格達一度是世界上最大的城市，而哥多華則和遠在東方的唐長安城相媲美，是夜裡燈火仍然輝煌的世界第三大城。

邁向帝國統治之路

◎世襲制度的開始

伍麥亞王朝正是伊斯蘭帝國的形成期，接續了正統哈里發時代開啟的伊斯蘭征服事業，同時建立起各項國家制度。而伊斯蘭帝國的特徵，究竟都有些什麼？

伊斯蘭世界的歷史學者們多以批判的角度看待伍麥亞王朝，認為它結束了由「正統哈里發」所支配的伊斯蘭國家體制，將之轉化為「世襲的王權」。伍麥亞王朝的世代交替不盡然是父終子及（十四代領袖中只有四代人是按照這一原則繼位），但伍麥亞家族確實獨占了哈里發的位置。之後由遜尼派所發展出的政治理論認為，正統哈里發是經由伊斯蘭共同體所「選舉」並藉由「委任統治之誓」而獲得正當性（Legitimacy），從這個理想來說，伍麥亞王朝確是脫離了正確的軌道。

不過伍麥亞王朝並未推翻正統哈里發體制。如我們所見，正統哈里發時代的後半期，隨著版圖的擴大以及在社會、政治層面陸續出現、無法在既有框架內解決的新狀況，使得伊斯蘭國家陷入危機。若是從宗教意義出發，將正統哈里發視為穆罕默德最優秀的直傳弟子才可擔任的職務，那麼當時的政治局勢就是連這樣的人選也難以對伊斯蘭世界實行有效統治。

無疑地，伍麥亞王朝收拾了這些混亂，也創造出安定的局面。在當時，已無法根據麥地那政權的共識基礎推行統治，而伍麥亞王朝有辦法因應新的時代。當伊斯蘭國家統治的領土橫跨敘利亞、伊拉克、埃及和北非地區，面對居住在這些土地上的民眾，情況已經不是單憑漢志地區的政治共識就能夠掌握得住。結論是當城邦體制轉變為帝國體制時，伍麥亞王朝正是在全國範圍實行有效統治的人。

伍麥亞王朝的統治具有四個主要的特點，這就是：實現了各宗教的共存、阿拉伯人優先的政治、伊斯蘭征服得以繼續，以及國家機制的建立。這四點彼此環環相扣。我們將由伊斯蘭帝國統治的觀點，依序對這四個特點加以說明。

◎各宗教的共存

先講各宗教的共存。首先我們必須著眼於這一點，伍麥亞王朝雖說是「伊斯蘭政權」，但其治下的多數人民幾乎都不是穆斯林。儘管阿拉伯半島上的居民幾乎都已改信伊斯蘭，但新近征服的敘利亞和埃及仍是基督宗教的地盤，而伊拉克到伊朗之間則是薩珊帝國的故土，信奉的是祆教。

美國學者巴雷特（K. Barrett）以人名辭典作為研究史料，並根據統計結果研究「各地改信伊斯蘭的情況」。他發現無論是埃及還是伊朗，要達到半數居民改信伊斯蘭的程度，就要花費一個世紀以上的時間。因此得到的結論是，全部帝國居民要皈依伊斯蘭教，必須要經歷三個世紀。我們相信治世為時僅約一個世紀的伍麥亞王朝，治下居民有過半數人都不是穆斯林。

因此伍麥亞王朝若想達成政治安定，就要有對其他宗教加以融合的統治架構才行。對於這個架構我們嘗試著整理出一套模式，這就是在征服領土時請當地居民從「皈依、繳稅，還是拿起劍」三樣之中選一樣，然後依對方的選擇來因應。當然，有其他信仰的人，首先的選擇應該不是改信伊斯蘭，而伍麥亞王朝也偏好向他們徵收稅金，因此「繳稅」往往較易達成和平協議。而無法同意降服、堅持拿起劍抵抗的人，伍麥亞王朝也會亮出「真主之劍」，也就是用武力徹底征服對方，不過當地居民和伊斯蘭軍的關係究竟是和平結盟，抑或是被後者以武力征服，兩種待遇之間的差距極為巨大。若是和平解決，當地人的生命與財產——只要符合和平協約的條款——都會獲得保護；但在戰爭中被伊斯蘭軍隊征服的人，不僅名下土地會遭到沒收，而本人若沒有戰死也會成為俘虜。也就是說，被征服的一方在面對伊斯蘭大軍時，簽定和平條約同意降服並繳稅，是將己方犧牲減到最低程度的合理選擇。

而加速這個狀況的，則是拜占庭帝國當時推行的宗教政策。拜占庭帝國在境內，對於不服從公定教義的異端基督教徒實行強力鎮壓。在伊斯蘭教誕生之前的第四至第五世紀，關於基督宗教的教義曾經發生激烈論爭。在三二五年召開的尼西亞（Nicaea）公會議中，由於三位一體說成為公定教義，似乎讓這個論爭平息下來，但後來又針對「耶穌基督是神還

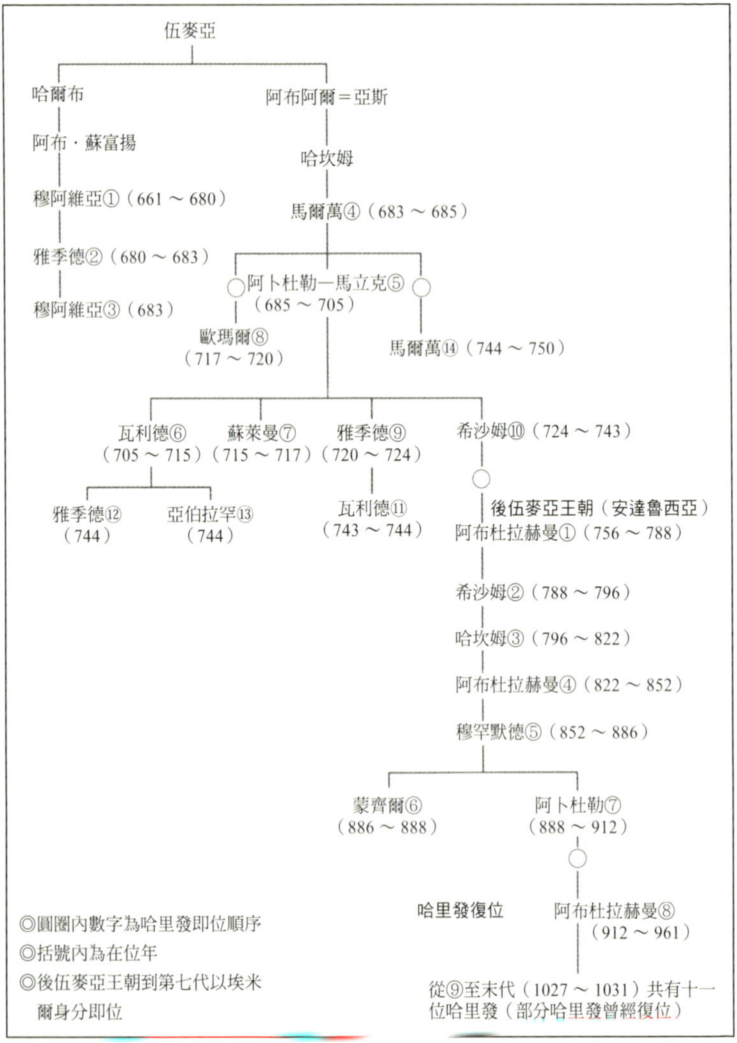
伍麥亞
哈爾布
阿布・蘇富揚
穆阿維亞①（661 ～ 680）
雅季德②（680 ～ 683）
穆阿維亞③（683）
阿布阿爾＝亞斯
哈坎姆
馬爾萬④（683 ～ 685）
阿卜杜勒—馬立克⑤
（685 ～ 705）
歐瑪爾⑧
（717 ～ 720）
馬爾萬⑭（744 ～ 750）
瓦利德⑥
（705 ～ 715）
蘇萊曼⑦
（715 ～ 717）
雅季德⑨
（720 ～ 724）
希沙姆⑩（724 ～ 743）
雅季德⑫
（744）
亞伯拉罕⑬
（744）
瓦利德⑪
（743 ～ 744）
後伍麥亞王朝（安達魯西亞）
阿布杜拉赫曼①（756 ～ 788）
希沙姆②（788 ～ 796）
哈坎姆③（796 ～ 822）
阿布杜拉赫曼④（822 ～ 852）
穆罕默德⑤（852 ～ 886）
蒙齊爾⑥
（886 ～ 888）
阿卜杜勒⑦
（888 ～ 912）
哈里發復位
阿布杜拉赫曼⑧
（912 ～ 961）
從⑨至末代（1027 ～ 1031）共有十一位哈里發（部分哈里發曾經復位）
◎圓圈內數字為哈里發即位順序
◎括號內為在位年
◎後伍麥亞王朝到第七代以埃米爾身分即位

伍麥亞王朝的系譜

是人」，「究竟是屬神的性質強還是屬人的性質強」，有了下一回合的教義爭論。因此在四五一年迦克墩（Chalcedon）公會議再確立「單一位格，神人二性」的公定教義，但沒有獲得廣泛支持，在敘利亞和埃及盛行的是「單一位論」，敘利亞地區的雅各教會與埃及的科普特（Coptic）教會都屬於這個陣營。

儘管同為基督教徒，這些教派卻受到拜占庭帝國的強烈鎮壓，所以當伊斯蘭大軍出現時，他們就權衡自己是繼續接受拜占庭的支配，還是歸屬伊斯蘭國家的統治。遭到拜占庭帝國壓制的基督宗教居民，有的主動協助伊斯蘭大軍，還有人繼續保持中立，而這些對於伊斯蘭軍的推進都有所幫助。再則，在拜占庭一度重新支配敘利亞地區時，猶太教徒由於「協助薩珊帝國」的罪名遭到迫害，於是他們也願意協助伊斯蘭軍隊。

再看祆教，祆教原本是薩珊帝國的國教，但隨著帝國的滅亡，他們也接受了伊斯蘭軍所提供的庇護民制度。

於是伍麥亞王朝就這樣統治了為數甚多的基督教徒、猶太教徒與祆教徒。基於庇護民制度，這些人接納了伊斯蘭國家的領導並納稅，而獲得的回報是保證個人的信仰自由以及宗教共同體繼續享有自治。這在融合各宗教方面發揮了重要作用。但另一方面伍麥亞王朝是以少數人支配廣大領土的體制，因此由阿拉伯各部族組成的伊斯蘭軍隊單獨駐紮在全國各地的軍營城市裡，實行與當地居民分居的政策。

◎阿拉伯人的支配與征服事業的持續

所謂「阿拉伯人優先的政治」，也就是說採用由阿拉伯人穆斯林擔任地方統治者的政治架構。對於分散各地的阿拉伯統治者而言，保持彼此聯絡的暢通是讓帝國安定的關鍵。這一點正是伍麥亞王朝統治的第二項成功因素。伍麥亞王朝對於新征服地的非阿拉伯居民，即使他們改信伊斯蘭，也不願意給予他們和阿拉伯人穆斯林同等的權利，所以當地居民並沒有發生大批改信的現象。

說到阿拉伯的要素，只要觀察伍麥亞王朝諸王子的宮殿，就可以看到阿拉伯建築的主要特色。此外，他們也偏好以阿拉伯文寫成的詩篇。

如此以阿拉伯人優先，並以此為前提而建立的統治體制，使得伊斯蘭史的權威學者魏豪森（Julius Wellhausen）將伍麥亞王朝稱為「阿拉伯帝國」。日本研究伊斯蘭史的先驅嶋田襄平先生也抱持這個看法，他甚至認為接續的阿拔斯王朝，相比之下更堪稱為「伊斯蘭帝國」。對應兩個王朝的相異之處，這種說法可謂既深刻又易懂。伍麥亞王朝雖說是伊斯蘭政權，但一切政策都以阿拉伯人的利益為優先，具有「阿拉伯系王朝」的特性。但人口占少數的阿拉伯人穆斯林之所以能夠有效實行支配，可說是基於各宗教共存的架構下，逐漸建立起以伊斯蘭教義為原則的統治制度，因此起碼可被視為伊斯蘭帝國的形成期。

從許多角度來看，從阿拉伯半島湧出，移居到征服地的阿拉伯人穆斯林，大部分都是職業軍人，因此以之為基礎形成了伍麥亞王朝的支配階層。他們對首都大馬士革的忠誠，就經濟和社會層面來看，也由於征服事業的繼續推行而得到了保證。第三代正統哈里發伍斯曼在位的時代，戰士們之所以對微薄的薪給感到不滿，原因是征服事業一度中止，因此不再有戰利品可獲取。但在伍麥亞王朝時，征服的土地不斷增加，隨之而來的戰利品

庫塞爾·阿姆拉（Quṣair 'Amra）　「沙漠行宮」內部還留有伍麥亞王朝時的美麗壁畫。

和土地稅收，讓國庫和戰士們都得到了滋養。

倘若我們把征服事業的推進視為伍麥亞王朝的第三個成功因素、也是其國家特徵的話，那麼最後一項便是國家體制的建立。要是不能對國家行政、稅收等事務加以嚴密管理，縝密且公平地對待戰士們的話，任何一個帝國都無法長治久安。

伍麥亞王朝的開創者穆阿維亞接受各個地區某程度的自治，並未深化中央集權，對於貨幣及稅制也大多沿用被征服者的原有制度。此前屬於拜占庭帝國領土的敘利亞地區依然使用金幣迪那（Dinar）；而過去由薩珊統治的波斯故地則沿用銀幣迪拉姆。

行政機關的創設者雖是第二代哈里發歐瑪爾，但讓行政制度更加健全的則是伍麥亞王朝。這一時期的重要行政機構，有負責租稅徵收的稅務廳、向戰士支付薪餉的軍務廳、管理中央政府文書的文書廳，以及掌管哈里發印璽的印璽廳等。此外為了掌握來自廣大領土的各項情報，並及時傳達命令而建立驛遞制度（barīd），負責管理的則是驛遞廳。

如果我們將實際存在過的各個伊斯蘭國家加以概括的話，就會發現它們雖然時代不同，但都遵循著伊斯蘭的理念。不過若從歷史的發展次序來看，伍麥亞王朝可以說是開啟了伊斯蘭帝國的統治模式、並明確了行政制度的時代。

◎以國家為優先

若要把伍麥亞王朝和之前的伊斯蘭共同體相相較，國家的優越地位或者可說是更為重要的特點。也就是說，當同時考量宗教、社會、政治三個領域時，重心放在了政治上面。

正如我們之前所談到的，穆罕默德在麥地那創立的伊斯蘭共同體，旨在對宗教與社會加以整合。伊斯蘭教義的追求，是建設一個以宗教信仰為基礎的新社會。伊斯蘭教義不僅是精神上的準則，而且在具體事務上也附有許多規範，並為此設出一個有能力強制執行規範的麥地那政權。雖然基於當時阿拉伯半島的局勢，出現「增強共同體的軍事實力」這一防衛政策，並以「持劍的吉哈德」定調，但整體來看，政治只是新社會所具有的功能之一，並不處於優先地位。

穆罕默德時代，宗教、社會與政治層面的各項功能，都是透過穆罕默德這個人的品德而實現整合。他所扮演各種角色，包括先知、宗教領袖、立法官、司法官、政治家、軍事司令官等，但政治家這個角色並未較其他角色來得明顯。

正統哈里發時代也維持著這個特徵。哈里發的選任基準，也是優先考慮其宗教、倫理上的資質與社會對他的信賴度，而非政治能力。不過很明顯地，這反而對正在發展成帝國體制的伊斯蘭國家造成了統治上的困境。而在軍事上，這個時代的軍人除了強調戰略才幹，也同樣重視對伊斯蘭的奉獻、及勇猛與果斷等資質。

穆阿維亞雖是開創伍麥亞王朝的人物，卻算不上是宗教或軍事上的優秀分子。他是個擁有政治才能的人。從正面加以解釋的話，穆阿維亞具備擔任族長的資質，也就是阿拉伯語所說的「希魯姆」（Hilm）：機敏、敦厚且自制力強，同時具有隨機應變的能力。

為何國家會變得優於一切，大致有以下兩點：第一點是，在正統哈里發體制崩壞的過程中，必須置統治權優於一切，以防止再次爆發內部衝突。麥地那的顯貴們

位於大馬士革的穆阿維亞之墓

對於穆阿維亞就任哈里發，以及創設伍麥亞王朝一事之所以能夠人致接受，是基於安定的考慮。伊斯蘭社會的成長，有必要維持軍事與政治上的安定局面。

另一個理由則是，伍麥亞王朝統治的疆域，並非穆斯林占據多數的地區，而是受庇護的基督教徒、猶太教徒與祆教徒等多數異教徒的地區。王朝勢力在這些地區的拓展，確保了伊斯蘭社會的成長空間。但伊斯蘭社會的擴展，需要更為漫長的時間。要將宗教上的教義轉換成社會現實，遠比帝國出現還要花上更長的時間與戮力。

第六章

伊斯蘭帝國的建立

巴格達近郊的公共圖書館　13 世紀抄本《瑪嘎麻特》（Maqamat）的插畫。巴黎國立圖書館藏。

伍麥亞王朝的極限

◎卡爾巴拉的悲劇與什葉派的誕生

伍麥亞王朝雖在穆阿維亞優秀的政治手腕下得以成立，但這並不足以將以麥地那為首都的漢志國家轉換成帝國。穆阿維亞雖然讓自己的兒子雅季德（Yazīd）繼任第二代哈里發，但此舉招致諸多撻伐。而這個批判聲浪形成明確的行動，則是在第四代正統哈里發阿里的次子胡笙（Ḥusayn ibn ʻAlī ibn Abī Ṭālib）起兵之時。

胡笙在六八〇年時僅帶著少數人從麥地那出發，前往庫法，結果遭到伍麥亞王朝的軍隊在卡爾巴拉（Karbalā）迎擊，胡笙一行全遭殲滅。這是一項赤裸裸的野蠻行為；任誰都難以想像，竟有穆斯林會無情地將先知穆罕默德所疼愛的孫子殺害。「卡爾巴拉的悲劇」是之後什葉派（Shia）成立的主要關鍵。在庫法的胡笙支持者當中，有人眼睜睜看著胡笙遇害卻未能馳援，悔恨不已，於是自稱「悔悟者」，這就是什葉派的原型。

一般的解釋中，往往認為什葉派之所以誕生，乃是因為穆罕默德辭世時引發的繼承者問題所致，同時也將他們籠統歸類為「一群主張應由阿里繼位的人」；然而，這並不是直接的原因。以當時伊斯蘭共同體的政治情勢來說，他們選出的繼任者就是阿布．巴克爾。確實也有人支持且信奉既是穆罕默德堂弟、同時也是他女婿的阿里，但他們的願望，早在阿里成為第四任哈里發的時候就已經實現了。

之後也有人推舉阿里的長子哈珊為繼承者，但哈珊本人卻把大位讓給了穆阿維亞。因為這正是讓疲於內戰的伊斯蘭共同體再度整合的有效政策，所以廣受好評。但，問題在於接下來發生的事。

儘管有人為了政治的安定支持穆阿維亞，但卻多不喜其子雅季德繼任，形成世襲。再加上起兵的胡笙遭到殺害，從此什葉派的潮流便明確成形。伍麥亞王朝應該也想將這支有力的反體制派以及可能成為領袖的人斬草除根，但卡爾巴拉的悲劇卻留下了更大的禍患。

卡爾巴拉的悲劇發生後，這次換成伊本．祖拜爾不承認雅季德的地位；他在麥加自稱哈里發，起兵反對伍麥亞王朝，這也就是所謂的第二次內亂。這場內亂持續很久，幾乎半個伍麥亞王朝的領土都被納入伊本．祖拜爾的麾下。最後成功壓制這場叛亂、使局面轉危為安的，是成為伍麥亞王朝第五代哈里發的阿卜杜勒—馬立克（Abd al-Malik ibn Marwan，在位六八五至七〇五年）。他的總督哈加吉（al-Ḥajjāj ibn Yūsuf）襲擊了麥加，造成伊本．祖拜爾敗亡，也結束了這一場起義。哈加吉是阿卜杜勒—馬立克的股肱之臣，在從伊拉克到伊朗

第納爾金幣（dinar）　首次刻有阿拉伯文。

圓頂清真寺

的統治上都展現了優秀的能力，讓伍麥亞王朝的統治得以安定，但因為他曾在卡巴聖壇上縱火，所以在伊斯蘭史中飽受惡評。

阿卜杜勒—馬立克的統治，正是中央集權的開始。他開始統一鑄造刻上阿拉伯文字的金銀貨幣，使用的公文也從希臘文、波斯文改為阿拉伯文。這時才是名符其實地轉換為伊斯蘭帝國的開始，而伊拉克也失去了迄今為止始終保持的獨立地位。過去談到伊拉克，主要城市就是庫法和巴斯拉，不過這時候，新的城市瓦西特（Wasit）則成了大馬士革直轄統治的據點。

這個時代開始的中央集權統治形態，也為之後的阿拔斯王朝所繼承。對於治理廣土眾民的帝國來說，這是絕對必要的。

另一方面，作為阿卜杜勒—馬立克統治的遺產、一直流傳到今日的，就是黃金圓頂的「岩石清真寺」（Qubbat As-Sakhrah，通稱圓頂清真寺）了。他之所以建造這座清真寺，是為了在伊斯蘭的理論脈絡當中，提高聖地耶路撒冷的地位（見頁一六四該小節），而其背景乃是伊本．祖拜爾在麥加自稱哈里發，持續與之對抗時，從敘利亞無法像平常一樣去朝聖所致。為了部分滿足想到聖地一訪的信徒的願望，於是伍麥亞王朝便將耶路撒冷建設為美麗的聖地。

◎伍麥亞王朝的落幕

伍麥亞王朝維持不到一個世紀就垮台了；自六六一年穆阿維亞設大馬士革為首都起，一直到七五〇年被阿拔斯王朝推翻為止，在這九十年間，有十四代哈里發在此即位。

以世界史的標準來說，九十年絕對稱不上長。之後的阿拔斯王朝就算最後淪為僅限於伊拉克一隅的地方政權，但在名目上仍然保有整個伊斯蘭世界的宗主權，且延續了將近五個世紀的命脈。而以蘇丹制政權稱霸東西的鄂圖曼帝國，自十三世紀末創建以後，一直持續到二十世紀初，命脈長達六世紀。相較之下，儘管頂著「第一個伊斯蘭王朝」的榮耀，伍麥亞王朝主要留給人的印象，卻是它的短暫生涯。

從以漢志地區城邦之姿興起的伊斯蘭，到成為世界帝國，若我們仔細思考箇中的轉變過程，或許會將伍麥亞王朝定義為過渡期的政權。這個王朝以宛若喪服的「白」來作為自己的象徵，是個實現了無比宏大征服事業的王朝。透過伍麥亞王朝的努力，伊斯蘭世界方得以確保自我獨立的地理空間，在統治制度上，也奠定了帝國的基礎。

但是，伍麥亞王朝的統治，也在伊斯蘭世界內部產生了根本的矛盾。在這些矛盾當中，有兩點特別嚴重：一是環繞著伊斯蘭本身產生了派系。這並不是神學論爭所招致的結果，而是政治爭端下的產物；特別是從正統哈里發的結束到伍麥亞王朝誕生為止的這段過程，更是派系誕生的淵藪。如我們在前章提及，阿里與穆阿維亞兩造爆發鍚芬之戰，結果產生了「出走派」，而阿里的兒子胡笙遭到伍麥亞王朝的毒手，則造就了什葉派的茁壯。

另一項則是阿拉伯人優先政策所導致的宗教矛盾。伊斯蘭乃是立基於「烏瑪只有一個」的教義上，因此要將烏瑪／伊斯蘭共同體區分為阿拉伯與非阿拉伯人，這樣的政策與伊斯蘭有著根本上的矛盾。

不論是派系的發展或是阿拉伯人優先的政策，這些矛盾都和伍麥亞王朝的本質有著密切的關係。強調伍麥亞王朝不具正當性的派系思想，以及對不平等政策所抱持的不滿，助長了革命運動，伍麥亞王朝的命運也因此突然告終。歷史上常見的是，因為社會矛盾和不安的層層累積，統治結構逐步解體，使得政權逐漸走向終點。但對伍麥亞而言，則是革命一口氣就斷送了王朝的命。

◎來自東方的叛軍

這場革命運動乃是源自東方。對於這場後來造就了阿拔斯王朝的運動，我們或許可以姑且稱之為「阿拔斯家的革命運動」。這場運動祕密發展了將近二十年，最後才獲致成功。

現在我們雖用「阿拔斯家」的名號來統稱之，不過這場經過巧妙組織的革命運動，實際上直到最後都沒有一個固有的名詞來稱呼。當初的宣傳也是「我們呼籲從穆罕默德家族中，（選出）能令（所有）人滿意的（領袖）」（也有一讀為「令真主滿意的人」）。

這裡所講的「穆罕默德家族」，指的是哈西姆家。伍麥亞家是古萊什族的支系，雖然和穆罕默德在系譜上有關，但與哈西姆家有別（若將系譜擴大解釋，古萊什族全部都與穆罕默德同族）。但是，當時若提起哈西姆家，誰都不會想到穆罕默德叔父阿拔斯的那一支。一般人提到哈西姆家時，指的就是穆罕默德女兒法蒂瑪與穆罕默德的堂弟阿里所生的子孫，也就是以穆罕默德孫子所傳的那一支為主。

之所以會尊崇這一支，是因為穆罕默德本人甚為疼愛自己的孩子與孫子，故此對信徒而言，也是再自然不過的事。而什葉派為人所熟知的特色便是，他們不僅尊崇穆罕默德的子孫，更主張應該從中選出烏瑪的領袖。話雖如此，革命運動興起時，什葉派還在形成期，因此對於該由哈西姆家的什麼人來擔任領袖，也就沒有共識可言。事實上，伍麥亞時代中六八五年發生在庫法的反亂，擁戴的就是阿里和另一個妻子郝拉（Hawla）所生的兒子。

「令所有人滿意的領袖」這個口號，讓聽到的人都能對領袖產生自己的想像，不僅十分吸引人，同時也曖昧得恰到好處。阿里和法蒂瑪有兩個兒子，一個是哈珊，一個是胡笙，認為應該尊奉兩人子孫的聲浪也一直都很大。阿拔斯王朝成立後，掌權者在他們編纂的官方歷史中，塑造出「令人滿意的人」指的就是阿拔斯家的形象，但這是後來才添補上去的內容。實際上，正是因為沒能決定誰來當哈里發，所以革命才會成功。

革命運動從伊朗東部的呼羅珊省（Khorasan）開始，不過究竟誰是主要推手，是移居到此的阿拉伯人，抑或是當地皈依於伊斯蘭的波斯人，迄今史學家們依然爭議不斷。革命運動雖以「喚醒古蘭經與聖訓精神」為口號，但是如果按照「波斯人主導說」，這是對民族歧視待遇的反彈，也就意謂著對伍麥亞王朝阿拉伯人優先政策的反動。

一般認為革命運動是由庫法的什葉派所挑起；什葉派雖想尊奉哈西姆家的領袖為烏瑪之長，但他們的起義屢戰屢敗，所以究竟該推舉誰為領袖，看法持續分裂下去。不過也正因此，才會想到革命成功之後再來選出領袖的方式。不管是誰想出來，能創出「令所有人滿意的領袖」這個路線，堪稱是天才的策略。

將這場革命運動在呼羅珊組織起來的核心領導是阿布・穆斯林（Muslim Abd al-Rahman ibn Muslim al-Khurasani）。他將對社會不滿分子中有共鳴的人集結起來，同時在非穆斯林群眾裡宣教，敦促人們參與他的運動。於是，對民族歧視深覺反感的波斯籍穆斯林，或是贊成什葉派的阿拉伯人，紛紛投入這場反伍麥亞王朝的運動。

阿布・穆斯林在七四七年於梅爾夫附近起兵，迅速掌握了呼羅珊省全境，接著率革命軍攻入伊拉克，更殲滅了伍麥亞王朝的軍隊。阿布・穆斯林在庫法擁立阿拔斯家的阿布・阿拔斯（Abū al-ʿAbbās／Abul-Abbas），對之宣誓忠誠，阿拔斯王朝於是成立。翌年他們進攻大馬士革，伍麥亞王朝的成員幾乎被斬盡殺絕。之後，極少數逃過一劫者千里迢迢流亡西方，從北非渡海到歐洲，在安達魯西亞重建政權，但在伊斯蘭世界的中央地帶，伍麥亞王朝的帝國已然徹底土崩瓦解。

「令所有人滿意的領袖」並不是具有阿

阿布杜拉赫曼一世　伍麥亞王朝倖存成員，逃至北非躲避阿拔斯王朝的追殺。

里和法蒂瑪血脈的子孫，也非阿里和其他妻子所出，而是雖出於哈西姆家、卻是穆罕默德叔父阿拔斯的子孫，當得知這件事時，肯定有很多人感到驚愕，也有人會認為遭到背叛吧！阿布・穆斯林是阿拔斯能夠掌權最大的功臣，因此被任命為呼羅珊省總督，但他依然難逃一般功臣常會面臨的命運，在七七五年被第二任哈里發曼蘇爾下令暗殺。

第一代哈里發被稱為「薩法赫」（al-Saffāḥ，意為嗜血者），不過也有人將它解釋為執行正義的「流血者」。事實上在追殺伍麥亞家殘黨時，確實流了很多人的血。而「薩法赫」又有注入水或液體之意，因此也有「降下」恩寵者之解。從阿布・阿拔斯開始，一幅新的統治者系譜就此展開。

◎馬瓦里問題

說到這裡，讓我們來談談革命的導火線——馬瓦里（Mawālī，附庸者。馬瓦里包含的範圍很廣，主要是指被阿拉伯人征服的人）問題。如果我們把「馬瓦里」的不滿視為阿拔斯王朝革命運動的原動力，那麼它所建立的體制，便為這個問題提供了最終的解決之道，也讓伊斯蘭帝國鞏固下來。

馬瓦里問題簡單說，就是對新的皈依者未能平等對待。這個詞其實早在伊斯蘭之前就已經出現，當時的意思是指「受保護者」。在麥加社會裡將被解放的奴隸稱之為馬瓦里，雖不再歸主家所有，但仍受其保護。同樣地，按照這個制度，他們也不再與奴隸身分有關，而是受到契約的保護與保證。當伊斯蘭進行征服事業後，各地開始陸續出現新皈依的信徒，於是阿拉伯人就利用這項保護制度，將新皈依的穆斯林認定為原本舊有穆斯林的馬瓦里。這是伍麥亞王朝為了政治穩定，利用阿拉伯傳統紐帶所營造出的表裡一體政策。

但不管是多麼現實的制度，它仍舊違反了伊斯蘭的教義。如同我們探討過的，伍麥亞王朝給了非伊斯蘭的各宗教庇護，並建立了將它們包含在伊斯蘭國家內部的制度。伊斯蘭雖在基本上將人視為一律平等，但仍會依所選擇的宗教而有所區分。也就是說，人是共同體裡的成員，但社會上的定位則依歸屬的宗教共同體而有所差異。依此教義，對人進行區分的最優先指標就是宗教，歸屬同一宗教者就有同等的待遇。

然而，伊斯蘭既要和其他宗教共存，卻又對自己教內那些新皈依的信徒，採取和先前穆斯林不平等的待遇，這無疑更加牴觸了基本教義。伍麥亞王朝給予改信伊斯蘭的人們馬瓦里的地位，就會造成「次等穆斯林」，如此一來便不再只是認同問題而已。

馬瓦里在稅法上的待遇也很不利。伊斯蘭國家的宗教共存制，會從非伊斯蘭教徒徵收人頭稅，或是地租（kharāj）。相較於此，穆斯林雖要負擔兵役，但在稅金方面，則只有支付「天課」的義務而已。但是馬瓦里無法得到穆斯林的待遇，還得被徵收地租，也就是在信仰上雖屬伊斯蘭，但是稅法上受到的是少數宗教的待遇。故此，革命運動會興起實屬當然。

阿拔斯王朝時代，只有信仰是法律上的分類指標，伊斯蘭共同體中一體適用的是伊斯蘭法。穆斯林不論是新加入者或舊有成員、無論是阿拉伯民族或非阿拉伯民族，都將得到同等的待遇。伊斯蘭法律也是在這個前提下，逐漸建立起其體系。

阿拔斯王朝的繁榮

◎建設巴格達

初代哈里發的統治為時不長，七五四年時其兄曼蘇爾（Abū Ja'far 'Abd Allāh ibn Muḥammad al- Manṣūr）即位。在曼蘇爾（原意為「被援助者、被賦予勝利者」）將近二十年的統治期間中，建立了阿拔斯王朝的統治體系。他排除了革命中立功的叔父與阿布．穆斯林，壓制了革命的根基——什葉派勢力，鞏固了新體制。

在他所有的功績中，最大的應該就屬建設帝都巴格達了。很快地，這座新的都城將伊斯蘭的貿易網絡向四方伸展，帶來了世界各地的交易品，以及東西方的科學與文化，也成為了新的伊斯蘭文明中心。

曼蘇爾在七六二年時下令建設新的都城；到了七六六年，這座圓形都城便以極其壯麗之姿，呈現在眾人的眼前。

這座取代大馬士革的新都城之所以建造在底格里斯河畔，是因為帝國的重心向東移的關係。從伍麥亞王朝末期到阿拔斯王朝初期，伊斯蘭仍然持續著

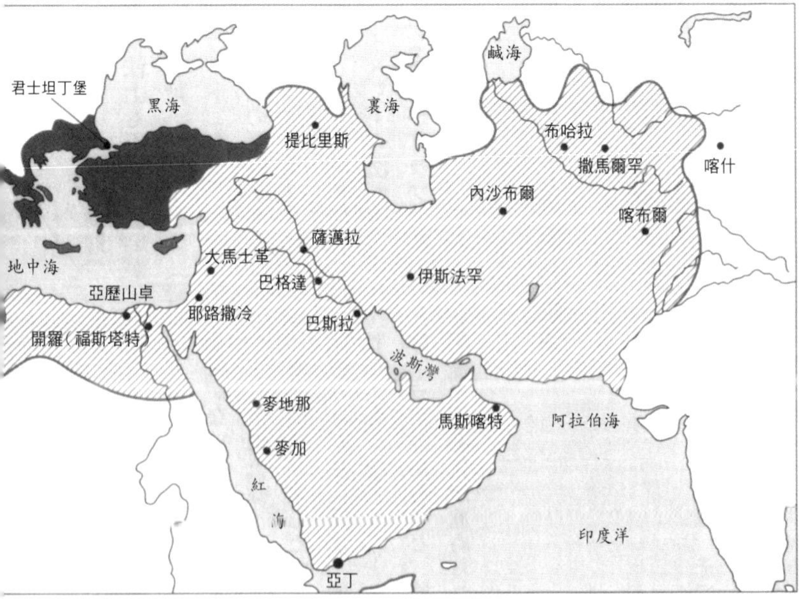

阿拔斯王朝的版圖

他們的征服事業。但西進的征服在伍麥亞王朝進入伊比利半島、控制了安達魯西亞之後，大致已到了極限。在普瓦捷戰役被法蘭克王國擊敗後，伊斯蘭世界的西境就此底定，但是東進仍依然持續著。

在初代哈里發薩法赫短暫的統治期間，伊斯蘭軍曾經在中亞的塔拉斯河畔，與高仙芝率領的唐軍展開會戰。他們在這戰中獲得勝利，而被俘虜的唐人士兵中有人懂得造紙，於是造紙術遂傳入了伊斯蘭世界。透過造紙技術的發展，伊斯蘭世界編纂了大量的手抄本，從而產生出近代以前最蓬勃的書籍文化。

除了新征服的部分中亞與南亞土地之外，由於革命運動原本就是以呼羅珊為基礎，因此呼羅珊軍也成了阿拔斯軍隊的骨幹。雖然以今日的地理來看，伊拉克屬於阿拉伯一方，以底格里斯河和幼發拉底河河口的阿拉伯三角州（Shatt al-Arab）為界，其東便屬於伊朗，不過當時的伊拉克仍然屬於薩珊波斯的領域。波斯的首都泰西封（Ctesiphon，阿拉伯語稱為Madain）大概就位於此處。這裡是東西交通的要衝，巴格達會建築在其西北方並非偶然。

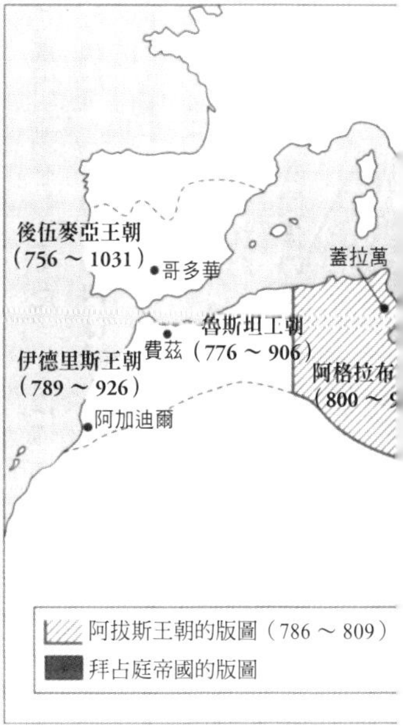

曼蘇爾下令建造的都城，正確位置到近年仍未能確知。巴格達在建城五世紀後，也就是十三世紀中葉蒙古來襲時，被徹底燒成灰燼。今日的巴格達是日後重建，但之後又遭受帖木兒王朝（Tīmūriyān）的破壞，於是第三度重建，早已沒有阿拔斯王朝時巴格達的樣貌。

因此歷史研究上，對圓形都城的正確位置曾有幾種說法。過去被認為是定論的位置，後來知道有些微的錯位。最近伊斯蘭建築史研究者深見奈緒子，利用衛星照相GIS（地理資訊系統），找出了正確的位置。

根據這項研究得知，這座名為Madīna al-Salām，意即「平安之都」的圓形新都城，大致位於今日巴格達西半部。

◎巨大的圓形都城

這座都城為直徑長達二點三五公里的圓形，有三層城牆防護，由上往下俯瞰，會呈現三道同心圓的形狀。這裡除了政府機構外，還設有哈里發家族、官僚以及高階軍官的宅邸。最裡面的一圈是直徑長達一點八公里的圓形廣場，其中心是哈里發的宮殿，因為它擁有黃金製的大門，所以又被稱為「金宮」。金宮緊鄰著中央清真寺而建，宮殿的綠色圓頂，象徵著哈里發的聲威籠罩四方。圓頂高達三十七公尺，正下方即為寶座。

清真寺與共同體首長的住所並立，承繼著穆罕默德時期流傳下來伊斯蘭共同體的特質，但與質樸的麥地那時代對照，如今壯麗的建築早已不可同日而語了。內圓廣場裡，還有親衛隊的駐屯所。將君主坐鎮的都城建成圓形，據說是源自於伊朗的傳統。薩珊波斯的首都泰西封，也是呈有些傾斜的橢圓狀。

談到伊斯蘭城市，就會聯想起中央清真寺和附近的市場（sūq）。但是這個新都城雖然一開始內側也有市場，不過之後就基於治安的理由被外移了。包含人們的住居在內，圓的外側也逐漸城市化，享受成為東西貿易要衝而帶來的繁榮。

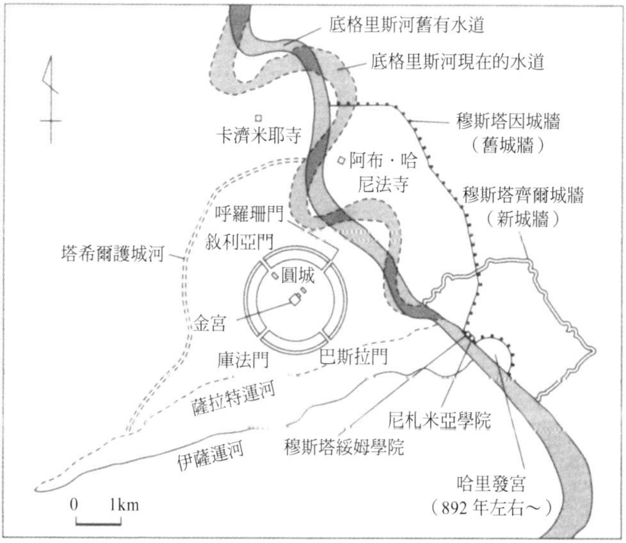

圓形都城巴格達　被河流和水路所環繞的平安之都。依《岩波伊斯蘭辭典》製成。

由巴格達出了東邊的呼羅珊門，朝東走就是呼羅珊；沿著底格里斯河、幼發拉底河往南下則是巴斯拉，北上則可到摩蘇爾（Mosūl）、拉嘎（Ar-Raqqah）等主要城市，特別是北方還有豐饒的穀倉（al-Jazira）地區。位於這樣的交通要衝，糧食安定供給是不可或缺的條件。畢竟巴格達很快就發展成巨大的都市，光由近郊提供糧食已然不足。

曼蘇爾的統治是透過由都城往四方延伸的街道、以及稱為驛遞制的情報蒐集系統，將各地的動靜置於眼皮底下。不只是總督或法官等的動靜，就連各地基本物資的物價也會直接上報給哈里發。當然，有意圖謀反的人，其一舉一動也會被蒐集起來。因為在掌握王權前飽嘗種種艱辛，所以曼蘇爾據說是個非常節儉的人。國家財政安定，也是他很大的政績。

◎巴爾馬克家的繁盛

儘管阿拔斯王朝初期並未確立父子相傳的規定，但從結果來說，曼蘇爾還是很順利地將權力移轉給兒子馬赫迪（al-Mahdī）。「馬赫迪」意即受引導者，這個稱號很有什葉派的精神，但也有對阿里一族懷柔的意涵。事實上，和父親曼蘇爾不同，馬赫迪很顧及什葉派的想法，也曾厚贈阿里的後代，並招待他們到宮裡。

在巴格達的宮殿裡，名為「書記」的官僚和哈里發的隨從組織愈來愈龐大，他們的權限和影響力也隨之伸張。侍衛長稱為哈吉布（ḥājib），統率以解放奴隸為主的侍從。侍衛長能面見哈里發，可見權力之大。

在官僚當中，特別值得一提的是巴爾馬克家（Barmakīyān）。巴爾馬克家是出自呼羅珊地區的波斯後裔，後來隨著阿拔斯革命運動而西遷；他們在阿拔斯王朝中，堪稱為股肱之臣。巴爾馬克家的祖先原是在佛教城市瑙巴哈爾（Nawbahār，位於現今的阿富汗）擔任總管（阿拉伯語為Barmak，巴爾馬克），故因而得名。

巴爾馬克家的葉海亞（Yaḥyā）因為得到哈里發的信任，在宮廷中獲得重用。馬赫迪有兩個兒子，分別名叫穆薩（Abu Abdullah Musa ibn Mahdi al-Hadi）與哈倫（Hārūn al-Rashīd），巴爾馬克家的葉海亞擔任哈倫的教養導師。理所當然地，宮廷中君主和自己的兒子，並沒有像一般家庭裡父子同住在一個屋簷下生活。因此對哈倫來說，葉海亞的角色猶如自己的父親一般。

馬赫迪後來在一次狩獵中喪生，兒子穆薩即位後，稱號為「哈迪」（al-Hādī，意為引導者）。哈迪和軍人關係很親近。儘管官僚和侍從在巴格達宮廷內的勢力日增，但是帝國的基本還是在軍事力量。軍人們在需要大軍駐屯的地方，特別是呼羅珊和亞美尼亞等地發展自己的勢力，和首都的官僚群對抗。這些握有軍權者自視為帝國的守護者，不過因為軍餉還是由中央的政府機構來發放，所以兩者之間自然會關係緊張。

以軍人為基礎的哈迪，不只對環繞在父親身邊的官僚與侍從們進行壓制，還下令逮捕巴爾馬克家的葉海亞。而且，他還放棄了厚遇阿里子孫的政策。此舉招致阿里一族的反彈，導致在麥地那出現了小型叛亂。儘管這場亂事很快被鎮壓，不過逃離的阿里族人伊德里斯（Idris）來到遙遠西端的馬格里布（現今的摩洛哥），建立了伊德里斯王朝。

不過，巴爾馬克家與葉海亞身陷的這種困局，隨著哈迪僅僅在位一年一個月就離世，一下子便煙消雲散。葉海亞養育的哈倫即位成為哈里發，官僚們的權力也旋即復甦。

哈迪為何會突然死亡，詳情並不清楚；極有可能是因為王朝權力鬥爭，在就寢時遭到殺害。如果說哈迪是軍人派，那接著繼位的哈倫可稱為文人派。哈迪上位後軍人派得勢，為了鞏固權力的基礎，所以對王朝公認的繼承者、也就是文人派的哈倫多所排斥；如果哈迪活得夠久，那可能就沒有哈倫主政的機會了。

還有一種說法認為，哈迪是因為和自己的母親關係交惡，所以才丟了性命。他的母親當然也就是前哈里發的妻子，而且深受寵愛；這位叫做海茲蘭（Khayzuran）的女子在丈夫還在世時，就已經在宮廷內擁有很大的影響力。當然這和個人的特質也有關，不過從穆罕默德時代起，女性具有影響力的實例便不勝枚舉，所以這倒也不令人訝異。但是哈迪即位後，就將自己的母親排除在政治核心外。這也因此惹怒了海茲蘭，導致自己性命不保。不論手段為何，從種種情境證據來看，海茲蘭很難撇清嫌疑。

哈迪一死，巴爾馬克家的葉海亞就獲得釋放，同時哈倫也立刻即位為新任哈里發。軍方勢力對這一迅速的動作來不及因應，而軍方原本想擁立的哈迪之子也遭到逮捕。海茲蘭則一直到三年後過世為止，在政治上都發揮了極大的影響力。

巴爾馬克家因為擁立新哈里發登基有功，所以獨占了哈倫統治期間的權力，葉海亞、弟弟穆罕默德，還有葉海亞的兩個兒子，都長期享受榮華富貴。文人勢力的勝利，意謂著官僚在中央政府的統治當中居於上風；阿拔斯王朝雖然從一開始就很中央集權，但此時集權程度則是更上一層。

◎突如其來的厄運

不過，巴爾馬克家仍然逃不掉悲劇的下場。哈倫在七八六年即位，並在七九四年將國政全部委任給巴爾馬克家，然而到了八〇三年，他卻突然整肅起巴爾馬克家，不只將形同親生父親的葉海亞，還有他的兒子法德勒（al-Fadl）關入牢中，還處決了自己的盟友、也是葉海亞的另一個兒子賈法爾（Ja'far）。一度位極人臣的巴爾馬克家，瞬間失去了一切。

離這個時代稍晚出生的塔巴里（al-Ṭabarī；八三九至九二三年），是伊斯蘭世界裡第一位以編年史方式撰寫歷史的史家，留下了一部大部頭的史書《歷代先知與君王史》（*History of the Prophets and Kings*）；凡談及伊斯蘭史時最先會被舉出的史料，就是這一本史書。書中提到了賈法爾的臨終——當時，哈倫命令一名叫做曼蘇爾的宦官去拘提賈法爾。曼蘇爾來到賈法爾宅邸時，正巧有位盲人歌手阿布．札卡吟唱了一段這樣的歌詞：「勸君莫遠行，死之將至，有勇年少亦然。到來之時或為夜，或為晨。」曼蘇爾對賈法說道：「為求汝（死），故我前來。真主在上，此事將於今夜降臨。請往信士的指揮官（哈里發）處。」賈法爾瞬時慌了手腳。不久，拘提了賈法爾的曼蘇爾回到哈倫處，到他寢室報告。哈倫說：「取他頸上人頭來。」賈法爾的哀求終究落空，遭到斬首。翌日他的頭、手、足被曝置在三座橋上。

一代寵臣的下場如此，當真是令人驚恐。當時的阿拔斯王朝是巨大的伊斯蘭帝國，而哈里發的親信巴爾馬克家，也是帝國的實際掌權者；但，他們卻在一夕之間突然失勢。究竟哈里發和這家人之間發生了什麼？雖然當時的人們和後世的研究者都非常關心，但始終沒找到真相。有一說是哈倫因為賈法爾常和自己的妹妹阿拔薩朝夕相處，所以準備以讓兩人成婚，以便可以長相廝守；不料當他正要這樣做的時候，兩人卻已私下結為夫婦，還珠胎暗結，令哈里發勃然大怒。這種說法並無證據，當作故事來看很有意思。

不過為了這種小事就自毀權力基礎，要說哈里發會如此昏愚，實在不太合理。反而是弱冠（生年雖眾說紛紜，但大約二十歲）即位的哈里發漸漸對統治嫻熟，為了鞏固自己的權力基礎，所以將可能成為阻礙的家臣加以排

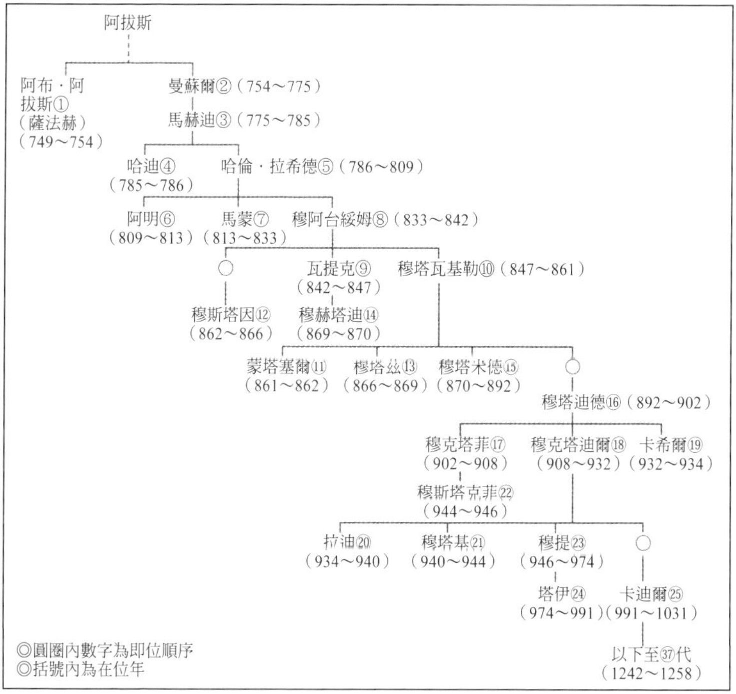

阿拔斯王朝的系譜

除，這樣的看法還比較有理。巴爾馬克家的弄權雖然也曾引起各種叛亂，但這一家族因為是文官，無軍事力量支持資源，所以未能充分對應，這也是被指出的事實之一。故此，為了酬庸鎮壓叛亂的功績，軍方的勢力又再度復活。哈倫倚賴的不只有官僚，他選擇了平衡官僚、侍從、軍人三種力量，來掌控自己的權力。

也有看法認為，對先知的子孫阿里一族，主張厚待的巴爾馬克家與反對的哈倫形成對立。還有人認為哈倫是在關於下任哈里發的繼任問題上，與巴爾馬克家意見相左。有關繼承問題，不論是哪個王朝、哪個帝國，都會引起嚴重對立。哈倫想把帝國一分為二給兩個兒子，實際執政的巴爾馬克家想當然耳，會持反對的意見。

說到底，當時在繼承上也沒有一定的法規。從正統哈里發時代到伍麥亞王朝、阿拔斯王朝的伊斯蘭帝國，一直是古萊什族出身者握有統治權；但古萊什族在伊斯蘭登場前從未握有王權，也未有傳位長子的規定。畢竟部族的首領必須要有能力，單單只是以血統來決定領導權傳承，並不符合集團全體的利益。

實際上正統哈里發也非一脈傳承，伍麥亞王朝十四代中父傳子位也只有四次；阿拔斯王朝到十世紀結束前有二十五代哈里發，但子繼父位的也不過五次。其他還有兄弟、叔姪的傳位，甚至還有侄傳位給叔。繼承制度不能確立，也就代表會因此產生權力鬥爭。

且不管原因為何，哈里發哈倫終究是排除了跋扈的近臣，將實權握在自己手裡。

◎哈倫・拉希德

阿拔斯王朝第五代哈里發哈倫・拉希德的統治時期，大致可說是一段平穩安和的時代；若從巨大帝國享受著繁榮這點來看，它則堪稱是最好的黃金時代。哈倫是《一千零一夜》裡為人所熟知的主要人物。他被視為英明的君主，在伊斯蘭世界裡，是位長期得到庶民愛戴的哈里發。

《一千零一夜》有很多哈倫出場的故事片段，例如在第二八五夜裡，哈倫微服來到市井：

哈里發哈倫・拉希德在某個夜裡失眠得厲害，於是找來了巴爾馬克家的宰相賈法爾，對他說：「我胸悶得厲害，今晚想到巴格達的街上遛遛，探查探查民情；就讓咱們順便喬裝成商人的樣子，以免市民裡有誰識破我們的身分。」宰相回道：「遵命。」於是這幾位高貴的大人，便脫掉了身上穿的錦衣華服，打扮成商人。這幾位高貴的大人，包括了哈里發、賈法爾，還有斬首官瑪斯爾。他們四處閒晃，不斷變換路徑，最後來到了底

格里斯河畔。就在這時，他們忽然見到一個老人，蹲在小舟裡面……（前嶋信次譯，東洋文庫）

《一千零一夜》不是書寫的文學作品，而是說書人以講古方式傳述的口傳作品。我們不難想像，傳述了幾個世紀後，聽得津津樂道的後世人們，對哈倫會有多麼親近的感覺。隨哈倫微服出巡的賈法爾，或是斬首官，都是實際存在的人物，所以一般平民百姓聽了信以為真，也沒什麼好奇怪的（賈法爾被斬首，還在橋上曝屍示眾，也都出現在故事中）。

以名君著稱的哈倫，其形象是不是真正吻合歷史上的面貌，這點還有待商榷。不過哈倫身為統治者，其行動確實是想要塑造哈里發的良好形象，而毋庸置疑地，他也成功達到了目的。例如在史書中寫到，他每隔一年就會出兵征討拜占庭帝國，或是率眾朝聖，被視為是個盡責的「信士們的指揮官」。

「拉希德」這個稱號意指「被正確引導者」，從他對宿敵拜占庭徹底實行「持劍的吉哈德」這點來看，他確實不枉自己所獲得的這個稱號。但是哈倫對征討拜占庭帝國這項具有宗教、歷史意義的使命，究竟有多少出自真心則仍值得懷疑。當時還沒有職業軍人，大多數士兵奔赴沙場，乃是基於信士的義務。故此，領導十萬大軍與拜占庭對陣，並在極其有利的條件下締結和約，藉機宣傳哈里發的正當性，這樣的效果還來得大些。當然從統治者的行為來看，不管目的是什麼，這種政策都稱得上是高招。

此外，哈倫對詩人、文人與藝術家，是非常寬大且慷慨的贊助者。這些人當然也會在作品中對他大大地讚揚，而受到他重用的知識分子們，也同樣會對他懷抱好感。

話說回來，君主保護藝術家，就繁榮文化這一點來說確實很有意義。當然，若我們想到這些在優雅文采下孕育而生的華麗作品，扣除了外表的修飾之後，其實就只是一些對君主的阿諛與拍馬屁，那麼恐怕也會有點興致索然吧！只是，美麗的詩文不久後就會成為文化上的公共財。文藝作品會成為不論是貴族抑或是庶民都能享受的文化，而君主們一擲千金蓋出來的清真寺，也是人人都能使用的公共財，更一路傳承到現代，成為所謂的「世界遺產」。就這層意義來看，保護藝術或建築，都是堪稱美善之事，而君主因此名聲遠播，也絕非壞事。

◎給哈里發的建言

整體來說，哈倫統治的時代，足以被稱譽為古典伊斯蘭帝國最輝煌璀璨的時期。到哈倫為止歷任三朝的大法官阿布・尤蘇福（Abū Yūsuf，七三一至七八九年），曾經撰文寫下什麼是理想的哈里發。

這是應哈倫的要求呈上的《稅書》的序文。這本書是伊斯蘭法中有關稅制的法學著作，在建構稅制的法學理論上具有極重要的分量，而這篇序文也可以說，是第一篇對伊斯蘭政治思想史進行完整歸納的文章。

其中阿布．尤蘇福說：

信士的指揮官呀（對哈倫的呼籲），真主——讓我們讚頌祂——交付你偉大的任務。（正確執法之際）報酬會是更偉大的報酬；（但倘若遷延過時）責罰會是更嚴厲的責罰。換言之，整個烏瑪（伊斯蘭共同體）的前途，都託付在你的手上。因此無論是睡是醒，你都要為了廣大的眾人而致力建設。真主將他們視為你的責任，將他們交付給你，透過他們來對你進行試煉，並把和他們有關的各種事項，也委任給你。建築若是造在虔信以外的基礎上，那就無法持久，真主必會從基礎拉倒建築，讓它坍壞在建造的人身上。所以，你不可失去真主交付給你的烏瑪還有臣民的大小事。在真主應許之下，力量存於實踐之中。今天的事切不可延宕到明日……

令人注目的是，在這裡明確地點出了烏瑪的最高領導人為哈里發。我在本書中提過，穆罕默德為了整合宗教、社會還有政治，於是訂下了「烏瑪」應有的形式，但卻沒有任何根據顯示，他曾經想過要把烏瑪當成一種帝國的教義，讓它順理成章地一路傳承下去。事實上，在伊斯蘭已然成長為巨大帝國的這個時刻，確認烏瑪應有的樣貌，乃是意義重大之事。

內戰與帝國的蛻變

◎兄弟鬩牆

前面提過，哈倫曾有過將帝國平均分給兩個兒子的構想，想來是要迴避自己身後可能會發生的政爭；但在他死後，他的兒子們立刻產生嚴重的對立。

首先是兄長以「阿敏」（Amīn，意即誠實、正直之人）的稱號即位；穆罕默德在獲得先知之名以前，也曾被人冠以同樣的稱呼。「Amīn」意指「可信賴者」，源自於動詞「得到安全」。誠實的人因為誠意讓人有安全感，所以稱之為「Amīn」。繼位的哈里發是他的弟弟，稱號為「馬蒙」（Maʾmūn），是來自「得到安全」的被動形態，意為「獲得安全的人」。但是兩者之間的關係離「安全」卻差得非常之遠，帝國一下子就陷入內戰當中。

阿敏在八〇九年繼位，命自己的弟弟為呼羅珊的總督。但兩人在呼羅珊租稅的處理問題上起了爭執，於是弟弟便在在八一一年自稱為馬蒙，宣告即位為哈里發。兩個哈里發並列，讓人們想起過去曾發生的第一次內亂，感到惴惴不安。馬蒙派遣的軍隊對巴格達進行圍攻，時間長達一年之久；這時候，很有意思的是，巴格達的庶民們也都參加了這場保衛戰。

阿敏在八一三年巴格達被攻陷時，遭到逮捕並被處以極刑。這對帝國來說不是一件好事，從此哈里發的地位便開始一路下滑。更愚蠢的是，推翻了兄長，成了名符其實的哈里發之後，馬蒙居然想從位於東方邊境的呼羅珊來統治整個帝國。這個決定完全違反了地緣政治的原理，因此阿拔斯家的其他人與都城的人們都反對；但是當時呼羅珊出身的馬蒙心腹們握有權力，他們才是實質決定這項政策的人。馬蒙在取得勝利後，理當迅速回到巴格達；當他最後因為國內紛爭難以收拾，終於決定返回都城時，已經是八一九年的事，但其間造成的損害已經難以估計。

不過在內戰結束後，帝國又重歸繁華。雖然長期來看，這場內戰可說是帝國邁向解體之路的第一個里程碑，不過帝國依然處於黃金時代。之後，馬蒙還導入了希臘文化，嘗試確立

「國教」，這些都是很值得討論之事，我們將留待下一章再探討。

◎奴隸軍人的起用

另一個兄弟在馬蒙死後繼任了哈里發，但他在紛爭期間也建立了自己的軍隊，那是以所謂「奴隸軍人」為主體的軍隊。他引進非穆斯林外族青少年，以奴隸軍的名義加以訓練，組織為優秀的近衛軍隊。馬蒙時代的末期，據說他已擁有三、四千名訓練有素的兵力。這些人的出身通常被稱作「突厥裔」，但其實並不只是突厥奴隸，當中也有自由民。總之重要的是，這是一支直屬於統治者，而非一般社會大眾的軍隊。八三三年他即位為哈里發，稱號為穆阿台綏姆（al-Mu'tasim，意為「執著於真主旨意者」）。

英國研究者修．甘迺迪（Hugh Kennedy）對穆阿台綏姆的功績，評價為堪與阿拔斯王朝革命匹敵。不過，相較於阿拔斯革命為了推翻舊體制而開創新王朝，穆阿台綏姆革命的目的，則是在於延續阿拔斯王朝的命脈。他不僅利用奴隸軍人創設了新的軍隊，還對在軍務廳登記有名的阿拉伯兵士薪俸制度（Ata'）磨刀霍霍。這原是第二代正統哈里發歐瑪爾所創，並一路延續至此，結果遭到了廢除。原本所有成年男性信士只要接獲命令，都必須成為戰士，結果這一原則，在此刻變成以職業軍人為主，確實是極大的改變。

不過這樣的變化，是否真是復興阿拔斯王朝的革命？引進「奴隸軍人」的作法，之後在伊斯蘭的各個王朝廣為盛行，最後在埃及，甚至建立起由這些奴隸軍人掌握王權的馬木路克王朝（Dawla al-Mamālīk，一二五〇年至一五一七年）。阿拔斯王朝的時代，主要是集結可以立刻派上火線的軍人，但到了馬木路克王朝，則是採取買下青少年奴隸、實施優質的教育，並在解放其地位之後，因應其才能，各自安排他們出任軍人或官僚的制度。這個做法相較於仰賴血統或譜系，採行的是一種徹底的能力主義，也確實具有合理性。特別是不能否認的是，在後來的十字軍東征與蒙古西征上，王朝因此提供了足以與之對抗的力量。

但是另一方面，這種優先培養男子軍事能力的統治方式，也造就了與原本伊斯蘭不同的男性為尊的社會。

如本書中所呈現的，在初期伊斯蘭社會裡，女性相當活躍。此外伊斯蘭社會大半都是農村，在男女都下田的地區，看不到之後在城市裡產生的男女區別，而女性的生活也遠遠自由許多。軍事主義優先強化了男性為尊的局面，或許該說是功過相半吧！

◎遷都薩邁拉

穆阿台綏姆的時代還發生了一件大事，那就是遷都。由於新的軍隊與巴格達市民間產生對立，因此為了迴避衝突，他在薩邁拉（Sāmarrā）建立了新的都城。

新都的名字叫作「蘇拉・曼・拉」（見者歡喜之意），顯然是取自原地名「薩邁拉」的諧音。從城市的結構來看，雖然它沒有巴格達的圓形都城那樣嶄新，不過這座方形的城市裡，有世界最大規模的清真寺，還有一座螺旋狀的叫拜塔，究其風格，其實非常的美索不達米亞。

螺旋型的尖塔，模仿的是古代巴比倫所設置的「金字型神塔」；若說這座神塔的外型像是聖經裡提到的巴別塔，應該就想像得出它的

伊本・圖倫清真寺　獨特造型的叫拜塔，在開羅舊市區更加顯眼。

樣子。這個造型的叫拜塔除了薩邁拉之外，再也沒有其他類似的案例。真要說的話，就只有在開羅勉強有另一座類似的叫拜塔；那是由實質掌握埃及的君主伊本・圖倫（ibn Tulun）在中央大清真寺旁邊建造的附屬建築。

薩邁拉在八三六年到八九二年間作為阿拔斯王朝的都城，圖倫王朝（al-Tūlūnīyūn）在那個時代雖承認阿拔斯王朝的宗主權，不過同時也維持著獨立地位。開羅舊市區中的伊本・圖倫清真寺現在被當成遺跡，幾乎無人在此禮拜。那裡是筆者喜歡的伊斯蘭建築之一，年輕時常常造訪，在廣闊的中庭裡漫步沉思。每當看到螺旋型的尖塔，我就不禁有種感覺，彷彿自己不只隔著時空和古都薩邁拉彼此相連，還更進一步上溯到古代的美索不達米亞，令人感慨萬千。

薩邁拉時期在穆阿台綏姆之後，一直到兩代後的穆塔瓦基勒（al-Mutawakkil ʻAlā Allāh Jaʻfar ibn al-Muʻtasim；在位期間八四七至八六一年）為止，算是比較平穩的時代。但之後都城便陷入紛亂，軍人甚至能夠任意操控哈里發。

在日本研究阿拔斯王朝的第一人清水和裕先生，認為以穆阿台綏姆的軍事改革為分水嶺，之後的阿拔斯王朝便邁入解體期；針對此後的伊拉克社會發展，他也寫了一本相當優秀的研究著作。根據他的說法，直屬哈里發個人的常備軍之所以出現，是和土地及租稅有關的國家制度的變化並行發展起來的。

在阿拔斯王朝初期，伊斯蘭式的土地所有理論被建構起來。在麥地那國家隨著征服事業，開始帝國化的初期階段，土地制度與租稅漸漸形成某種原則，之後歷經一段時間，又混雜了征服地區原有的拜占庭帝國與薩珊波斯帝國的制度，逐漸被實踐並加以體系化。等進入阿拔斯王朝後，原則上作為戰利品所獲得的土地皆歸烏瑪，確立了國家支配土地、徵收地租的制度。要充實國庫，地租是很重要的收入來源。在哈倫時代，包括巴格達在內的沙瓦得地區（al-Sawād，意思是黑色土地，位於伊拉克中西部）的總收入當中，曾經有過地租占百分之八十四點五的紀錄。

但是穆阿台綏姆之後的時代，土地逐漸變成私有。在這種背景下，產生了所謂的「軍事分封開墾制度」（iqtāʿ）；依據這種制度，不只是哈里發有權針對軍人和官僚的土地進行徵稅，軍人也得到了可以在自己支配的地區當中，對別人的私有地徵稅的權利，伊斯蘭帝國也因此加速瓦解。

不過帝國權力的式微，並不意謂著伊斯蘭社會的衰退。若將國家和社會分開來看的話，第七代哈里發馬蒙到第十代穆塔瓦基勒的這個時期，反而可以說是伊斯蘭社會抵抗王朝權力、加以反擊的時代。

第七章
吉哈德與融合的帝國

聖紀節　是伊斯蘭教的重要節日，為紀念先知穆罕默德的誕辰日。圖為馬來西亞遜尼派穆斯林的 2013 年聖紀節遊行。

國家與社會的齟齬

◎吉哈德的三個面向

在「持劍的吉哈德」所創造出的帝國及其版圖的籠罩下，伊斯蘭社會逐漸深化。在這種情況下，伊斯蘭社會究竟該由誰來代表？或者說國家和社會的關係，應該如何理解？本章就來探討這個問題。

穆罕默德以整合宗教和社會為目標；或者可以說，是要建立一個在各種層面上，都以宗教為基礎的社會。但在此同時，為了讓穆罕默德的領導能夠普及社會各個領域，結果伊斯蘭在「宗教」的內在本質上，和其他許多地區所謂的「宗教」，都有著很大的差異。

好比說，伊斯蘭鼓勵從事商業，擁護獲取正當的利益。利益被認為是真主的恩澤而獲得認可，人們好好賺錢、好好花錢，更被視為是種值得鼓勵的行為。

古蘭經在一開頭就大大讚揚篤信的信士，說他們「確信幽玄，謹守拜功」，之後又說「分捨我所給與他們的」（黃牛章．第三節）。散財和信仰、禮拜並列，被認為是值得獎勵的事情，這點堪稱是非常伊斯蘭的特徵。

這種背景不用說，自然也與麥加的商業社會有關，不過也正因有這樣的過程，讓伊斯蘭的教義中包含了很多世俗的事項。是故，所謂宗教與社會的統合，其實也就是透過具有俗世色彩的伊斯蘭教義，來建構一個受其統御的社會。

社會機能中也包含了政治與軍事。在穆罕默德時代，儘管政治與軍事頗受重視，但對政治的考量與軍事的必要性，卻從未勝於對宗教與社會的重視。但是到了伊斯蘭共同體建立、麥地那政府統一阿拉伯半島後，這時就又多了一個考量面向，那就是擁有領域的國家，無論如何也避不開與拜占庭帝國以及薩珊波斯帝國之間的衝突。

在穆罕默德死後的叛亂中，後繼者阿布・巴克爾親自指揮叛教戰爭，而後又一頭栽進與兩大帝國之間無可避免的大戰當中。新生的伊斯蘭社會，為了生存與自我的確立，於是邁入了政治軍事優先的時代。軍事上的成功產生了伊斯蘭征服事業，而伊斯蘭世界也從而確立了自身的存在。

吉哈德有幾個面向；本書中以「內在的吉哈德」、「社會的吉哈德」及「持劍的吉哈德」來說明。伊斯蘭軍隊在赴戰時，將士為信仰捨身，那就是基於「內在的吉哈德」而開啟「持劍的吉哈德」。但是對統御軍事的統治者而言，「持劍的吉哈德」指的是對外戰爭、也就是征服事業，而這樣的事業有時候可以基於政治或是經濟目的而為之；換言之，就是在俗世中進行伊斯蘭的戰鬥。

反之，將士若是以戰利品為主要目的參與戰爭，那麼結果也算是世俗之事。對此，統治者若以伊斯蘭的目的動員將士，而以戰利品當成動員用的「糖」（糖與鞭子的糖），那對他們來說，仍是基於宗教意義發動的吉哈德。

如果信仰求的是正義，卻脫離與社會秩序的平衡，那將會是件危險的事。在第三、第四代正統哈里發時，嚴重的內亂就足以證明。為此，支持伍麥亞王朝的人才會贊成讓軍事附屬在政治之下。持劍的吉哈德成為統治者與國家的專屬事項，再不是信士可以隨意發動。信士們能自由地啟動的，就是「內在的吉哈德」與「社會的吉哈德」。

◎伊斯蘭社會的中堅

筆者認為，針對第一次內亂的反省，還有內亂造成的負面遺產——也就是派系問題，在伊斯蘭世界裡產生了以國家為優先的趨向，而「宗教與社會的統合」這項伊斯蘭的根本原則，也稍微向政治優先的天平傾斜。剛成立的帝國，必須要健全行政制度，因此不可避免地會由權力者來支配烏瑪，也因此對伍麥亞王朝，會抱持著容忍的態度。

不過也有和政治較無關聯，只是繼承穆罕默德所傳「立足於伊斯蘭的社會」這一原則的弟子們。像穆罕默德的妻子阿伊夏，雖然有一段時間也參與政治，但得到的結論是建構伊斯蘭社會，靠的不是政治。儘管在「駱駝之戰」中，阿伊夏也投身戰事，但之後她便成了「麥地那的宣教士」，專心致力於推廣穆罕默德的言行。

吉哈德在內心與社會的實踐層次上，是一種構築社會的方法；而持劍的吉哈德也與許多社會制度相關聯，被整合在伊斯蘭社會的教義當中。這樣的社會要如何來運作呢？對繼承穆罕默德的領導者而言，關於這方面的知識當中，最優先的就是古蘭經及其解釋，其次就是從古蘭經或穆罕默德的語錄中引出的「法律知識」。

伊斯蘭是「命令的體系」，所以若是把體系當成一種律法向信士昭告，那麼就算沒有國家或權力的介入，他們也會自動遵循。烏瑪是依法而自律地運作，這就是原則。當然違法的人不管在什麼社會裡都

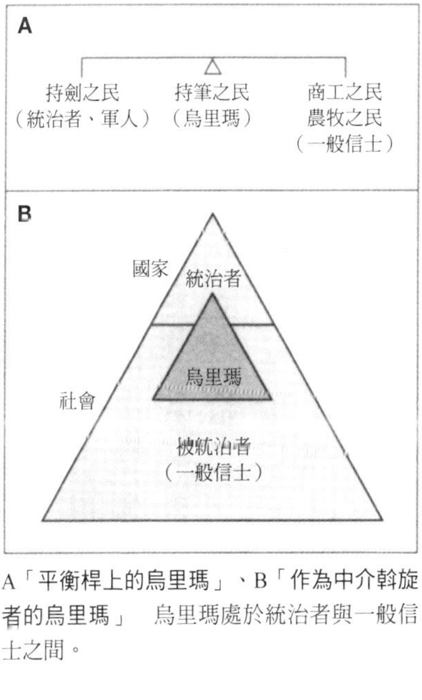

A「平衡桿上的烏里瑪」、B「作為中介斡旋者的烏里瑪」　烏里瑪處於統治者與一般信士之間。

存在，這時就有必要透過軍隊或警察（shurṭa）維持治安，並確立裁罰的制度，而這也是為什麼要有國家和統治者的理由。但是還要有個基本認識，那就是政府除了盡到對外防禦、對內維持治安的責任外，還要能夠遵循伊斯蘭法，讓烏瑪能自律地生存。

穆罕默德的直傳弟子還有再傳弟子都有一項認識，那就是自己正是烏瑪的領導者。隨著伍麥亞王朝的建立，以及接下來阿拔斯王朝的建立，掌握權力的統治者應運而生；然而，縱使他們在統治權上代表了烏瑪，但在法律知識上卻並不代表烏瑪——繼承法律知識者是這樣理解的。在宮殿裡偷偷摸摸喝著酒的，絕對成不了體現伊斯蘭教義的人。

不久，這群智識的領導者以法學者為中心，形成一個名為「烏里瑪」（ulamā，宗教學者）的社會集團；然而更重要的是，他們乃是和王朝權力絕緣、站在非公家立場上的「私人」。他們或者經商、或者靠工匠技能謀生。哈納菲法學派（Ḥanafī）的開山祖師阿布・哈尼法（Abū Ḥanīfa、六九九至七六七年）就是個絲綢商人。

在這些人當中，有許多人對討好當權者或是受其駕馭感到厭惡。據說阿布・哈尼法就是因為拒絕阿拔斯王朝要他擔任法官（qāḍī）的要求而死於獄中。他的弟子阿布・尤蘇福拗不過第三代哈里發馬赫迪之請，擔任了大法官。我在前一章當中，也引用過他在獻給第五代哈里發哈倫的《稅書》當中所寫的序文。這一次任命，可以說是當權者與法學者彼此和解的開始。

由法學者的角度來看，統治者也是烏瑪的一部分，因此學者若擔負著烏瑪智識的領導權，那麼像對待一般信士一樣，他們對統治者也該提出建言，必要的時候也可以擔任官職才對。但是在這個時代，國家和社會的緊張關係依然持續，因此學者若是社會上烏瑪的代表，那麼掌權者就是將王朝存亡看得比烏瑪更優先、屢屢按照己意行事的一群人。

◎馬蒙的統治與高壓式神學

當阿拔斯王朝的哈里發馬蒙開啟「異端審問」（miḥna）時，這種掌權者與學者之間的對立遂來到了關鍵時刻。伊斯蘭的歷史即使在制度上，也幾乎看不到在西方曾經出現過的異端審問。之所以如此，最大的理由在於，伊斯蘭社會沒有如聖職者、教會或大公會議等獨占宗教的權威。要審查正統或異端，必須要有審查權威才行。就這層意義來看，異端審問是極為例外的事態。

將馬蒙所啟用的「miḥna」稱為異端審問，其實多少有點猶豫。確實就功能來看，它和基督宗教的異端審問類似。但是，馬蒙的這一套審問方式本身就是異端。之所以這麼說，是因為在伊斯蘭當中，不只沒有用制度來斷定是正統或是異端的習慣或方法，而馬蒙欲以正統來強制學者或全體社會接受的教義，也受到社會上的抗拒，甚至被排斥。

馬蒙想強加在伊斯蘭世界頭上的宗教思想，深受希臘哲學所影響。首先我們必須理解，馬蒙是有組織地在引進希臘化時代（Hellenism）的文化。這種古典希臘文化，乃是哲學、醫學、幾何學、天文學等諸多科學與思想匯流而成。另一方面，雖然稱之為希臘文化，但其源頭並不只單純來自於拜占庭帝國；受拜占庭帝國所禁壓的希臘系文化，在波斯仍得以留存，也有些被帶進了伊斯蘭帝國。

天文學家　為了知道麥加的方位，因此天文學特別發達。16 世紀抄本的插畫。托普卡匹皇宮博物館藏。

馬蒙集結了優秀的學者，獎勵他們從希臘文和敘利亞文進行翻譯；以現代的方式來解釋，就像是實施尖端科學研究計劃一般。在透過翻譯傳播文化這點上，阿拔斯王朝時期的翻譯運動，是人類史上兩大翻譯運動之一，其規模與品質絲毫不遜於佛典的漢譯。這項翻譯運動對後來伊斯蘭科學的發展有很大的貢獻，在伊斯蘭世界也廣受讚揚與好評。這應該算得上是馬蒙的「功績」。

然而，問題在於神學。伊斯蘭的整體架構是透過「朗誦的古蘭經」，以聽覺所鼓動的想像，來讓信仰變得更加虔敬。也就是說，它並不是透過一套合乎邏輯的論述，來探索神和宇宙。然而，當引進希臘哲學與邏輯學之後，自然會引發某些人用理性去思考教義。這種具備高度體系化的最早神學，被稱為穆爾太齊賴學派（al-Muʿtazilah）。

這個名稱原來的意義是「從中間撤出者」。有人說這個詞源是學派最初期的領袖從自己無法贊成的論爭中退出，但只從名稱應該想像不到思想內容為何。這個學派試圖站在合理的思考方式上，來解釋伊斯蘭的教義。

馬蒙對這個學派頗有共鳴，於是便將他們立為阿拔斯王朝的官定學派；對於反抗的人，則以哈里發的權威與權力迫使他們依從。然而問題在於，有幾個關於教義的說法頗具爭議，其中最關鍵的就是所謂「古蘭經受造論」。

概略來說，穆爾太齊賴派主要的看法就是，古蘭經雖起之於神，但非亙古永久的神諭。一般的穆斯林因為被教導說「古蘭經就是神說的話」，所以對箇中內容總是照單全收，但穆爾太齊賴學派卻是以希臘的邏輯來探討神以及神所說的話。如此一來，創造世界的真主固然永垂不朽，但是「真主永恆的神諭」居然在真主以外也是亙古永存，那麼就有兩個永恆的存在，這很明顯就是違反一神教的教義。而且，古蘭經乃為人所傳誦、書寫在紙上、或閱讀或聆聽的事物，因此很難讓人認為會是永恆之物。既然如此，那就只能得出一個結論——古蘭經是在這個人世中所創造出來的。穆爾太齊賴學派以為這麼一來就不會產生矛盾，而哈里發馬蒙也接受了這項說法。

◎學者的抗拒

之後主流的伊斯蘭神學都否定穆爾太齊賴學派，他們的想法是：神和關於「幽玄」的一切事物，說到底都不是能夠議論或合理化的對象。因為古蘭經是聖典與先知的教諭，所以若說它是永恆不變的神諭，那它就是永恆無誤；這就是占大多數主流派的立場。只是主流派也認為，古蘭經即使是神諭，但書寫下來的紙和文字，以及朗誦的聲音都是被創造出來的，並不是恆久的神諭隨著日常，在世間漂來漂去。

無論是哪一方，細看之下都包含了相當複雜的論點，但若真要從哪一方比較合理易懂來判斷的話，那就是穆爾太齊賴學派。可是宗教畢竟不是道理。古蘭經主張的是，神的語言被傳達到人間，乃是一種「奇蹟」；這種奇蹟只有明瞭古蘭經超凡言語的人才能理解，而能夠領受奇蹟的，就只有穆斯林而已。故此，就一般的信士、或是從庶民感覺來說的話，援引希臘哲學來挑起對這件事的議論，反而才是搞不清楚狀況。

馬蒙命令展開異端審問的時候，已經是在他晚年時，但這項命令一直延續到後面兩代的哈里發都還在執行。異端審問對不同意古蘭經創造說的學者們施以嚴酷鎮壓，不同意的話就會被剝奪法官的資格，連審判時都不能夠擔任證人，甚至還施以鞭刑。受到鎮壓的代表人物，就是漢巴利法學派（Ḥanbalīyah）的祖師伊本・漢巴利（Ibn Ḥanbal；七八〇至八五五年）。漢巴利執拗主張應當依循的不是來自異國的道理，而是古蘭經和先知的話。他不僅讓自成一派的法學興盛，同時也是聖訓（Ḥadīth，先知穆罕默德的言行錄）的編纂者之一。因為依循的不是道理，而是記錄先知言行的聖訓，所以他們也被稱為「聖訓之民」。

儘管受到嚴酷的鎮壓，伊本・漢巴利等人依然不屈不撓。在他們的眼中，自己乃是在持續傳述伊斯蘭的正信，並抵抗王朝的不當行為；故此他們的行為，也堪稱是一種「言論上的吉哈德」才對。

因為穆爾太齊賴學派的看法廣義來說也是古蘭經的一種解釋，所以其見解照理說，並不是全然沒有轉圜餘地。但是，他們明確將邏輯與理性的思考方式放在比古蘭經更高的地位上，這在他們所持的正義論當中也屢見不鮮。由於真主的名諱之一為「正義者」，穆爾太齊賴學派因此主張，這個世上的不義理應不是真主所創造，而是人所創造出來的。按照這種說法，人們應當要先自我判斷正義為何物，再來解釋古蘭經的章句。

在一般信士的感覺中，古蘭經既是「真主對正義與行善的敕命」，那麼神就是正義者。而同樣地，古蘭經既是「依循真主的大願所創造之物」，那麼世間的所有一切就都是神的行跡所致。看到什麼以為不義，那是人的感覺，不該為此拿一堆長篇大論來糾纏不休。正因一般信士感覺如此，所以在他們看來，重點並不在於對古蘭經章節的解釋有何差異，而是在於古蘭經與道理哪個更該優先。伊本・漢巴利的主張之所以有力，也正是因為得到懷抱質樸信仰的一般信士支持所致。

異端審問大約持續了十六年，到了穆塔瓦基勒時期才被廢止。穆塔瓦基勒會斷然廢止審問，應該是他覺得這在政策上毫無意義的緣故；況且再這樣繼續下去，破壞政權的正當性也不是良策。結果是國家與社會的拉鋸間，社會獲得了最後勝利。在這種狀況下，烏里瑪可說確立了其身為伊斯蘭護法者的地位，而從此也再沒有施行過異端審問了。

穆爾太齊賴學派不僅失去了官定學派的寶座，以神學學派來說也已無法獨立存續。取而代之的主流派是艾什爾里（Ash'arī）學派。這個學派的祖師艾什爾里（八七二年至九三五年）原本屬於穆爾太齊賴學派，不過在某天思考的時候卻產生了轉變；他選擇了整合的方式，以希臘哲學與邏輯的思考法來擁護古蘭經的教義。這個學派所以能占優勢，正是因其將兩種思維合一的立場所致。

優秀的科學和知識的匯流，乃是無法抗拒的時代趨勢，而這也是想吸收、融合先前諸文明，並創造嶄新文明的伊斯蘭所無法迴避的一條路。但在此同時，如果伊斯蘭社會拋棄了自己立足的信條，那社會與文明也不可能獲得充分發展。艾什爾里選擇將兩者整合的中庸之道，也算是搭上了時代潮流之所趨。

嚴格來說，伊本·漢巴利之類重視傳承的學派，和艾什爾里之類主張統合傳承與理性的學派，兩者之間的想法是有很大隔閡的；但這兩者秉持著擁護古蘭經的大原則，攜手而形成了主流派。

另一方面，穆爾太齊賴學派雖然失去作為獨立學派的影響力，但其思想繼續在什葉派當中獲得發展。他們所強調的「神的正義」，化為派遣伊瑪目為人類領導者的「神的正義」，支持著什葉派的思想。這一點和企盼有伊瑪目的什葉派一般信徒上的心情吻合，讓他們合理的思考找到了延續的道路。就這層意義來說，也是另一種形式的中庸之道。

國際網絡的建立

◎發達的海上貿易

從八世紀中葉起的將近兩個世紀，是阿拔斯王朝的繁榮期，也是新的國際貿易網絡發展的時期。在這樣的情勢下，東起中國、西至地中海的廣大範圍，都在貿易與文化交流的網絡下緊密串連起來。不只如此，隨著伊斯蘭勢力的日益擴張，從北非經撒哈拉沙漠南下的貿易網絡也得以發展，幾乎整片「舊大陸」，都在這樣的網絡當中彼此相連成形。

雖然有點語帶誇張，不過若說「世界」乃是因地球上各個區域產生國際性串

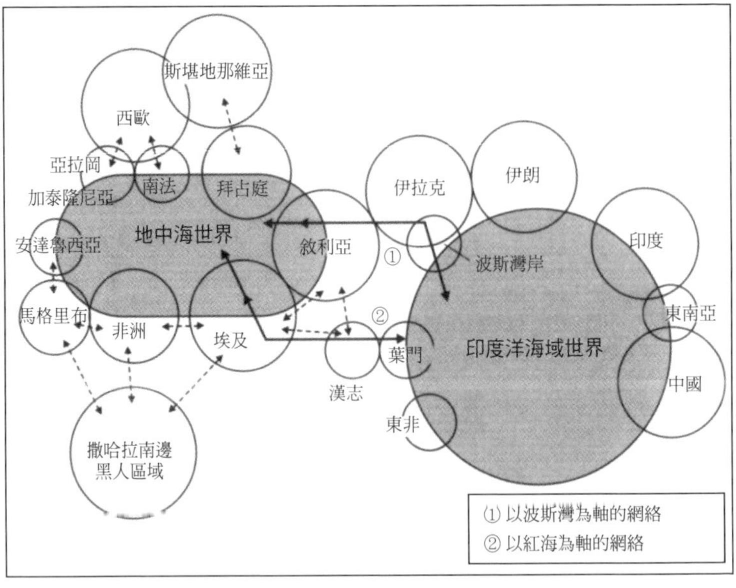

國際交易的網絡　摘自家島彥一《從海域看歷史——連結印度洋與地中海的交流史》。

阿拉伯帆船　裝有三角帆的木造帆船。順著季風，活躍於古今東西貿易場上。

連而成形，那麼它最初的雛型，就是得自於阿拔斯王朝時期成形的世界貿易網絡。在下一個階段中，「世界」則因為蒙古對歐亞大陸近乎全面性的統合而得以發展，最後隨著近代西方列強的稱霸，遂形成包含新大陸在內、我們今天所見的「世界」樣貌。故此，促成這種「世界」大幅發展的最早推手，正是伊斯蘭帝國。

家島彥一先生在《伊斯蘭世界的成立與國際商業——以國際商業網絡的變動為中心論之》（岩波書店，一九九一年）這部作品中，對八至十世紀間，伊斯蘭帝國在國際網絡發展上的貢獻做出了實證性的論述。其中的內容從學術上來看，遠較歐美的研究領先許多。當時的日本，選擇了從非歐洲中心的角度來建構世界史，而這個重要的選擇也提升了對海域世界在知識層面上的關心；就這層意義上來說，家島先生的論述也貢獻良多。阿拔斯王朝將原本屬於薩珊波斯交易圈的印度洋海域，與屬於拜占庭帝國交易圈的地中海海域加以整合，從而建立起連貫東西的廣大海域世界與交易網絡。想要大量且有效率地把物產運輸到遠方，最好的方法就是利用船隻航行的海上通路，又因為有正確的季風知識與航海術，新的交易網絡才能夠繁榮。

之後，家島先生在他堪稱畢生之集大成的《從海域看歷史——連結印度洋與地中海的交流史》（名古屋大學出版會，二〇〇六年）當中，又透過細密的史料研究與廣泛的實地調查，做出了極具說服力的實證性論述。在一般的理解中，西亞是三個大陸（亞洲、非洲與歐洲）的連結點，因此自古以來便發展其城市文明與流通經濟，但是家島先生說，這種理解方式，其實欠缺了來自海域的視野。簡單說，所謂三大陸接點這種看法，其實是源自「陸域」的視野，但西亞在另一方面，也是印度洋與地中海這兩個相異海域的交會點。

如第一章所詳述，麥加的古萊什族之所以能以經商起家，是因為透過商隊貿易將敘利亞與葉門連結起來，另一方面，他們的商業也透過印度洋交易和地中海串連起來。確實，當我們從「文明的十字路口」這個角度來看西亞時，參照陸海雙方的視野，便是極為必要之事。

將這兩片海域串連起來的關鍵，乃是以波斯灣、還有紅海為兩大軸心形成的交易網絡；在伍麥亞王朝到阿拔斯王朝前期，以這兩大軸心將這兩片海域整合起來，進而發展成大型的國際貿易網絡。

◎交易中心巴格達

在前面的篇章中，我已經描述過阿拔斯王朝所創建的「平安之都」巴格達，在第五代哈里發哈倫與第七代哈里發馬蒙的時代，極盡繁榮的景象，而巴格達繁榮的基礎，就在於它身為國際交易網絡中心的地位。這個網絡就算在相隔遙遠的地區，乃是處於實質獨立的割據王朝控制下，但其機能依然不會改變。例如哈倫的時代，在突尼西亞便有阿格拉布王朝（Aghlabid dynasty）割據自立；但這些王朝即便在政治還有繳稅權上獨立，都還是承認巴格達哈里發的宗主權，也依然持續著經濟的交流。

伊斯蘭城市裡定有市場（suq）　葉門首都沙那的舊市街。作者攝影。

常有人說，伊斯蘭是一種「城市性質的文明」。過去，歐洲曾經誤以為伊斯蘭就是「沙漠的宗教」，但近年來，他們也已經不再抱持著因為乾燥綠洲地區的背景，所以就把伊斯蘭當成「遊牧民族的宗教」這種膚淺的看法了。事實上，伊斯蘭乃是在麥加、麥地那等城市裡誕生、茁壯，而其教義也相當適合城市地區的脈絡。即便是帝國形成後，伊斯蘭國家仍在各地繼續發展城市，於是伊斯蘭的城市特質，也因此變得愈發洗鍊。若說伍麥亞王朝、阿拔斯王朝時期的城市，乃是在巨大交易圈建立的背景下發展起來，這樣的說法一點也不為過。

特別是在帝都巴格達，其發展更是巨大且顯著。巴格達的市場一開始原本是設在底格里斯河西岸的圓形都城內，但後來因為治安考量的緣故，被搬移到位在都城南側郊外的卡爾赫（Karkh）地區。這裡聚集著經營遠距貿易的大商人，還有中小型商店經營者、倉儲業者、貨幣匯兌業者、市場搬運工、工匠等，此外還有很多的消費者與掮客，讓這裡人聲鼎沸、熱鬧非凡。伊斯蘭城市的市場裡，販賣同類商品的店鋪集中在同一個地方，是從過去到現在一直不變的特色。

不只卡爾赫區，在巴格達境內還散布著林林總總的大小市場。貴金屬、裝飾品、穀物水果等食品、香料和藥物、衣料和布、書籍與文具等，都在街道兩旁整齊排列著進行販賣；來自各地的人們熙來攘往，不知有多麼生氣蓬勃。除了這些以外，這當中也存在著販賣奴隸的市場。這裡不只是人來人往，也有家畜的交易市場，背上馱滿商品的駱駝和驢子，更是司空見慣的景象。

之後，首都有一段時間遷到薩邁拉，然後再遷回巴格達；在這時期，底格里斯河東岸的地區開始發展成市區。底格里斯河、運河還有向四方延展的街道，都為這個地區成為交易網絡中心，提供了良好的建設基礎。阿拔斯王朝和處處以阿拉伯人為優先的伍麥亞王朝不同，因為各個民族的皈依者都在伊斯蘭教義下獲得了統合，因此建構了一個不論出身，只要是有優秀才能與技藝的人都能共同參與的社會，這也對經濟的繁榮與文化的發展有很大的貢獻。

至於信奉伊斯蘭以外宗教的人們，像是猶太教徒、基督教徒、祆教教徒等，這些人們都在對非主流宗教兼容並蓄的大框架中，找到自己一展長才之處；特別是商業領域，更是他們大顯身手的場所。除此之外，以醫師或官僚身分侍奉君王的猶太教徒或基督教徒，為數也甚多。更進一步說，像是什葉派等各派系的人員，也都利

細密畫作中的浴場　15世紀的抄本長篇敘事詩《哈木撒》的插畫。伊斯蘭大力推廣清潔與社交。大英圖書館藏。

用自己宗派的網絡，來讓自己的經商事業更加繁盛。相較於對其他宗教寬容的態度，伊斯蘭對自己內部的派系其實相當嚴厲，不過經濟活動方面倒不在此限。

在建設巴格達的第二代哈里發曼蘇爾的時代，巴格達據說有三萬座清真寺，還有一萬間浴場。關於伊斯蘭城市的規模，常常會用「清真寺和浴場」來衡量。伊斯蘭律法重視清潔，因此處處都得設有可供沐浴的公共浴場。清真寺則是每逢周五就要舉行聚眾禮拜，禮拜前的沐浴被尊為是「先知的習慣」。據說在巴格達最鼎盛的時期，也就是第五代哈里發哈倫到第七代哈里發馬蒙的時代（七八六至八三三年）中，整座城市有多達三十萬座清真寺，還有六萬間浴場。

假設每間浴場的工作人員（燒熱水、提水、收垃圾、監視等）需要五個人的話，光這樣也有三十萬人從事這一行。巴格達最鼎盛的時期，人口估計約有一百五十萬到兩百萬左右。這個人口數較拜占庭帝國首都君士坦丁堡，還有唐朝的長安都來得多，是當時世界上最大的都市。

◎農業與科學的發展

城市的發展使得人口往城市集中，也就產生對糧食的需求。因為從鄰近地區運送來仍供不應求，所以必須從遠地輸入糧食，結果使得交易更加發達。巴格達能夠發展起來，就是因為握有美索不達米亞北部的穀倉地帶、中部的黑土地區（沙瓦得）等物產豐饒農業地區的緣故。

巴格達的人口到達一百五十萬時，伊拉克其他城市，如征服事業初期所建設的巴斯拉、庫法，或是伍麥亞王朝所建設的瓦西特等，應該也都擁有數以十萬計的人口。從伊拉克到波斯灣附近的城市人口約四、五百萬人，如果將農村地帶的人口算在內，估計應該超過一千萬人。

能夠供給這麼多人口糧食，儘管也有從埃及、敘利亞、伊朗等地輸入小麥的交易網絡之功，不過基本上還是底格里斯河和幼發拉底河流域的農業產能，因為技術創新而提高之故。這些創新既有灌溉技術方面的改良，也有新品種農作物的引進；迄今為止原本有些時期，土地必須休耕，不過伊斯蘭引進了在這些時期可以栽培的作物，並加以改良品種後更進一步推廣。

伊斯蘭也從印度等地廣泛引進熱帶、亞熱帶的食用植物；這些植物之後陸續擴散到北非，不久更到達歐洲。因此，很多來自伊斯蘭地區的植物還有它的阿拉伯文名稱也隨之進入歐洲，之後再傳到日本。很多我們原以為是「舶來」的植物，實際上是伊斯蘭帝國廣為傳播到世界上的植物，舉例來說，像是柑橘類的檸檬、橘子，或是香蕉、番紅花等不勝枚舉。現在以新潮水果之姿，在日本各大店面中獨領風騷的芒果，其實也是從印度透過當時的伊斯蘭帝國東傳的。又，我們對西餐裡的米飯稱之為「rice」，詞源也是來自於阿拉伯語（ruzz）。

字詞／事物名	阿拉伯語的羅馬拼音
amalgam（合金）	al-malgham
alkali（鹼）	al-qaly
alcohol（酒精）	al-ghawl
candy（糖果）	qandi
coffee（咖啡）	qahwah
sherbet（雪酪）	sharbat
banana（香蕉）	banān
lemon（檸檬）	līmūn
satin（綢緞）	zaytuni
jumper（上衣）	jubba
blouse（襯衫）	pelusium
muslin（平織布）	mosul
cupola（圓頂）	qubbāt
jar（壺）	jarra
algebra（代數）	al-jabr
camel（駱駝）	jamal
mohair（安哥拉羊毛，頂級羊毛）	mukháyyar
carat（克拉，重量單位）	quirrat
checkmate（將軍〔check〕，棋局術語）	shāh māt
magazine（雜誌）	ma zin
mask（面具）	maskharah
mattress（鋪墊）	matrah
racket（球拍）	rāḥa
acrab（房宿四，天蠍座 β 星）	al-'Aqrab
alkaid（瑤光，大熊座 η 星）	al-qā id
algenib（壁宿一，飛馬座 γ 星）	al-janb
altair（河鼓二，天鷹座 α 星）	aṭ-ṭā'ir
aldebaran（畢宿五，金牛座 α 星）	al-dabarān
deneb（天津四，天鵝座 α 星）	dhaneb
dubhe（天樞，大熊座 α 星）	al-dubb
phact（丈人一，天鴿座 α 星）	fākhita
markab（室宿一，天馬座 α 星）	mankib al-Faras
rigel（參宿七，獵戶座 β 星）	rijl
wasat（天樽二，雙子座 δ 星）	wasaṭ
vega（織女一，天琴座 α 星）	al-wāqi

＊表：起源於阿拉伯語的詞彙

熱帶產的稻作及其名稱，都是經由伊斯蘭世界傳到歐洲。鼎盛期的巴格達吃的不是小麥，而是高粱和稻米做成的「麵包」。

不只農業技術領域，伊斯蘭帝國在其他很多領域當中，也都成為新文明培養皿，讓科學得以發揚光大。第七代哈里發馬蒙，大量將科學與哲學的文獻翻譯成阿拉伯文；伊斯蘭由此吸收了各家的科學，進而發展出獨有的伊斯蘭科學。國際交易網絡促進了文化交流，知識與科學得以流通，巴格達和其他城市遂成為科學的中心。

數學也在巴格達發展起來。流傳至今最久遠的代數學書籍，是八〇三年由花拉子米（al-Khwārizmī）所寫成，其中記載了二次方程式的解法。他活著的時間，大約是阿拔斯王朝第十代哈里發穆塔瓦基勒在位時。順道一提，花拉子米的名字，後來以演算法（algorithm）這個詞彙，一直流傳到現代。儘管伊斯蘭科學對數學的貢獻出乎意料地不為人所知，但光從計算時用的數字稱之為「阿拉伯數字」，便可清楚窺知其影響。

哲學與各項科學的阿拉伯語化，是將原本已經被視為「古蘭經的語言」、占據特別地位的阿拉伯語，加以千錘百鍊，成為一種文明媒介的歷程。阿拉伯語不只是宗教、法律、行政上的共通語，更成為科學上的共通語，這對國際網絡而言具有極其重大的意義。即便在帝國衰退後，阿拉伯語的地位依然鞏固。

伊斯蘭世界的形成

◎融合的帝國

八世紀中葉開始的兩個世紀，是阿拔斯王朝最為繁榮的時期；他們之所以能創造如此榮景，不只要歸功於國際商業網絡，或立足於斯的大海域世界，更重要的原因是，我們所說的「伊斯蘭世界」，正是在這個時代確切成形。

我們在第六章提過，從伍麥亞王朝到阿拔斯王朝的更迭，意謂著阿拉伯人統治的伊斯蘭政權，轉換為更加普世性的伊斯蘭帝國。伍麥亞王朝將征服土地上皈依伊斯蘭的其他民族稱為「馬瓦里」，讓他們在類似受阿拉伯穆斯林庇護的情況下加入烏瑪；如此一來，這些人就變成了「次級穆斯林」，而對此產生的不滿，也就變成了推翻伍麥亞王朝的能量之一。

相對於此，阿拔斯王朝則貫徹對所有穆斯林，都平等視之為烏瑪成員的原則。當然，這種教義的基礎早在麥地那時期，也就是從穆罕默德時代到正統哈里發時代就已經加以奠立；但是在帝國成立的過程中，阿拉伯血緣被視為優先，從而讓這種教義受到動搖。另一方面，在伍麥亞王朝到阿拔斯王朝前期，針對古蘭經與先知穆罕默德奠立下來的伊斯蘭究竟為何，也產生了論戰；這些論戰的內容，到了這個時期也都逐漸地有體系起來。就這一層意義來看，穆斯林皆地位平等，烏瑪成為超越民族、人種、語言的共同體，將這樣的概念應用在整個社會、並將之廣泛傳播開來的，正是阿拔斯王朝。

我們也可以從人口當中宗教所占比例的結構來觀察這點。伍麥亞王朝時的人民幾乎都不是穆斯林，特別是在初期，穆斯林指的就是阿拉伯人穆斯林，他們才是占據統治地位的菁英。儘管在制度上，「少數宗教放棄主權並納稅，換取伊斯蘭國家保證其信仰自由與自治權」這樣的體系已經奠定下來，但只要政治上的「少數」仍舊占人口大多數，那帝國就得不到安定，且須時時準備因應來自被統治階級的叛亂。

正因如此，伍麥亞王朝不斷要求自己的屬民皈依伊斯蘭，但這些人依舊對「次級穆斯林」的待遇有所不滿。這種情況到了阿拔斯王朝時代得到化解，居民的伊斯蘭化進展更快；到了十世紀左右，大部分的民眾都成了穆斯林。透過將皈依的人們視為「同胞」加以整合，帝國的統治得以安定下來。另一方面，維持自治的少數宗教在人口上既已不構成威脅，那麼便可以將他們視為「受庇護的人民」，納入整體的安全保障架構當中，從而形成共榮共存的狀態。

正如前面所看見的一樣，繁榮的經濟讓商機與能力主義得以發展，各種出身的人們也都參與其中；甚至在帝國的官僚機構當中，也都貫徹了這樣的機能。是故，所謂伊斯蘭世界，其實可以定義為「運用伊斯蘭體系的所有地方」。為了讓伊斯蘭體系能夠發揮功用，就得先有肩負起主體架構的穆斯林才行。他們在形成多數派的同時，為了實踐宗教共存的體系，也會包容吸納少數宗教的人員；而這個體系的象徵，正是阿拔斯王朝的「哈里發」。

大多數地方王朝在阿拔斯王朝衰弱後，仍然承認哈里發的宗主權；對此，我們可以理解成這些人對哈里發所象徵的伊斯蘭體系有所依存。這個體系不僅提供了律法和負責司法的法學者，同時也提供了人們應當依循法律的教義，從而賦予統治者一種正當性。因此儘管喪失實權，阿拔斯王朝仍舊一直維繫自己的命脈，直到十三世紀被蒙古所滅。透過這樣的過程，烏瑪的意識深入到各地，建立了伊斯蘭世界往東西發展的基礎。這個教義即使在阿拔斯王朝滅亡後，依舊作為伊斯蘭的價值觀，在很多地區持續綿延下去。

換句話說，阿拔斯王朝成功地將伊斯蘭融合的教義，建立為世界帝國的實踐性教義；而這項實踐性的教義，就是建立起社會、政治空間，也就是帝國版圖的「持劍的吉哈德」。但總體來看，持劍的吉哈德本身並不是目的，而是為了建設將宗教、社會整合的烏瑪所採用的方法。

另一方面，在之後伊斯蘭化的東非與東南亞，我們可以清楚看見，它在這些地方並沒有透過軍事上的征服，而是藉著商業網絡來逐漸滲透深化。這也表示，一旦伊斯蘭體系建立後，用來推廣這個體系的帝國，就不見得那麼必要了。

◎皈依與伊斯蘭化的進展

過去關於伊斯蘭歷史有種普遍的看法，那就是隨著伊斯蘭的征服事業，被征服地區的居民風行草偃，隨之而大舉皈依；簡單來說，就是在伍麥亞王朝時，各地民眾的伊斯蘭化已經有顯著的進展。這種看法，和自古以來歐洲抱持的「伊斯蘭是靠著劍來流傳」這種普遍觀點，有其相似的一面。根據這種說法，各地居民大量皈依的理由，其實是為了逃避人頭稅（jizyah）所致。

但，隨著之後研究的進展，我們發現事實上並沒有那麼快速且大量的皈依情況發生。以伊朗來說，當地居民有一半以上皈依伊斯蘭，就花了整整三個世紀的時間。皈依的速度依地區而有差異，並非全然一致。

敘利亞等地因為在伊斯蘭之前就有阿拉伯人居住，所以接受的速度應該比其他地方來得快。但另一方面，伊斯蘭雖然是藉由阿拉伯籍的穆斯林所傳播，但是他們一開始是和當地居民分開居住的。之所以如此，雖然有軍事上的理由，不過主要還是因為這些從阿拉伯半島移居的人們，想盡可能居住在地理條件接近故鄉的環境中之故。他們之所以在征服事業初期，在伊拉克建設了庫法和巴斯拉這樣的城鎮，就是因為進駐北伊拉克的阿拉伯人水土不服、身體疲憊，所以有必要為他們建造一處適合居住的地方。

我們看到伊斯蘭軍擊潰薩珊波斯，還將拜占庭帝國的勢力由敘利亞、埃及及北非驅逐出去，想必會直覺認定他們是勇猛果敢的戰士。但他們一樣也是父母生養的凡人，對氣候、風土、還有食物的變化適應不來。好比說「耐熱」，乾燥地帶的熱和悶熱完全不同。阿拉伯半島雖然熱，但乾燥，而伊拉克和波斯灣沿岸卻不然，那裡濕氣高，完全是另外一種酷熱。

阿拔斯王朝第五代哈里發哈倫，出生在巴格達，很多人都認為他與巴格達的繁榮密不可分，但是他本人似乎不是很喜歡當地的氣候，或許也正因這個理由，稱巴格達為蒸汽浴。所以哈倫常常出征拜占庭的領土或是朝聖，總是轉徙於帝國各地。

言歸正傳，皈依在征服事業之後，推進的速度便趨緩。假使為了逃稅而產生大量皈依者是錯誤的說法，那麼皈依速度放緩的理由何在？就算速度趨緩，皈依的大勢依然不可逆轉。一旦居民被伊斯蘭化，這些地方就不會再有改信其他宗教的可能。即使到了近代，在西方列強統治與基督宗教開始布教的情況下，這些地區的宗教信仰仍然幾乎不受影響，就可知道這是再清楚不過的事實。

推動皈依的要因並非只有一個，毫無疑問也有政治和社會方面的理由。加入統治者的宗教，就能成為多數派的一部分；特別是在阿拔斯王朝統治時，皈依成為穆斯林的人們能獲得平等對待，這也是很重要的一個因素。除此之外，皈依能夠在稅制上獲得不同的待遇，也是相當具有吸引力的原因之一。

伊斯蘭在文化方面的吸引力也不容小覷。新的文明因為伊斯蘭帝國而得以建立。從西亞到地中海海域，伊斯蘭文明成為最先進的文明，受到吸引的大有人在。

不只是伊斯蘭帝國的核心地區，在安達魯西亞（伊斯蘭統治下的伊比利半島），即使是在沒有皈依的基督教徒當中，也出現了與伊斯蘭文化同化、稱為「莫札拉布」（Mozarab，指阿拉伯化的人）的人群。九世紀的某位神父，就對年輕人熱中學習阿拉伯語詩句、卻對拉丁語不屑一顧的狀況，留下了感嘆的記錄。

至於宗教上的理由，更是理所當然。移居各地的穆斯林，以及皈依的穆斯林本身，都把伊斯蘭的宣教（da'wah，原意為「呼喚」）當成是自己的重責大任，以各種方式進行布教。

在這點上，「出走派」以及什葉派等各派系也都相當熱心。在阿拔斯王朝革命之際，革命運動不只針對呼羅珊地方既有的穆斯林，也相當努力爭取新皈依的人民，不過在此同時，各派系為了伸張勢力，也都相當熱中於在遠離中央權力的土地上，開拓新的信士族群，而新皈依的人們，也往往會受到這些派系所深深吸引。所以伊斯蘭在某種意義上，也不見得只是隨著正統教義而傳播開來的。

◎烏里瑪的興起

正如本章開端所述，阿拔斯王朝第七代哈里發馬蒙為了強行推廣自己支持的教義，設置了異端審問；這樣的制度一共持續了三代，但在烏里瑪的強烈抵抗下，最後哈里發遭到了敗北。而在這個過程中，烏里瑪也以新興社群之姿崛起。他們的繁盛，與皈依者的日益擴張也有密切關聯。

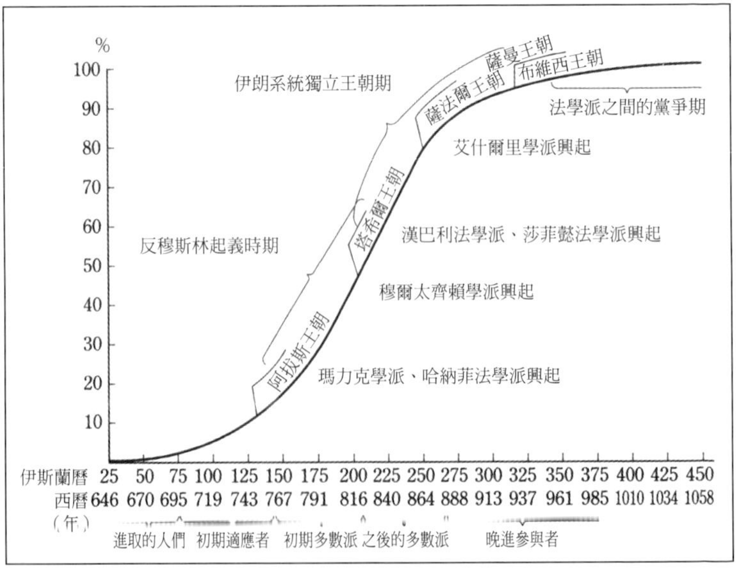

伊斯蘭化的進展（以伊朗為例）　根據里察·巴雷特（Richard Barrett）所著《中世期改宗伊斯蘭——計量歷史研究》（1979 年）製作。

為了繼承穆罕默德的教誨，擁有宗教和法學知識的人們相互交流，於是便形成了烏里瑪社群。而對烏里瑪的需求之所以大幅增加，究其原因之一，便是皈依穆斯林的數量徹底增長之故。簡單說，在新皈依的信士當中，有很多人為了學習這個新加入的宗教而熱中於找尋教師，因此烏里瑪不只需求增長，其社會地位也日益強化。

從這個現象，也可以部分解釋伊斯蘭知識的體系化。比方說，伊拉克過去曾是薩珊波斯的根據地，所以在這裡有很多波斯裔的皈依者；這些學養很高的波斯裔皈依者，凡事都要問「此事的原因為何」，因此當地發展出來的法學派，相當偏重於演繹式的議論。這和麥地那發展出來的法學派，一味偏重於繼承穆罕默德時代慣例的情況，有著明顯的對比。

皈依者及其子弟相當熱中於新宗教，因此在烏里瑪社群中，他們明顯占了相當大的數量。其中最能呈現這點的就是聖訓學。在聖訓學者當中，包含了許多新皈依信士的子孫。

記載先知言行的聖訓，是對穆罕默德的行為、發言，以及他對弟子們的許諾所做的記錄；就伊斯蘭典範而言，它僅次於古蘭經，具有極大的重要性。但是，自伍麥亞王朝到阿拔斯王朝初期，有很多偽造的聖訓流傳於世。之所以如此，種種理由不一而足：比方說伍麥亞王朝因為遭到種種批判，所以為了正當化自身地位，就偽造出種種先知稱讚伍麥亞家的聖訓；相對地，什葉派則是廣為傳播先知稱讚阿里家的聖訓。不只如此，還有些說書人為了賺錢，也會自己編造聖訓。烏里瑪為了辨識真偽，於是積極發展聖訓學。

他們將如何判斷聖訓可信與否的學問加以體系化，針對聖訓的傳述者、內容，以及傳承的來龍去脈，進行仔細的衡量與辨別。巴格達是這門學問的中心。今天為多數派所認可的六本主要聖訓集，都是在九世紀後半到十世紀初期完成。在這當中，權威最高的，莫過於《布哈里聖訓》了。布哈里（al-Bukhari，八七〇年逝世）蒐集了一百萬條聖訓，從中辨別出七千多條真正的先知聖訓。從他的名字可以判斷出，他是「出身布哈拉的人」，所以是一位中亞出身的波斯裔學者。

《布哈里聖訓》　這一版（2000 年）記載著由布哈里到現代，共十九代子弟相傳。

布哈里的祖先在中亞遭伊斯蘭軍征服的時候成為俘虜，到了兒子一代皈依伊斯蘭，成為總督朱費（al Juʿfī）底下的毛拉（Mawlā，受庇護者，「馬瓦里」的單數形式），再到了曾孫這代，便成為著名的聖訓學者。儘管在這三代之間，他們家族已經相當地阿拉伯化，但一名波斯裔人士，竟能成為僅次於古蘭經的阿拉伯語典範（聖訓）權威，而且還是整個伊斯蘭史公認聖訓學的頂峰，這點實在令人驚異。

這點在清楚展現了伊斯蘭社會的整合能力之餘，也呈現了烏里瑪這個社會階層，單以知識能力為基準、徵募優秀成員的能力。烏里瑪在漫長的歷史中，集合了許多農村或城市底層的「神童」，並為他們提供了在社會上出人頭地的管道。

第八章

帝國的終結與伊斯蘭的和平

蒙古軍攻陷巴格達 14世紀抄本《史集》的插畫。巴黎國家圖書館藏。

龐大帝國的分解

◎法蒂瑪王朝的挑戰

統治廣大的版圖、實質建立了伊斯蘭世界的阿拔斯王朝，到了十世紀中葉以後，也陸續從內部開始瓦解。不只如此，在它的外部也是危機叢生；其中最大的危機，就是法蒂瑪王朝的挑戰。法蒂瑪王朝在九六九年征服埃及之後，便開始對伊斯蘭世界的核心巴格達虎視眈眈。

「法蒂瑪」無需贅述，正是先知穆罕默德的么女，嫁給了穆罕默德的堂弟、也是第四代哈里發阿里，因此穆罕默德的子孫就是這兩個人的血脈。法蒂瑪王朝從名字顯示，他們正是屬於法蒂瑪與阿里的這一支（不過，他們當時曾自稱是「阿里王朝」）。

簡單說，他們是屬於什葉派，而且還是其中堪稱激進的伊斯瑪儀里派（Ismāʿīlīyah）。在提及阿拔斯革命的時候，我們曾經約略地介紹過什葉派；什葉派原本是一群對阿里本人和他的家族抱持共鳴的人們，後來隨著各個時代的政治狀況，屢屢遭到背叛，從而發展出自己獨特的世界觀與歷史觀。

一開始，阿里的支持者在先知穆罕默德歸真後，相信阿里才是最適當的後繼者。但很可惜，伊斯蘭卻選出阿布·巴克爾擔任第一代哈里發。畢竟阿里當時忙於穆罕默德的喪禮，無暇參與繼任者角逐，且在諸位長老中還算是年輕一輩，所以不管怎麼說，當時的不滿也並未浮出水面；而當阿里終於成為第四代哈里發時，想來支持者也都會感到滿足才對。

但是阿里的統治卻是戰亂不斷，最後連他自己也死於另一個派系——「出走派」的刀下。阿里的兒子哈珊為了避免紛爭，容許穆阿維亞建立伍麥亞王朝。歷史上論及哈里發時，曾提及哈珊有半年擔任第五代哈里發（之後讓位給穆阿維亞），但並未有實際的統治權。哈珊的弟弟胡笙得到不滿伍麥亞的群眾所擁戴，曾試圖起兵推翻伍麥亞，但最後在卡爾巴拉被伍麥亞王朝的軍隊所殲滅。這就是六八〇年「卡爾巴拉的悲劇」，巨大的衝擊也催生了什葉派。

雖說歷史沒有「如果」，但如果哈珊、胡笙繼阿里之後開創了「阿里王朝」，那或許就不會有什葉派誕生了。什葉派之所以集結，不只是因為奉阿里家族為領導者，他們在現實上屢屢遭到背叛，也是重要的原因之一。

卡爾巴拉事件之後，什葉派對該奉誰為伊瑪目意見分歧。而想出方法解決分歧、促使革命成功的，則是阿拔斯革命的領袖。他們打著「令所有人滿意的領袖」為口號，統整了反叛

馬赫迪耶城門

軍，最後推翻了伍麥亞王朝。但當革命成功、結果揭曉之後，哈里發竟不是由阿里家的人上位，而是阿拔斯家族的子孫；什葉派再度被政治的現實所背叛。

之後讓什葉派運動走向成功的，是擁戴第七代伊瑪目——伊斯瑪儀後裔的人們，這就是創建了法蒂瑪王朝的伊斯瑪儀里派。原本的教義中指出，伊斯瑪儀（或者他的子嗣）是救世主馬赫迪，到最後審判日之前都不會現身，但是自稱是伊斯瑪儀子嗣的人們，還是主張伊瑪目的位子應該在這家族當中，代代相傳下去。

他們的領袖成為法蒂瑪王朝第一代哈里發，自己冠上了馬赫迪（受引導者）的稱號；而其傳教士一開始則是在距離帝國核心巴格達很遠的地區集結支持者，並進一步擴大組織。他們的傳教在今天的突尼西亞尤其成功。在這裡有征服北非的烏葛巴所建設的城市蓋拉萬；而在距離這裡一百二十公里的海岸地帶，他們又建設了一座名叫馬赫迪耶（al-Mahdiya）的要塞城市。

這個名字意為「馬赫迪的城鎮」，筆者造訪此地時，對它善用地形與要塞形成險要的做法大感佩服。伸展到海上的小半島入口以牢固的城牆防堵，只有內側開關的城門可以容許進出；但整體而言規模很小，當被帝國的大軍從海路包圍時也無法支撐太久。因此，這座要塞城市毋寧說是一個出擊據點還比較恰當。法蒂瑪王朝從這裡起兵，推翻了阿格拉布王朝，征服了突尼西亞，接著更揮軍東進，進一步征服了埃及。

◎建設新都開羅

指揮征服軍的是一位名叫賈烏哈爾（Jawhar）、出身奴隸的軍人。征服埃及後，法蒂瑪王朝第四代哈里發立刻東遷，此時開羅也被建設為新都。自從被伊斯蘭征服以來，埃及的首都一直都在今日的開羅一帶，但在迄今為止的都城北方建設起名為「開羅」的新都，則是法蒂瑪王朝的功績。開羅原意為「勝利

城牆依然留存的開羅舊市街　祖威拉門（Bab al-Zuwela）與清真寺的叫拜塔

者」（al-Qāhira）的諧音，命名為「勝利之都」，充分顯示出法蒂瑪王朝劍指伊斯蘭帝國中央的霸氣。

這座開羅城建造不久後，就與位在南邊、過去曾為首都的福斯塔特（al-Fusṭāṭ）及嘎塔伊（al-Qaṭā'i'）合併，被眾人稱為「伊斯蘭的開羅」（Madinat al-Qahirah，即今開羅的舊市街）；不過當年環繞開羅的方形城牆，其部分至今仍然殘存，因此很清楚知道當時的邊界究竟在哪裡。

艾資哈爾清真寺 新都開羅裡蓋有新的中央清真寺。

法蒂瑪王朝所建的開羅有貫穿東西南北、十字交叉的大道，離交叉點不遠處有大清真寺與宮殿。由於兩座宮殿乃是挾著大道而建，因此大道也被稱為「兩宮殿之間」（baina Qasrain）。北側的那瑟爾門（Bab al-Nasr，勝利門）和南側的祖威拉門（Bab al-Zuwela）至今依然矗立。筆者曾在離祖威拉門徒步五分鐘的地方生活兩年，總會憶起當時通過這道門，漫步在如今已成為市場的大道上的種種景象。

大清真寺被命名為「艾資哈爾清真寺」（al-Azhar Mosque），現在依然佇立在十世紀時建立的原地。在法蒂瑪王朝時，它是重要的學術機構，之後也作為伊斯蘭學術的核心地點之一，持續發展下去。「艾資哈爾」意為百花繚亂的最高級形容詞，不過法蒂瑪王朝在這裡使用的是陰性名詞（Zahrā），這也充分展現出法蒂瑪王朝的特色。

法蒂瑪王朝的威勢很快就擴展開來，占有了伊斯蘭帝國將近一半的版圖。他們最盛期的版圖以埃及為中心，西到今日的阿爾及利亞、南至北蘇丹、東至敘利亞、漢志地區。不只是兩座聖城，連紅海的貿易網絡都在法蒂瑪王朝的支配之下。

◎哈里發的鼎立

從法蒂瑪王朝自稱「哈里發」這點，可以清楚看出他們對阿拔斯王朝權威的挑戰。

其他各個王朝即使實質上獨立於阿拔斯王朝，仍承認阿拔斯王朝的宗主權，並甘居於哈里發權威下的地方統治者身分；但法蒂瑪王朝卻自詡為統率烏瑪的哈里發，欲取阿拔斯王朝而代之。

令阿拔斯王朝感到頭痛的是，受到這項舉動的誘發，連遠在安達魯西亞的後伍麥亞王朝也稱自己是「哈里發」。後伍麥亞王朝是被阿拔斯王朝推翻的伍麥亞家殘黨千里迢迢逃往西方，最後在七五六年於伊比利半島振興起的王朝。因為同屬遜尼派，所以他們堅守先知的繼承者（哈里發）只能有一位的原則，一直使用「埃米爾」（Amīr）的稱號。

埃米爾意為「指揮官」，有時是用來指稱哈里發直接任命的指揮官，不過有時也會用來當作地方王朝君主的稱號。但是到了九一〇年法蒂瑪王朝自稱哈里發之後，後伍麥亞王朝便覺得，埃米爾的位階實在是太低了；畢竟他們本就是伍麥亞王朝哈里發的後

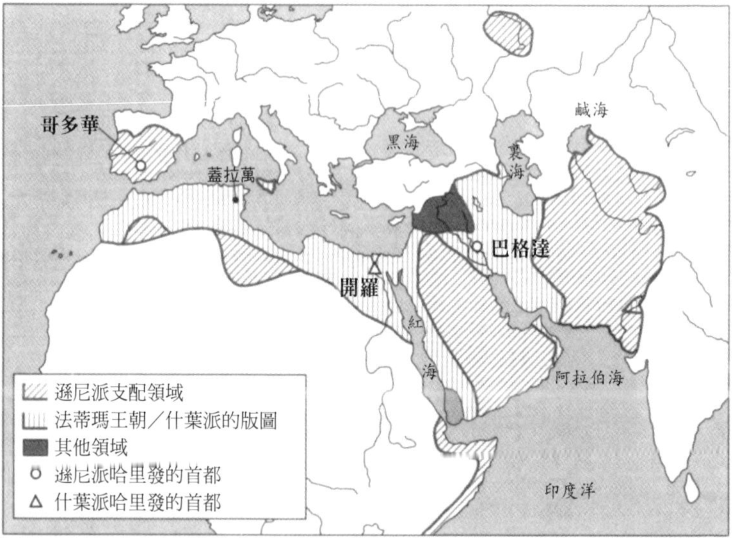

哈里發制的鼎立

代，自稱哈里發也並無不妥。於是到了九二九年，後伍麥亞王朝也自命為哈里發。自此約有一個世紀，形成三位哈里發鼎立之局面，而當法蒂瑪王朝征服埃及、建都於開羅之後，這樣的鼎立狀態終於壓迫到阿拔斯王朝。

巴格達、開羅、哥多華都有哈里發的大位，此一事態既是前所未聞，也令多數的穆斯林不知所從；就連法學家和神學家在談論政治理論時，也同樣感到相當困惑。

十一世紀非常活躍的神學家阿部都—噶西爾・巴格達迪（Abd al-Qāhir al-Baghdādī，一〇三八年逝世），在他所著的《教派之書》（*Kitāb al-farq bayn al-firaq*）一書中，曾經論及烏瑪的元首人數問題；他主張「一個時期只有一個元首」，但也留有餘地——「當兩國間隔著海（距離太遠），彼此無法派遣援軍的情況下，則允許各立元首」。這段論述是為了讓後伍麥亞王朝哈里發的地位合理化。這裡的「海」指的當然是地中海。加上巴格達迪是遜尼派的學者，更不可能承認什葉派的法蒂瑪王朝，他認為法蒂瑪王朝的哈里發是僭稱。

◎什葉派王朝的終結

到了一〇三一年時，阿拔斯王朝終於獲得了一個或許可稱得上是喘息的契機。在安達魯西亞，自八世紀中葉一直綿延不絕的後伍麥亞王朝滅亡，於是遂進入了小國林立的亂世。儘管遠在西方的後伍麥亞王朝在軍事上不足以對巴格達造成威脅，但在正當性這點上，因為同為遜尼派，所以還是會造成挑戰；故此，他們的滅亡對阿拔斯王朝來說，堪稱是一件幸事。

至於法蒂瑪王朝的威脅，則在接下來的好一段歲月中仍然持續不輟。法蒂瑪王朝擁有強大的軍隊，以富饒的埃及為據點，具有強大的威勢，再加上紅海兩端連結了印度洋和地中海，在貿易上也可以獲得極大的利益。但在十一世紀十字軍東征時，他們失去了巴勒斯坦，到了十二世紀以後，更隨著宮廷內爭與軍閥爭鬥，而進一步地衰弱下去。

法蒂瑪王朝最後被來自敘利亞的「維齊爾」（宰相）薩拉丁（Ṣalāḥ ad-Dīn Yūsuf ibn Ayyūb）掌握實權；一一七一年末代哈里發逝世後，王朝遂畫上休止符。薩拉丁後來開創了自己的王朝——埃宥比王朝（Ayyubid dynasty）。

薩拉丁屬於遜尼派，故這個改變意謂著什葉派最強的王朝已然殞落，同時也意謂著什葉派伊斯瑪儀里派的最盛期已經結束。之後伊斯瑪儀里派一直到今日，都沒能再重返主流派之列。

我們回顧歷史，從九〇九年到一一七七年的法蒂瑪王朝，特別是在它的最盛期——也就是十世紀後半到十一世紀，伊斯瑪儀里派的霸權堪稱無遠弗屆。包含其他分支在內，什葉派的影響力能擴展到這麼廣大的時代，也是絕無僅有。

法蒂瑪王朝的優勢，在於他們的領袖為阿里與法蒂瑪的後代。什葉派既然主張這兩人的血脈才最適合當領袖，同時他們也一直對在政治現實上受人背叛感到耿耿於懷，那麼領袖若能在現實上握有權力，對什葉派應是最理想的狀態才對。然而，當伊瑪目的統治只淪為單純的強權支配時，優勢就成了弱點。法蒂瑪王朝的末期正是如此。而伊斯瑪儀里派之所以衰退，這也是原因之一。

取而代之成為什葉派主流的，是被稱作十二伊瑪目的派系。如其名所

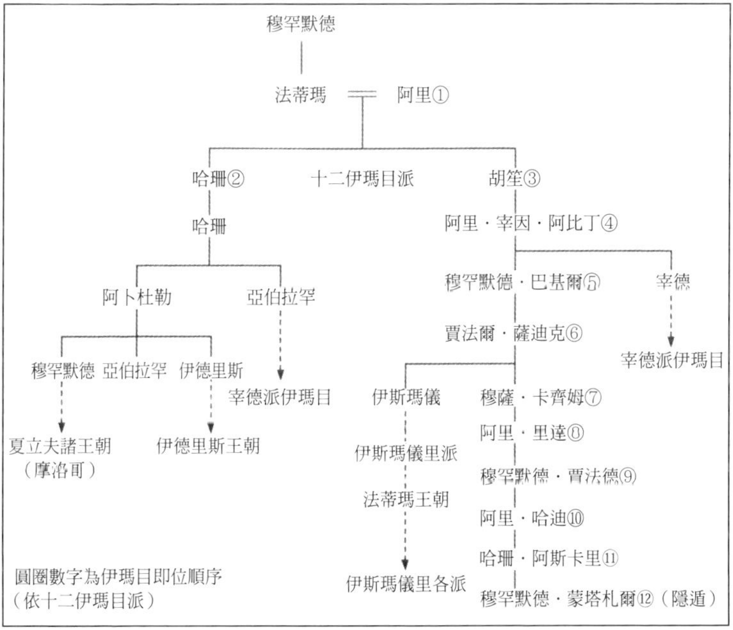

什葉派伊瑪目的系譜

示，他們所承認的伊瑪目共有十二位。伊斯瑪儀里派尊奉雖然被指名為第七代伊瑪目、但不幸早逝的伊斯瑪儀和他的子孫，但十二伊瑪目派則是在伊斯瑪儀死後，尊其弟穆薩（al-Imām Mūsá al-Kā im ibn Ja'far al-Ṣādiq）為實質的第七代伊瑪目。之後又經過了五代的傳承，到第十二代伊瑪目時進入隱遁（ghayba）的狀態，亦即雖然在世，可是卻不見其蹤。十二伊瑪目派的信條認為，最後的伊瑪目終將在末日前再度現身。

領導者的輪替在十二人之後宣告終結，這種理論，雖有伊瑪目懸缺的弱點，但因為實際上沒有伊瑪目，卻具有作為理想形象的伊瑪目，得以和現實權力的墮落切割的優點。這和伊斯瑪儀里派的長處和弱點剛好相反。

十二伊瑪目派在什葉派中逐漸茁壯，十六世紀初建立的薩法維王朝（Safavids），在伊朗將這個派系認定為官方學派，此後它便在中東的一隅深深紮下根來。除了在伊朗、亞塞拜然等地成為多數派以外，即便是在伊拉克（特別是十九世紀以後），它也已經占了過半的人口，一直持續至今。

不管怎麼說，這些都是後世的情況；現在讓我們將目光，放回法蒂瑪王朝滅亡的十二世紀。

法蒂瑪王朝的滅亡對阿拔斯王朝來講確實是個佳音，但雖說威脅已除，已然勢弱的阿拔斯王朝並未因此重振。不過從十世紀以降，阿拔斯王朝因為擁有象徵烏瑪宗主權的哈里發地位，有其存在的意義，所以在承認其宗主權的各王朝陸續登場的情況下，仍然得以保住其命脈。

這個結構開始於九四六年，布維西王朝（al-Buwayhi）的君主進入巴格達城時，被授予「大埃米爾」（Amīr al-Umarā）的稱號；一〇三八年建立的塞爾柱王朝（Seljuq dynasty）也在一〇五五年進入了巴格達，並得到「蘇丹」（Sultan）的稱號。蘇丹意為「實權者」、「掌權者」，也就是霸者的稱號，自此之後，以統治正當性為主軸的「哈里發制」，遂轉變為以統治實效性為主軸的「蘇丹制」。

塞爾柱王朝時，「維齊爾」（宰相）尼札姆—穆勒克（Nizam al-Mulk，意為「王權的秩序」）在巴格達以他的名字設立了學院。從這時候起，伊斯蘭的學院制度得以奠立，教育體制也開始充實起來。烏里瑪除了在社會上扮演教育者的重要角色，同時也獲得了讓烏里瑪集團能夠不斷自我繁衍下去的制度，從而演變成一個穩定的社會階層。

在塞爾柱王朝的時代，阿拔斯王朝的哈里發名義上雖然是烏瑪的代表，但實際上不過是賦予塞爾柱君主正當性的高貴存在罷了。第三十四代哈里發納西爾（al-Nāṣir li-Dīn Allāh Abū al-ʻAbbās Aḥmad b. al-Mustaḍī，在位期間一一八〇至一二二五年），曾經試圖逆轉這種長期的凋零與不振；他試著拿回政治上的實權，於是挑動花刺子模滅了塞爾柱王朝，但這並沒能讓他拿回真正的實權。

不久，從東邊揚起了蒙古軍西征的滾滾煙塵。

成吉思汗所領導的蒙古帝國，創造了歐亞大陸史上最廣範圍的地區整合，這是無庸置疑的事。伊斯蘭帝國藉由大規模東西貿易網絡所建構的世界，因為蒙古的西征而由點、線形成「面」。

巴格達淪陷

然而，蒙古的侵略對伊斯蘭帝國而言，也是最慘痛的一擊。

一二五八年，成吉思汗的孫子旭烈兀（Hülegü）率領蒙古大軍攻擊伊拉克。第三十七代哈里發穆斯台綏木（al-Musta'ṣim bi-Allāh Abū Aḥmad ,Abd Allāh）投降，但未獲赦免而遭到處決。當時也有眾多的都城居民遭到虐殺，但人數實際有多少則不得而知；據估計約有十萬人到一百萬人，總之為數頗眾。宮殿以及大清真寺等主要建築物也多被破壞。

此時大圖書館、還有許多公共圖書館被燒毀，貴重的史料也不復留存。丟棄到底格里斯河裡的文件上的墨水，將河水染成一片黑。以筆者之類的伊斯蘭研究者來看，巴格達的眾多文獻遭到浩劫，實在是巨大的損失。在伊斯蘭歷史和思想史中，有不少爭議是因為史料不足而難以解決；我們不難想像，在巴格達燒毀的史料當中，應該會有不少可供解答的內容吧！

一度曾是世界最大都市的巴格達，在蒙古軍的破壞之後，再也不復過去的榮景。美索不達米亞的農業產值低落，巴格達淪為區區的地方城市。事實上巴格達再次成為一國之都，要等到二十世紀伊拉克王國建國，而發展成大都市，也是在一九七〇年代因為石油致富之後的事了。

◎哈里發的後代

巴格達的淪陷，也代表伊斯蘭帝國一個時代的結束。話雖如此，但政治上已經幾乎完全失去實質意義的阿拔斯王朝，居然能藉著哈里發寶座的力量，一路苟延殘喘到十三世紀中葉，這或許只能說令人驚訝萬分。由阿布．巴克爾開始的哈里發制，歷經伍麥亞王朝、阿拔斯王朝，持續長達六世紀以上。

接下來，我們簡單地談一下哈里發寶座在這之後的演變情況。在巴格達淪陷時，最後的哈里發慘遭殺害，不過族裡有一人逃過一劫，前往開羅。儘管當時已經是新興的朝代——馬木路克王朝，不過他們也是遜尼派，因此對阿拔斯家的後代頗為禮遇。之後，阿拔斯王朝的哈里發都得到馬木路克王朝的庇護，過著貴族般的待遇。對馬木路克王朝的蘇丹來說，能夠透過身為烏瑪代表的哈里發，來確保自己身為君主的正當性，也是件相當便利的事。

哈里發制雖在古典伊斯蘭政治理論中具有極大的重要性，不過集其大成者，則為嘎勒嘎山迪（al-Qalqashandī，一三五五至一四一八年）；他是馬木路克王朝的官員，也是一位文人。他在論述理念上的哈里發的同時，對同時代開羅的哈里發也懷有深深的敬意。

這種宛若流亡貴族般的哈里發傳承，在鄂圖曼帝國的塞利姆一世（Selim bin Bayezid）

於一五一七年征服埃及、滅了馬木路克王朝的同時，也宣告命脈終結。當時的鄂圖曼帝國威勢鼎盛，想來哈里發這個位子對他們完全不具任何吸引力。伊斯蘭的政治理論對徒具形骸的哈里發不再有所希冀，只對實際的權力者實施伊斯蘭律法這件事賦予正當性。塞利姆一世對哈里發的稱號，就算當作寶座上的裝飾，也未曾放在眼裡。

鄂圖曼帝國是最大的伊斯蘭帝國，也是兩座聖都的守護者；他們以伊斯蘭世界的代表王朝之尊，長時間君臨天下。但到了十九世紀，他們明顯不敵西方的勢力，迫切需要伊斯蘭世界廣泛的支持，因此便提出「鄂圖曼帝國的蘇丹同時也是哈里發」的主張。他們聲稱在征服埃及時，阿拔斯王朝最後一位哈里發曾經將自己的地位讓予塞利姆一世。

十九世紀末，鄂圖曼帝國的君主「既是蘇丹也是哈里發」的認知，廣為伊斯蘭世界所接受。一九二二年鄂圖曼帝國滅亡時，首先失去了蘇丹的地位。哈里發的稱號雖然在名目上留了下來，但到了一九二四年時，也在前一年成立的土耳其政府決策下，遭到了廢止。

哈里發的稱號在阿拔斯王朝滅亡後還能撐到二十世紀，約達八世紀之久，可謂一奇。哈里發這個概念果真如此重要？從結論來看，倒不盡然。哈里發象徵的是烏瑪（伊斯蘭共同體）的一體性，重要的是「烏瑪的一體性」這則信條，而哈里發的功能只是附屬。

對烏瑪的意識，在阿拔斯王朝時更見堅定。

哈里發是握有執行權的統治者，也是具有一體性的烏瑪之象徵。但是邁入十世紀後，統治權徒具形骸，因此它漸漸變成了烏瑪統一性與執行權的正當性之象徵。不過，在烏里瑪集團興起、以及蘇丹制與實權制在政治上逐漸深入伊斯蘭的過程中，烏瑪的實際存在，已然受到伊斯蘭律法的一體性與時效性所徹底保障。故此，在這時就算沒有哈里發，烏瑪的一體性這項信條，或是依循這項信條，讓其存在、並得以延續的條件，都已經相當齊備。

十三世紀阿拔斯王朝滅亡後，哈里發的地位在開羅的馬木路克王朝下庇蔭下，依然得以維持；這並非烏瑪的實體因哈里發而得到保障，反而是烏瑪的一體性信條，在結構上賦予了作為其象徵的哈里發權威。

多元化的時代

◎各個伊斯蘭政權的繁榮

巴格達淪陷後，阿拔斯王朝隨之滅亡。儘管這意謂著一個重要帝國的殞落，然而，要說伊斯蘭社會也就此告終，那完全是大謬不然。蒙古軍力固然強大，但在蒙古征服下的伊斯蘭地區，伊斯蘭仍舊存活了下來。之後在西亞地區，蒙古裔的伊斯蘭政權便開始陸續繁盛起來。

攻下巴格達的旭烈兀，建立了伊兒汗國（一二五六年至一三三六年左右）。這個汗國最初兩代的君主為佛教徒，採取的是親基督宗教的外交路線，但到了第三代時，為了調和當地人民，於是皈依了伊斯蘭。不只如此，以成吉思汗家族女婿血統為標榜的帖木兒王朝（一三七〇年至一五〇七年），以及帖木兒的子孫在印度開創的蒙兀兒帝國（Mughal Empire，為蒙古的誤稱，一五二六年至一八五八年），也都興盛一時。

這種伊斯蘭政權在各地林立的現象，也可以稱為是「伊斯蘭帝國的多元化」。在伊斯蘭帝國的後繼者當中，有些建立了堪稱帝國等級的政權，但也有些只是地方性質的政權。但不管怎麼說，這些政權都是以伊斯蘭社會為前提，並行使伊斯蘭所賦予其的正當化權力，因此都可稱得上是伊斯蘭帝國的繼承者。

伊斯蘭的多元化，早在阿拔斯王朝的中期就開始了。各地方名義上遵奉阿拔斯王朝哈里發的宗主權，實質上卻逐漸趨向獨立。例如第五代哈里發哈倫的突尼西亞總督，在以每年納貢為交換條件，建立了阿格拉布王朝（八〇〇年至九〇九年），並獲得哈里發的認可。總督

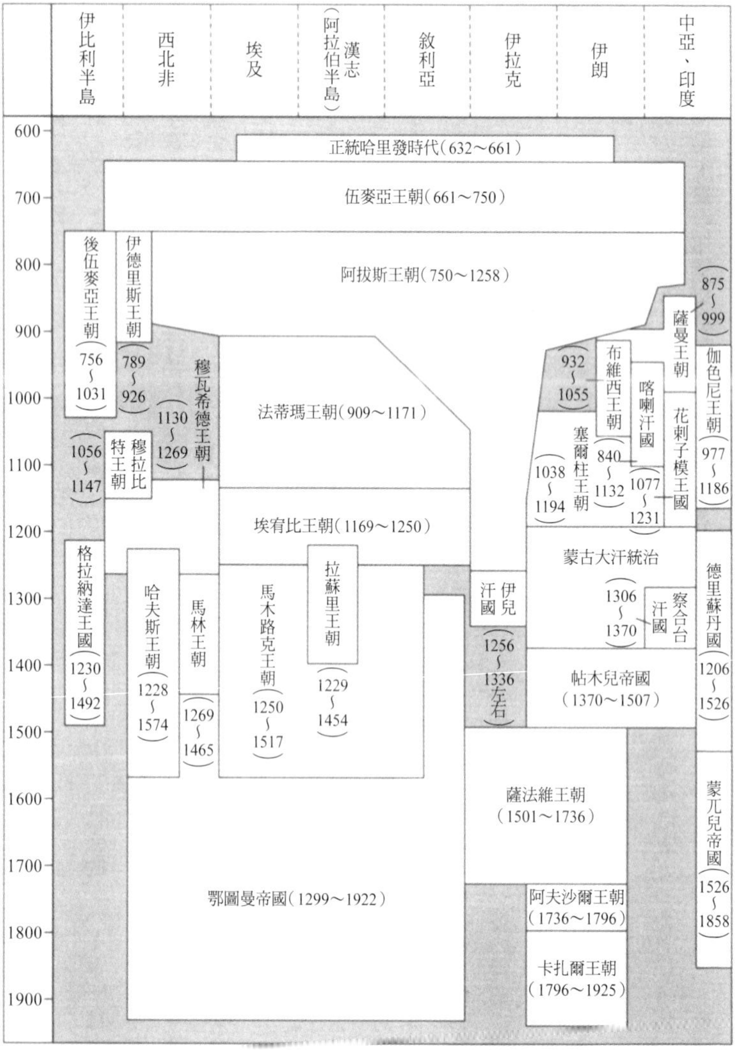
伊比利半島
西北非
埃及
漢志（阿拉伯半島）
敘利亞
伊拉克
伊朗
中亞、印度
600
700
800
900
1000
1100
1200
1300
1400
1500
1600
1700
1800
1900
正統哈里發時代（632～661）
伍麥亞王朝（661～750）
阿拔斯王朝（750～1258）
後伍麥亞王朝（756～1031）
伊德里斯王朝（789～926）
穆瓦希德王朝（1130～1269）
穆拉比特王朝（1056～1147）
法蒂瑪王朝（909～1171）
埃宥比王朝（1169～1250）
格拉納達王國（1230～1492）
哈夫斯王朝（1228～1574）
馬林王朝（1269～1465）
馬木路克王朝（1250～1517）
拉蘇里王朝（1229～1454）
鄂圖曼帝國（1299～1922）
伊兒汗國（1256～1336左右）
薩曼王朝（875～999）
布維西王朝（932～1055）
喀喇汗國（840～1132）
花剌子模王國（1077～1231）
塞爾柱王朝（1038～1194）
伽色尼王朝（977～1186）
蒙古大汗統治
察合台汗國（1306～1370）
帖木兒帝國（1370～1507）
德里蘇丹國（1206～1526）
薩法維王朝（1501～1736）
蒙兀兒帝國（1526～1858）
阿夫沙爾王朝（1736～1796）
卡扎爾王朝（1796～1925）
主要伊斯蘭王朝的興亡

自立的，在埃及有圖倫王朝（八六八年至九〇五年），還有伊赫昔迪王朝（al-Ikhshīdiyūn，九三五年至九六九年）。

就連首都巴格達本身也被布維西王朝與塞爾柱王朝所支配，阿拔斯王朝的哈里發靠著給予他們稱號，得以苟延殘喘。但相對的，阿拔斯王朝以伊斯蘭帝國之姿所建立的伊斯蘭律法支配架構，在各個地區依舊持續不輟。

正因如此，雖然有相異的政權存在，但要在各政權之間畫上難以跨越的國界，那是沒有意義的。事實上在前近代時，這樣的國界根本不存在。因此，即使王朝權力多元化，在阿拔斯王朝支配下成為伊斯蘭世界的地區，仍可大致視之為伊斯蘭社會。

這樣的社會超越了政權的興亡與更迭，一直持續著。

◎非吉哈德的伊斯蘭擴張

按照確立的慣例與理論，「持劍的吉哈德」從伍麥亞王朝建立之後，就成了哈里發的專權事項。換言之，「持劍的吉哈德」成了擁有王權者所管理的「戰爭與防衛」事項。由於第一、第二次內亂造成伊斯蘭面臨嚴重的危機，因此自伍麥亞王朝以降，便將行使吉哈德的權限集中在哈里發身上；重要的是，一般的信士不能再無端地以信仰為由，隨意展開義戰。

接下來，阿拔斯王朝成立了職業軍隊，因此原本是信士全體義務的「持劍的吉哈德」就變成了僅僅是在理論上具備保家衛國之意義的架構。就像在征服南亞時期所明顯看到的那樣，王朝征服事業的結果就是伊斯蘭的擴張，這種現象在之後依然存在。但是究其實質，大多數都是王朝的領土擴張運動。

相對地，更具宗教、社會意涵的「內在的吉哈德」與「社會的吉哈德」，則被理解為伊斯蘭社會裡個人和社群的自我實踐。特別是「內在的吉哈德」，更受到修行者的推崇與理論化。

一般認為，這種對篤信、禁慾、朗誦古蘭經、以及對真主吟詠讚頌的推廣獎勵，原本是始於個人行為，後來以蘇非教團（Ṣūfī，神祕主義教團）的形式組織起來，到了十二世紀後，便隨著教團的擴張而廣為世間理解。

蘇非，一般人以為指的是以粗糙的羊毛裹身，但也有一說認為，在麥地那的先知清真寺迴廊提供窮人排座的位置（ṣuffa）才是詞源。也就是從「坐在前排聽先知講道者」轉而成為「蘇非」。

如同我們在第四章裡提到的，穆罕默德時代的迴廊裡，住著無以維生的窮人弟子；他們總在清真寺裡觀察穆罕默德的一言一行，聆聽穆罕默德講道過生活。其中有位名叫阿布·胡雷拉（Abu Hurairah）的弟子曾說過：「我自先知處學會兩件事；其一正在教給你們，其二則是，如果我真的傳授給你們，你們一定會劃破我的喉嚨。」關於這種他無法公然說出口的知識究竟為何，一般有兩種看法：一為不久後將會到來的內亂，另一則是神祕主義的知識。想當然耳，後者是蘇非教團自己的解釋，不過若真是如此，那迴廊是蘇非的語源倒也說得過去。

總之，蘇非教團不僅在伊斯蘭社會中將篤信的教義加以推廣，也對伊斯蘭以外的世界宣教。初期雖只是個別篤信、隱遁、修行的人們，但到了十二世紀教團成形之後，便不斷向伊斯蘭世界各地進行擴展，也開始以主要教團的系譜而為人所知。他們稱「內在的吉哈德」為「大吉哈德」、稱「持劍的吉哈德」為「小吉哈德」，將之確立為教義並廣為宣揚。

比起外在，更重要的事情是和內心之惡奮戰的吉哈德，那才是真正的「偉大的吉哈德」（大吉哈德）。蘇非教團沿著伊斯蘭交易的網絡向四方推展，而重視「內在的吉哈德」的思想，也隨著他們的宣教活動擴展出去。

◎「伊斯蘭和平」的廣布

一般提到「伊斯蘭的和平」（Pax Islamica），通常直覺會認為指的是在伊斯蘭帝國下，確保和平的時代。若真是如此，那麼阿拔斯王朝的最盛期，也就是八世紀至十世紀初左右，或許是最適合這個詞彙的時代。

但是這裡想講的，是阿拔斯王朝衰退的時代，甚至是蒙古西征帶來毀滅之後的狀況。這個時代，各地都有伊斯蘭政權割據，伊斯蘭世界呈現多元化，首都也不只一個。整體來看，開羅是實質上的核心，但從版圖的範圍來看，完全不是一個王朝能單獨體現伊斯蘭的時代。

儘管如此，這些王朝的版圖還是緩緩地以「伊斯蘭世界」之姿，相互串連起來。在這些地方，不管穆斯林或非穆斯林，都能自由地、而且相當程度地安全往來。就算政權不同，伊斯蘭律法卻始終一貫，阿拉伯語也成了烏里瑪的共通語。特別是伊斯蘭律法在其體系中將國際秩序納入視野，因此也就有了整合地區或不同王權領域的功能。

阿拔斯王朝時代所奠立的國際貿易網絡，雖然有所變化，但依然維持著；來自伊斯蘭世界各地的朝聖者，以麥加為目的地，每年都會展開旅程。烏里瑪為了求知，輾轉於各個知識中心之間，致力追求學問。保障旅行方便與安全的，是作為各個陸域、海域網絡節點的城鎮或港口，以及串接其中的路徑與設置在其間的商旅客棧等公共設施。各個王朝都極力整飭這些設施並加以維持，這也是為了他們自己的利益所致。

對於在這種狀態下，以伊斯蘭為主軸產生的和平，我認為可稱之為「伊斯蘭的和平」。將這種狀態徹底體現在旅行生涯當中的，是十四世紀的伊本．巴杜達（Ibn Battuta），他也被稱為「伊斯蘭的馬可波羅」。

◎大旅行家伊本．巴杜達

伊本．巴杜達能名留青史，當然和他行走於廣大的地區有關，不過更重要的是他那超人的記憶力，以及在晚年口述自己人生的事蹟。

他並未寫下旅行日誌（備忘、筆記之類的記述，在途中遇到災難時悉數遺失），直到所有旅程結束後，他才對抄寫者口述，請他記錄。這些紀實由文學家伊本．朱宰（Ibn Juzayy）編纂，成了今

大旅行家伊本．巴杜達

日所看到的阿拉伯文作品《伊本・巴杜達遊記》。這八卷的日文版由之前提過的家島先生翻譯，實為一大貢獻。

附帶一提，從戰後阿拉伯文的史料翻譯角度來看，《伊本・巴杜達遊記》大概可以和由前嶋信次先生開始譯起，後由池田修先生所完成的《一千零一夜》全譯本，並列為了不起的功業。在讓日本人了解伊斯蘭與伊斯蘭世界上，原典的翻譯居功甚偉。

為了不透過歐美來獲得資訊，原典的解讀比什麼都重要；對一般讀者來說，那就是由原典直接譯為日文。但是在研究者的世界裡，翻譯往往較學術論文得到的評價來得低。確實，翻譯乍看之下似乎是缺乏創意，但是想將原典一字不漏地譯出，還加上縝密的註解，其難度遠遠比半瓶水的學術論文還

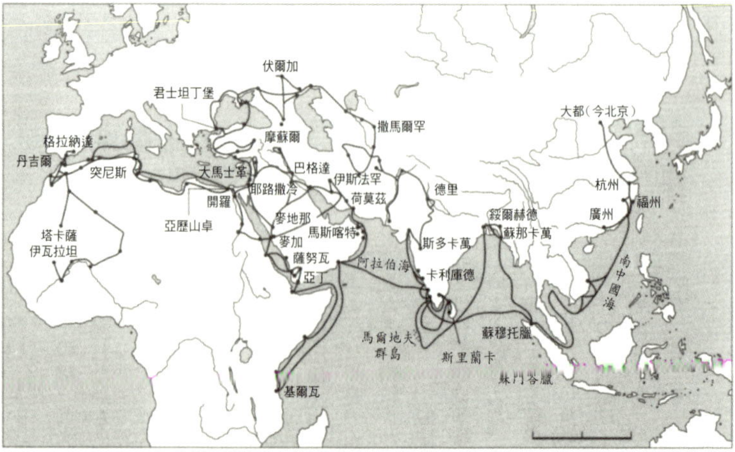

伊本・巴杜達的旅行　依家島彥一《伊本・巴杜達遊記》製作。

要高上許多。因此，如果就對日本社會的貢獻來看，翻譯應該要獲得更高的評價才是。

言歸正傳，家島先生認為，這個時代的伊斯蘭世界交易網絡，與十三至十四世紀為中心成形的「蒙古和平」（Pax Mongolica）相結合，讓傳統的亞洲交易網絡得以更進一步開展。關於蒙古和平就割愛給別卷，在此為了對「伊斯蘭和平」的延續找出佐證，讓我們來看看《伊本・巴杜達遊記》。透過書頁，伊本・巴杜達遍遊三個大陸伊斯蘭世界的身影彷彿就在眼前。

這位絕代的旅行家，是在一三〇四年生於地中海西端、摩洛哥的港口城市丹吉爾（Tanger）。他並非出自阿拉伯家庭，而是柏柏人。他在二十一歲時出發到麥加朝聖，第二年完成這趟旅程；之後長達三十年的時間，他的足跡遍及阿拉伯半島、西亞、東非、中亞、南亞（印度、馬爾地夫、斯里蘭卡）、東南亞、中國、伊比利半島及西非。

他的旅程以現代國家來看，遍及了五十餘國。家島先生曾經親自按著他的路線走過一次，途中遇到的困難，反倒顯得伊本・巴杜達很輕易地就跨越了國境。十四世紀前半的伊斯蘭世界，正是多元化的時代。從西邊開始有馬林王朝（Marīn，摩洛哥，一二六九年至一四六五年）、哈夫斯王朝（al-Hafsīyūn，突尼西亞，一二二八年至一五七四年）、馬木路克王朝（埃及，一二五〇年至一五一七年）、伊兒汗國（伊朗、伊拉克，一二五六至一三三六左右）、拉蘇里王朝（Rasūl，葉門，一二二九年至一四五四年）、卡爾吉王朝（Khalji dynasty）、圖格魯克王朝（Tughluq dynasty，印度，德里蘇丹王朝的一部分，一二九〇年至一三二〇年；一二〇三年至一四一三年）等。但儘管多元化，對他的旅途並未形成任何阻撓。

◎異國法官

我們在這裡無暇去追尋他這趟令人深感興趣的偉大旅程，但值得一書的是，他在旅途中還擔任過法官的事蹟。他在印度圖格魯克王朝的首都德里，曾經擔任過八年的法官。另外，他還在印度洋上的馬爾地夫待了將近一年，在這裡擔任法官。他系出摩洛哥顯學瑪利基法學派，是故相當擅長以此為基礎進行審判。伊本．巴杜達曾說：

> 我和她一成了親，很快地宰相就（強）要我任法官職。（我接受任命的）理由是因為我對（前任）法官持有異議。（家島彥一譯）

宰相（「維齊爾」）對伊本．巴杜達較前任法官更豐富的法學知識青睞有加，因此把司法的重任託付給他。伊本．巴杜達又說：

我一就任（新）法官，很快地便盡力地讓伊斯蘭律法的各項規定得到遵守。因為我國（馬格里布，Maghreb）所有的訴訟制度，在彼方未曾有過。

他更進一步提到自己如何讓島上的人民貫徹伊斯蘭律法。但是他也坦白說，「我努力想讓女性身著衣裳，卻未能如願」，這也是他讓人覺得可愛可敬之處吧！畢竟熱帶島嶼上的女性，想來從沒改變纏腰的時尚。

總而言之，即使馬爾地夫算得上是伊斯蘭化的前線，但從西方大地盡頭前來的柏柏人旅行者，能在印度或馬爾地夫擔任法官，這件事如實地反映出「伊斯蘭世界」已然延伸到此處，這是伊斯蘭帝國最重要的遺產。

第九章
失去帝國後的吉哈德

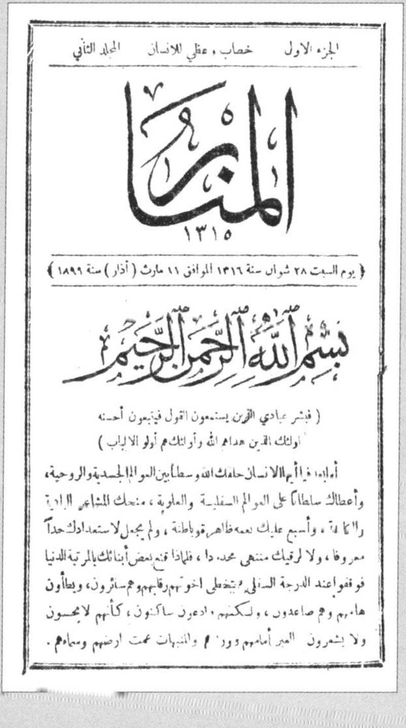

الجزء الاول　خطاب وعظي للانسان　المجلد الثاني

المنار

١٣١٥

{ يوم السبت ٢٨ شوال سنة ١٣١٦ الموافق ١١ مارث (أذار) سنة ١٨٩٩ }

بسم الله الرحمن الرحيم

(فبشر عبادي الذين يستمعون القول فيتبعون أحسنه
اولئك الذين هداهم الله وأولئك هم أولو الالباب)

أما بعد فيا أيها الانسان جعلك الله وسطاً بين العوالم الجسدية والروحية، وأعطاك سلطاناً على العوالم السفلية والعلوية، ومنحك المشاعر الإدراكية [illegible]، وأسبغ عليك نعمه ظاهرة وباطنة، ولم يجعل لاستعدادك حداً معروفاً، ولا لترقيك منتهى محدوداً، فلماذا قنع بعض أبنائك بالمرتبة الدنيا فوقفوا عند الدرجة السفلى، يتخطى اخوتهم رقابهم وهم سائرون، ويطأون هاماتهم وهم صاعدون، ولكنهم وادعون ساكنون، كأنهم لا يحسون ولا يشعرون [illegible] العبر أمامهم وورائهم والمنبهات عمت ارضهم وسماءهم.

雜誌《燈塔》的封面　在伊斯蘭世界裡廣為流傳。

走向無帝國時代

◎鄂圖曼帝國最後的吉哈德

接下來，我們從十四世紀一口氣跨越時代，來到二十世紀；本章和下一章，要談的是「失去帝國後的吉哈德」。

當然跨越的幾個世紀並非空白，這段期間仍然有個伊斯蘭帝國，也就是鄂圖曼帝國。鄂圖曼帝國在一二九九年建立時還是個小國，但之後在一四五三年征服了君士坦丁堡（之後改名伊斯坦堡），承繼了拜占庭帝國，並在半世紀之後，將敘利亞、埃及、還有兩大聖城所在的漢志地方納入版圖，成了名符其實的伊斯蘭盟主。

關於鄂圖曼帝國的興亡，可參考同為本系列，由林佳世子女士所著的《鄂圖曼帝國五百年的和平》，這裡我們聚焦在這個帝國的最後時期。握有伊斯蘭帝國「持劍的吉哈德」宣言權的鄂圖曼帝國，最後一次發出吉哈德令，是在第一次世界大戰時。

爾後隨著戰爭敗北，鄂圖曼帝國也走向瓦解。原本屬於帝國底下的阿拉伯各省被英、法控制，連中央地帶也遭受協約國與希臘軍隊的侵襲，陷入被殖民地化的危機。為了反擊而組織起來的土耳其大國民會議，捨棄了帝都伊斯坦堡，以安納托利亞（小亞細亞）的安卡拉為據點，發動「祖國解放戰爭」。

這裡所講的「祖國」，既不是伊斯蘭的烏瑪（共同體），也不是最後的伊斯蘭帝國鄂圖曼帝國，而是土耳其人的國家。以解放為目的的戰爭，憑藉的是愛國的民族主義。祖國解放戰爭守住的版圖，雖小於過去的鄂圖曼帝國，但仍讓今日的土耳其共和國領土倖免於外敵之手。

但在這個伊斯蘭帝國被消滅、建立起土耳其人國家的過程中，不獨是從外部受到蠶食，內部也將重組，從而導致伊斯蘭帝國滅亡。事實上在安卡拉政府的主導下，一九二二年，鄂圖曼帝國的蘇丹遭到了罷黜。

鄂圖曼帝國的版圖變化

鄂圖曼帝國的君主在十九世紀後半兼有兩個稱號——蘇丹與哈里發——而在伊斯蘭世界得到廣大的支持。例如在英屬印度，就興起了反英的「基拉法特（意指哈里發制）運動」（Khilafat Movement）。如運動之名，他們支持鄂圖曼帝國的哈里發，以抵抗英國的統治。這些人奉鄂圖曼帝國哈里發為伊斯蘭世界的共主，並誓言效忠。

正因哈里發的地位具有如此光環，所以安卡拉政府在一九二二年將蘇丹與哈里發分離，僅留下哈里發為伊斯蘭精神上的代表。但在第二年，安卡拉政府宣布成立土耳其共和國，於是作為精神象徵的哈里發制也在次年遭到廢止。就這樣，在一九二二至二四年間，最後的伊斯蘭帝國完全瓦解，伊斯蘭世界遂進入「無帝國時代」。

失去帝國之後的吉哈德，其去向究竟如何？

第一次世界大戰時，鄂圖曼帝國發表的「吉哈德宣言」與國家正式的宣戰布告是結為一體的。對外，他們依循二十世紀初期的戰時國際法宣告戰爭；而吉哈德宣言在某種意義上，是對伊斯蘭世界內部主張正當性的宣言。在此，吉哈德完全被視為國家（統治者）掌控戰爭與防衛的一環。

鄂圖曼帝國解體後，「持劍的吉哈德」的管理權究竟何去何從？這是現代吉哈德論中最大的問題點。

◎防禦的吉哈德

帝國穩固的時代，不管是伍麥亞王朝或阿拔斯王朝，抑或是鄂圖曼帝國，「持劍的吉哈德」都是由國家掌控的國防、軍事的一環。在這種情況下，個人不得任意地執行吉哈德。任意執行吉哈德，會造成無謂的紛爭，反而危害國防，威脅領土安全。要不要作戰，該由烏瑪交付統治權的人來判斷。

但是國家的統治也有鞭長莫及之處。即便鄂圖曼帝國仍然健在，但從十七世紀開始也已經逐漸失去領土，因此出現了伊斯蘭國家統治權所不能及的地方。

例如十八世紀末，率領法軍的波拿巴（即後來的拿破崙）進攻埃及。他擊潰了當地的伊斯蘭軍隊、占領埃及長達三年多。但是握有宗主權的鄂圖曼帝國無法派遣援軍，因此出現了在烏里瑪（宗教學者）的督戰下，民眾發動抵抗占領軍的「吉哈德」。順道一提，當法軍被英軍打敗後，埃及便開始邁向獨立於鄂圖曼帝國之路。

另外，阿爾及爾在一八三〇年為法軍所占，宗主國鄂圖曼帝國也無完全無力介入，因此在當地由蘇非教團發動抵抗運動，持續了十五年。此外，位於阿爾及利亞東方的利比亞，在二十世紀初期遭到義大利侵略。鄂圖曼帝國終究欲振乏力，無法保衛去非洲的領土，此次又是蘇非教團組織成吉哈德抵抗。這一次的戰役長達四分之一世紀。

蘇非教團自十二世紀到十九世紀間，在伊斯蘭世界的各地擴展，成為伊斯蘭社會重要的要素。他們不只透過篤信與修行，強化人們的宗教生活，也常常攜手各行業的公會（基爾特）以及居民組織，推廣伊斯蘭式的生活。在王朝權力所不及、也沒有烏里瑪的鄉下地方，通常靠教團的指導者擔任社群領導，兼扮演烏里瑪的角色。因此像鄂圖曼帝國鞭長莫及的阿爾及利亞與利比亞這種邊陲地區，以蘇非教團為主來執行抵抗的吉哈德，實屬當然。

不過這些教團與抵抗戰的領導們，並未否定鄂圖曼帝國哈里發的權威。他們只是因為沒有國家的防衛軍，所以自發性地盡穆斯林的基本義務，保鄉衛土而已。

◎訴求團結的泛伊斯蘭主義

當沒有國家軍隊時，由民眾自行保衛鄉土，其實自古已有。在伊斯蘭世界的邊陲，既然有統治者力有未逮、沒有軍隊防衛的地方，那就有必要實行自發性防衛的吉哈德。而在城市地區，當沒有軍隊可以保衛時，也常見到居民展開自發性的防衛行動。

我在第六章裡曾經提過，當阿拔斯王朝發生內戰時，哈里發阿敏坐鎮的巴格達，遭到對抗的哈里發馬蒙的軍隊之圍攻，這時巴格達民眾自己抓起了武器。這成了日後被喚為「艾亞爾」（'ayyārūn，無賴之徒）之輩的先驅；他們即使平日遊手好閒，一旦鄉里有了危機，便自發性地組成防衛軍。這樣的事例屢見不鮮。

但是這種散兵游勇，確實難以對抗強大的敵軍。特別是近代西方列強擁有伊斯蘭政權未曾遭遇過的強大軍隊。在列強有組織地將伊斯蘭世界殖民地化的背景下，伊斯蘭世界實面臨前所未見的危機——十九世紀對這一趨勢深有覺悟的人物，正是賈瑪汀・阿富汗尼（Sayyid Jamāl al-Dīn al-Afghānī，一八三七／八年至一八九七年）。

阿富汗尼的意思是「系出阿富汗」，儘管他如此自稱，不過真正的出身到現在還眾說紛紜。如果是阿富汗出身，那他就是普什圖人（Pashtūns），說的母語普什圖語和波斯語系出同門（即所謂伊朗語系），所謂的阿富汗人指的就是他們，阿富汗的歷代王朝也是由他們糾合周邊的少

阿富汗尼　伊斯蘭改革的先驅者。

數遊牧族群而建立。現今的阿富汗國境，是到了二十世紀之後才確定下來，即使到了現在，普什圖人依然還是多數派（順帶一提，下一章提到和賓拉登相關的塔利班政權，也是由普什圖人所主導）。

阿富汗尼出生的地方在現今伊朗的東部，所以也有人主張阿富汗尼是波斯人。但更重要的是，他是卡爾巴拉悲劇中被殺害的胡笙的後代，也就是穆罕默德的子孫。他的祖先裡，還有一位是遜尼派最重視的六大聖訓之一的編纂者——提爾密濟（al-Tirmidhī）。阿富汗尼的影響力，展現在他的思想的衝擊性，但對不諳其思想的人來說，他無疑也是位值得尊敬的人士。

他年輕時曾造訪印度，對英國統治下的現實進行過詳盡的觀察，深刻意識到伊斯蘭世界正受到列強的威脅。之後他走遍伊斯蘭世界各地，結交政治家與有識之士，力陳伊斯蘭世界應該團結起來，共同抵禦列強。不只如此，他也在歐洲各地結交領袖人物，時或開啟激烈的辯論。倡議伊斯蘭世界團結與同盟的「泛伊斯蘭主義」，正是由阿富汗尼開始推廣。

但是他並不僅僅主張團結，也批判鄂圖曼帝國與伊朗的卡札爾王朝（Qajar dynasty）的專制。他認為無法正視現實、有效領導抵抗的政權，既無法盡到保衛伊斯蘭世界的責任，也欠缺那樣的能力。因此，他不只主張團結，也疾呼改革。

十九世紀末的鄂圖曼帝國，為克服國家面臨的危機，採取的路線是稱揚哈里發，以求從伊斯蘭世界獲得廣泛支持。這是官方版本的泛伊斯蘭主義。因此鄂圖曼帝國邀請倡導泛伊斯蘭主義的阿富汗尼到伊斯坦堡。但或許是他那種激進的改革主張被看成極度危險，因此他始終得不到發揮的舞台。一八九七年他客死異鄉，另有一說是遭到毒殺。

◎阿富汗尼的雙重對抗

阿富汗尼在解釋吉哈德時，採用的是廣義的角度。伊斯蘭各政權互相聯合、保衛鄉土是吉哈德；在沒有國家軍隊保護的情況下、由民眾自發組織的防衛也是吉哈德。畢竟吉哈德原本的意思，就是為了建立公正的伊斯蘭社會，而從各個層面不斷奮鬥努力。

一般以為阿富汗尼疾呼的是和西方列強進行軍事對抗的必要性，但對他而言，其實還有比軍事更重要的，那就是知識與思想的對抗。由此可見他是個先覺，很早就看透西方的挑戰，其實是「雙重攻勢」。

十九世紀到二十世紀西方在世界上的稱霸、以及對伊斯蘭世界的制壓，已經不只是軍事的侵略與殖民地化而已。在軍事上讓伊斯蘭世界見識到近代軍隊狂暴的同時，列強也在思想、科學與知識等各個層面，透過啟蒙主義和自由主義來壓迫伊斯蘭世界。在這種架構下，他們描繪出來的意象是：「進步的西方，落後的伊斯蘭世界」、「和平與愛的基督宗教，野蠻好戰的伊斯蘭」。

面對列強的侵略，伊斯蘭組織起軍事上的抵抗，結果反被西方從進步思想的角度，強烈批判為「落後而好戰」（用現代的說法，說西方是「雙重標準」或許更好理解）。

但在伊斯蘭陣營內部，也有思想家並不認同這種所謂的「雙重攻勢」。他們從軍事和思維兩方面，坦率地理解到歐洲的優勢，認為伊斯蘭國家必須吸收先進文明與進步思想，並發展軍事。既然如此，或許還是將伊斯蘭視為落後的宗教加以遺忘，或是擱置不提較好。

阿富汗尼不做如是想。他認為伊斯蘭與烏瑪，正是應當守護的根本事物，因此軍事的攻勢要用軍事的抵抗來應對，思想上的攻勢就必須用思想來反駁。

問題是，單憑老態龍鍾的舊有伊斯蘭思想，是無法對抗歐洲近代思想的。就像鄂圖曼帝國的軍隊，也不得不從歐洲引進軍事技術制度、加以現代化一樣，保守的伊斯蘭思想不足以應付這個新時代。

為了掃除停滯的伊斯蘭社會中的惡習，並讓穆斯林改頭換面、跟上新時代的腳步，伊斯蘭必須回歸原初。故此阿富汗尼主張，回到本來純粹的伊斯蘭才是解決之道。而他所說的

「純粹的伊斯蘭」，指的是因應時代需求的伊斯蘭。

過去漫長的歲月中，伊斯蘭身上沾滿了許多不必要的解釋與立場。阿富汗尼斷然表示，這種墨守成規的傳統派，正是讓伊斯蘭世界停滯不前的元凶。事實上當他本人到各地倡議自己的看法時，也曾遭到頑固保守的烏里瑪的抵抗。相對地，具有敏銳而豐沛的領悟力的年輕世代，更能接受他這種時代先驅的思想。

在各地輾轉奔波的阿富汗尼，待得較久的是埃及。他在埃及長達八年多的歲月中栽培了許多弟子。到現在阿富汗尼的思想還能存續之處，也只有埃及。

在埃及人當中，堪稱其大弟子的是穆罕默德．阿布都（Muhammad ,Abduh，一八四九年至一九〇五年）。他原是埃及烏里瑪出身，卻受到阿富汗尼的薰陶，於一八八一年至一八八二年時參加了烏拉比運動。這項起義是由軍官烏拉比（Aḥmad ʻUrābī）所領導，目的是讓埃及人掙脫英

阿布都　倡議宗教與科學的融合。

國經濟的宰制，但最後卻反而讓埃及遭到英國的軍事占領，而阿布都自己也被流放到國外。他到了巴黎，和老師阿富汗尼一起，在一八八四年以阿拉伯文創辦了雜誌《堅定團結》（阿拉伯文：*al-Urwah al-Wuthqa*，英文：*The Firmest Bound*）。雖然為期不到一年，但嶄新的思想與強烈的主張，在伊斯蘭世界各地產生了很大的影響。

伊斯蘭世界的瓦解

◎伊斯蘭旗幟的墜落

有個敘利亞的年輕人透過接觸《堅定團結》，成為阿富汗尼與阿布都的私淑弟子，他的名字叫做拉希德・里達（Rashīd Riḍā，一八六五年至一九三五年）。這三人也有人將之合稱為「伊斯蘭改革三人組」，在探討現代伊斯蘭時是重要的人物。

里達在一八九七年接獲阿富汗尼的死訊時，認為自己不能只在心裡私淑，於是搬到埃及。此時阿布都已經解除流放處分獲釋回國，並當上了最高宗教法官（mufti，穆夫提），因此里達終於有機會親炙阿布都。同時，他還創辦了雜誌《燈塔》（*al-Manār*），延續了短命的《堅定團結》的命脈。

里達這個人有趣的是，他既是烏里瑪，也是新聞工作者。一直到他離世的一九三五年為止，這本雜誌既刊登古蘭經的解釋與法學見解，同時也持續報導各地的新聞與政治分析。而且他還將自己的老師阿富汗尼及阿布都的思想與主張，透過雜誌向伊斯蘭世界播種。今天，阿富汗尼與阿布都在近代伊斯蘭世界裡被認為是思想巨擘，但如果沒有里達的宣揚，他們的思想能否如此廣泛傳播，還是一個問號。

雖然我們可以說，正是因為他們的思想進步，才會出現這樣優秀的弟子；但反過來說，能有這麼活力充沛的弟子出現，或許也是一種幸運的偶然吧。當然在稱頌老師的同時，里達本身的地位也隨之提升。里達寫了阿布都的傳記，被視為阿布都的頭號弟子，但這也引起其他弟子不快。順道一提，當阿布都本人得到阿富汗

拉希德·里達　創了雜誌《燈塔》，以復興伊斯蘭為訴求。

尼的青睞時，同樣的也曾引來其他弟子的不悅。

從這些事看起來，里達似乎是個相當幸福的人，但實際上他的人生過得很悲慘。就在里達透過《燈塔》倡議復興伊斯蘭的期間，也就是一八九八年到一九三五年，伊斯蘭世界正一路走向瓦解與衰退。他的故鄉敘利亞在一九二〇年時落入法國的掌控。同年在大馬士革建立的阿拉伯王國，儘管有里達等人極力支援，仍然被法軍所攻陷。巴勒斯坦也被英國所掌控。不只如此，一九二二年鄂圖曼帝國滅亡，精神領袖哈里發也在一九二四年被廢除；新誕生的土耳其共和國以發展成西方國家為目標，在政策上採取強力的去伊斯蘭手段。長期抗爭的利比亞則向義大利投降。雜誌的經營也非常艱難，里達最後是在欠下大筆債務的情況下離開人世的。

里達最令人感到不可思議的，是他即使在這麼悲慘的時代，依然堅信著復興伊斯蘭，並把他的信念持續向世界各地傳揚。他將這份堅持的種子遍灑各地，結果明顯影響了二十世紀後半的伊斯蘭復興運動；但在同時代人眼中看來，恐怕他的「燈塔」只是在絕望的暴風雨中，洩著微弱的光芒罷了。

誕生於七世紀，經伍麥亞王朝與阿拔斯王朝奠立基礎，並在之後一直長保其命脈的伊斯蘭世界，在里達仍在世期間便已喪失了氣息。傳統的伊斯蘭世界可以視為是「伊斯蘭各王朝的世界」，但這樣的世界在一次大戰後幾乎徹底滅亡，其領域也大多成了列強的殖民地。不僅如此，即使脫離了殖民而獨立，這些國家也不再稱自己為伊斯蘭。列強的殖民地主義和與之對抗的民族主義，消滅了伊斯蘭世界。

◎不滅的烏瑪

在這裡我想探討一下，所謂滅亡的「伊斯蘭世界」究竟是什麼？畢竟說到底，這個詞只是我們觀看世界史時的一種用法，伊斯蘭信士本身不會用這種詞彙。雖然現在穆斯林當中，也有人會用「伊斯蘭世界」、「非伊斯蘭世界」這樣的用語，但是在前近代是不會這麼說的。

誠如本書所再三提及，伊斯蘭世界的基礎就是所謂的「烏瑪」。在穆罕默德時代，為了克服部族主義、並產生新的同胞的聯繫感，於是將基於這種概念下產生的共同體，稱為「烏瑪」。烏瑪最初只存在於麥地那這個小城市裡，但是在伊斯蘭帝國建立的過程中，烏瑪逐漸成了多民族、多語言、多人種的伊斯蘭共同體，擴及的範圍也幅員廣大。實現了這點的是阿拔斯王朝。

烏瑪在古蘭經也出現了數次：「這確是你們的烏瑪，統一的烏瑪。」（信士章・第五十二節），「每個烏瑪都有一位使者」（優努斯章・第四十七節）。使者如果是摩西，這就是猶太教的烏瑪；如果是耶穌基督的話，就是基督宗教的烏瑪。至於伊斯蘭，則是「穆罕默德的烏瑪」；事實上在伊斯蘭初期，這樣的稱呼相當普遍。現代雖多說成「伊斯蘭的烏瑪」，但就算在這種情況下，大家所意識到、屬於烏瑪的象徵性代表，還是穆罕默德。之所以這麼說，是因為烏瑪的最終意象就是，「當進入來生的樂園時，每個烏瑪將會由各自的使者（先知）所引領。」

就這層意義來看，即使時間已到了現代，即使伊斯蘭政權已經滅亡，烏瑪都不會消失。就算伊斯蘭衰亡了，全世界只有三個信士，這三個人也能組成烏瑪。而過去活在人世的穆斯林，都被認為在來世會聚在穆罕默德身邊；是故，烏瑪乃是既成事實，絕對不會消失。

總之只要有穆斯林在，就算為數不多，只要他們認為自己歸屬於烏瑪的話，烏瑪就會是信仰的共同體、以某種實體存在著。因此伴隨鄂圖曼帝國滅亡一起消滅的，是烏瑪的統治機構，並不是烏瑪本身。

◎伊斯蘭之家的滅亡

在這裡我們要談一談在古蘭經未出現的另一個用詞，那就是「伊斯蘭之家」（dār al-Islām）。「dār」是「房子」或「家」的意思；這裡的「房子」、「家」是比喻的用法，以現代來說，就是像「歐洲的共同之家」這樣的講法。換言之，就是超越小的國家，著眼於整個大伊斯蘭的領域。伍麥亞王朝的版圖就是伊斯蘭之家；阿拔斯王朝的版圖也曾是伊斯蘭之家。之後阿拔斯王朝的版圖分裂為許多國家，甚至在版圖之外也建立了伊斯蘭政權。

但是就如伊本．巴杜達的行腳所證明的，即使在多元化的時代裡，「伊斯蘭之家」作為一個整體，依然抱持著共通性。也就是王朝儘管很多，只要伊斯蘭的教義、伊斯蘭律法這些共通的要素廣為流傳，那伊斯蘭之家就實質存在。舉例來說，過去在偌大的帳棚裡組成一個家時，內部就只有一個；不過蓋了石砌的家時，內部就會有很多房間（王朝）。雖然每一個房間各有各的主人，但建築物整體在開門入內時，就受到伊斯蘭律法這個共通的規範所制約。

故此，就像在第八章裡提過的，出生在馬林王朝統治下摩洛哥的伊本．巴杜達，也能到印度的圖格拉克王朝裡當起法官。伊斯蘭律法支配的前提，乃是必須以穆斯林為統治者，至於居民是否大多為穆斯林，則非必要條件。實際上伍麥亞王朝的時候，大多數居民就不是穆斯林（而是基督教徒或是祆教徒）。

「伊斯蘭之家」之所以會以伊斯蘭統治和伊斯蘭律法的支配為基本要素，與這一用詞和概念乃是由法學家所創很有關係。這個詞並未出現在古蘭經之中，而是伊斯蘭法學在體系化過程中所創造的詞彙。

「伊斯蘭之家」也稱為「和平之家」，不屬於此的地區則稱為「戰爭之家」（Dar al-Harb）。將非伊斯蘭世界以「戰爭」稱之，在現代眼光看來未免太過狹隘，因此不為人所喜。但是在古代的伊斯蘭法學者眼中，伊斯蘭之家以外的世界既沒有普遍的法律，隨各個君王愛怎麼統治就怎麼統治，國與國之間的戰爭也是自由為之、毫無章法。就算是在伊斯蘭之家內，不同政權之間也有紛爭，但按照伊斯蘭律法，那些都是不合法的私鬥。只要是在伊斯蘭之家裡，穆斯林彼此不得相爭的理念，起碼在思想上是廣被接受的。

依照古典法學的分類，人類社會被分為「伊斯蘭之家」和「戰爭之家」；如果我們無視「戰爭」這種中世的語法，那麼這個世界也可以說是被二分為「伊斯蘭世界」與「非伊斯蘭世界」。從這層意義上來說，法學用語中的「伊斯蘭之家」就相當於「伊斯蘭世界」。

當我們說到「二十世紀伊斯蘭世界滅亡」時，滅亡的乃是伊斯蘭之家。其領域幾乎大部分成為列強的殖民地，既沒有穆斯林的統治者，也不受伊斯蘭的律法所約束。不只如此，就算是脫離列強的殖民而獨立，也不再受伊斯蘭律法所支配。二十世紀人類社會被二分的情況當中，有文明國家與落後國家、已開發國家與開發中國家、東西兩陣營（自由主義圈與社會主義圈）、富足的「北邊」與貧窮的「南邊」、第一世界、第二世界與第三世界，還有歐美與亞非（以及拉丁美洲），這些分割法占了主流；屬於伊斯蘭圈的各國，也被捲入這樣的國際政治與經濟區分之中。

◎民族國家的時代

第二次世界大戰對亞、非大多數國家來說，是一場被宗主國所動員，參與和自己毫無直接關係的歐洲戰事，毫無道理可言的戰爭。過去曾是伊斯蘭世界的各國，也被迫得到別人的戰場上，打伊斯蘭所無法解釋清楚的仗。

戰爭結束後，成立了聯合國。沙烏地阿拉伯等當時保住獨立的伊斯蘭圈的國家也以原始加盟國之姿，成為聯合國的一員。如同「United Nations」的稱呼，聯合國是「nation」的集合體。雖然 nation 既可以譯為「民族」也可以譯為「國民」，但其思維的根本核心，乃是

「由行使民族自決權的各個國家，共同組成國際社會」。

當時很多國家還在被殖民統治，不過之後他們透過不同的形式要求獨立，最後也都達成目標。一九六〇年時，非洲有很多國家獨立成功，所以被稱為「非洲獨立年」。阿拉伯聯盟（阿拉伯國家聯盟）則與聯合國一樣，在一九四五年時由七個國家組成，一九七〇年時加盟國增加到二十國。

Nation（民族、國民）以國家的型態加入聯合國，形成「國際社會」；這種現在所見的國際社會架構，是在何時成形的？第二次世界大戰前，亞、非兩洲大半都是殖民地。很多人以聯合國組成的一九四五年為起點，但在當時，世界各國拿到主權的還不到一半，因此還不能算是現今的國際社會。二〇一一年時，聯合國加盟國有一九三個，達到這

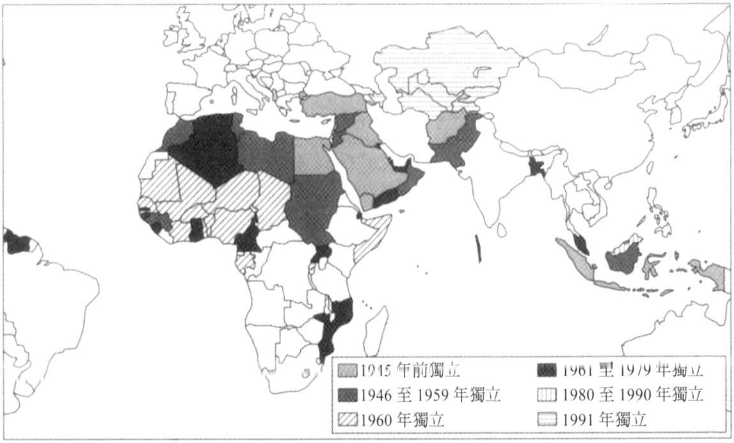

伊斯蘭各國的獨立　OIC 加盟國及獨立年代

個數字的三分之二是在一九七〇年時，因此我們應該可以以此為分界點，而伊斯蘭圈內諸國也在大致都是在此際獨立成功。

我們以伊斯蘭的觀點來看，過去伊斯蘭世界的組成地區脫離了殖民支配，某方面來說算是得償所願，但從另一面來看，卻是獨立國家都不再升起伊斯蘭的旗幟。例如一九五五年在印尼萬隆（Bandung）舉行的亞非會議，逐一獨立的各國宣告他們迎來了新時代。在這中扮演主要角色的有埃及總統納瑟爾（Gamal Abdel Nasser），印尼總統蘇卡諾（Sukarno），南斯拉夫總統狄托（Sr-Josip Broz Tito），都受到國際矚目。

在埃及，推動著世俗阿拉伯民族主義，以伊斯蘭為號召的穆斯林兄弟會受到了鎮壓。印尼也一樣，在推動民族主義的風潮下，以伊斯蘭國家為訴求的馬斯友美黨（Masyumi）受到壓抑。南斯拉夫為聯邦制的社會主義國家，在波士尼亞與赫塞哥維納等地的穆斯林被貼上一個民族標籤，稱為「穆斯林人」。

在當時還是有少數例外，那就是沙烏地阿拉伯與摩洛哥等伊斯蘭王國，但在主流中未能形成什麼氣候。毋寧說，在民族主義的進展過程下，這些保守王國都陷於守勢之中。

一言以蔽之，貫徹伊斯蘭吉哈德的主體已不復見。即使藉民族之名進行解放鬥爭，吉哈德的精神卻逐漸消失。

◎失去統馭的吉哈德

當傳統的伊斯蘭世界消滅後，在二十世紀中葉，伊斯蘭國家也幾乎滅亡。伊斯蘭思想衰微，民族主義、資本主義、自由主義等形形色色的近代思想，已經深入傳統伊斯蘭領域內的各個地區。

但是，伊斯蘭是不是已經徹底消失了呢？不盡然。儘管在國家和國際社會的層次上，伊斯蘭呈現一面倒的頹勢，但是在草根基層上，卻意外讓人看到強韌的一面。一般預測伊斯蘭會隨著近代化的進展而衰退，但在更加重視傳統的農村地區，這樣的預測卻完全不適用。人們依然持續著他們的信仰，他們所信的伊斯蘭統合了社會與宗教，牢牢地紮根在生活的各個角落。

在土耳其，凱末爾總統（Mustafa Kemal Atatürk，一九二三至一九三八年在職）極

土耳其共和國第一任總統凱末爾

力建設近代化土耳其；在他任職期間，大力推廣去伊斯蘭化、廢止伊斯蘭律法，以建立西方型社會為目標，但是這個影響力並不能深入地方的農村當中。當凱末爾以降的一黨獨裁時代結束後，一九五〇年代的土耳其施行民主化與導入多黨制，於是有不少政黨為了獲得地方的選票，而打出復興伊斯蘭的政策。

直到二十世紀中葉為止，大部分的預測都認為，伊斯蘭應該會像基督宗教曾經歷過的一般，從宗教對政治、社會有強大影響力，轉變為單純就宗教和內在層面上，對個人進行救贖的宗教，但是之後的伊斯蘭復興，卻讓人徹底跌破眼鏡。換言之，即使伊斯蘭國家滅亡、已然無法實踐「持劍的吉哈德」，但內在的吉哈德與社會的吉哈德也不會馬上消失。每個信士，或一部分的社會持續努力的，依然是和自己內心的惡交戰，想要匡正社會的不公不義。從這些情況來看，只要象徵奮鬥努力的「吉哈德」仍是眾人的大前提，那麼作為持劍吉哈德精神基礎的「內在與社會的吉哈德」，就會一直保留下來。

但是伊斯蘭國家一旦滅亡之後，駕馭、管轄持劍的吉哈德的主體就不復存在。失去帝國之後的吉哈德，變成了失去公認駕馭者的吉哈德。故此，假使有人想讓持劍的吉哈德復活時，該由誰來擔負這個駕馭整體的中堅責任，就變成了一個大問題。即使時代已邁入現代，也沒有外國軍隊的侵略和占領，但只要穆斯林保鄉衛土的責任仍未消逝，那麼持劍吉哈德的問題就會一直存在。

◎巴勒斯坦問題

第二次世界大戰結束後，產生了一個格外嚴重的問題；相較於過去曾經是殖民地的地區幾乎都已成功獨立，這個地方的紛爭卻一直延續到二十一世紀。這就是巴勒斯坦問題。

巴勒斯坦這塊土地，在第一次世界大戰後以託管的名目為英國所統治。此時猶太移民進入巴勒斯坦開墾，並在不久後的第二次世界大戰結束時，建立了以色列。巴勒斯坦人不只喪失了自己的土地，還大規模地變成難民。過去伊斯蘭地區變成殖民地時，只要恢復獨立，不論是哪一種體制的獨立國家，問題姑且都能平息下來。但是巴勒斯坦的土地上建立了一個新興的移民國家，巴勒斯坦人的自決權卻未獲得保證，因此紛爭不斷。

巴勒斯坦並不單單只是一個「伊斯蘭地區」，有四點可以看出巴勒斯坦對伊斯蘭的關鍵重要性。第一，這塊土地是祖先亞伯拉罕生長的地方，既然是子孫，當然會認定自己有繼承權；第二，七世紀時這裡是伊斯蘭國家在阿拉伯半島以外最初獲得的土地；第三，從那時起，這塊土地深度伊斯蘭化，穆斯林百姓一直在這裡生活著；第四，位於中心位置的聖城耶路撒冷對伊斯蘭而言是第三聖地，一直受到歷代伊斯蘭政權的護持，維持安定。從穆斯林的角度來看，在漫長的歷史中，伊斯蘭政權護持聖地，盡到了讓各個宗教在這裡平安度日的責任，這才是最正統且合理的狀態。

但是在歐洲遭受迫害的猶太人，從十九世紀末便開始推行要在此地建立民族國家的移民運動，於是紛爭便由此展開。這個主張要「回歸錫安」（即耶路撒冷）的運動，稱為「錫安主義」（Zionism），但一開始在歐洲並沒有得到太多的支持。對住在歐洲已經好幾世紀的猶太人而言，聖經裡的應許之地，儘管是在宗教上令人崇愛的土地，但實際上就是異國。有人說待在歐洲受到迫害，所以我們到聖地去，但這不是那麼簡單就能讓人贊成的。很多人倒是覺得當英國人、法國人生活下去才說得過去，也更有利。

儘管巴勒斯坦在鄂圖曼帝國瓦解後為英國所統治，猶太人要移民比以前來得容易，但移民的盡是些在歐洲混不下去的下級階層。然而，當納粹德國出現後，局勢大變。納粹有組織且大規模迫害猶太人，造成連富裕階級的猶太人也非遷徙不可。

在巴勒斯坦這塊土地上，伊斯蘭、基督宗教、猶太教的信徒們，在伊斯蘭帝國統治下歷經數世紀共存。但隨著鄂圖曼帝國的崩解，伊斯蘭宗教共存的架構也瓦解了。

實際上，歐洲來的移民帶來的不只是人口上的變化，民族主義也愈來愈強。錫安主義就是要建立「猶太民族國家」的民族主義，但是阿拉伯語裡的 Yahūd 就只有「猶太教徒」的意思。如今穆斯林當中，仍有許多人對「猶太人」這個概念無法理解；他們只知道從宗教來區分的「猶太」。

民族主義在十九世紀的歐洲，在各地紮下了根。前近代的「猶太教徒」轉變成了「猶太人」，也和民族主義的進展匯流為一。在中東，土耳其民族主義在鄂圖曼帝國的危機下，率

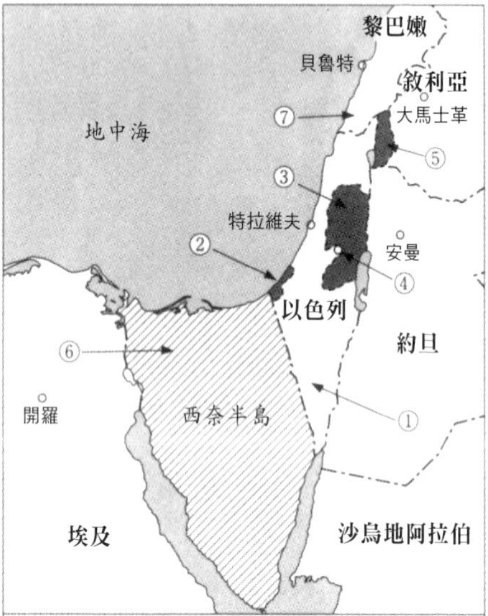

① 1948年以色列建國（對巴勒斯坦人是喪失土地）。
② 加薩地區：1949年由埃及託管，1967年被以色列占領。2005年以色列撤出加薩走廊。
③ 約旦河西岸地區：1967年原為約旦領土，被以色列占領（現今部分為巴勒斯坦自治區）。
④ 東耶路撒冷：1967年被以色列占領、併吞（未被國際社會所接受）。
⑤ 戈蘭高地：1967年原為敘利亞領土，被以色列占領、併吞。
⑥ 西奈半島：1967年被以色列占領。1979年簽訂和平條約，歸還埃及。
⑦ 南黎巴嫩：1982年被以色列入侵、併吞。由於抗爭激烈，2000年以色列撤退。2006年以色列再度入侵。

巴勒斯坦問題　跨越世紀的難解之題。

先發展起來；接著阿拉伯民族主義也被觸發，並在邁入二十世紀之後開始發展，但不可否認的是整體而言慢了一步。到了二次世界大戰後，總算看到民族主義高漲。

造成阿拉伯民族主義高漲最大的契機，就是一九四八年以色列宣布建國，成立了「猶太民族的國家」。這也造成非猶太人的阿拉伯人（宗教上或為穆斯林或為基督教徒）失去了祖國，大多還成了難民。

此時伊斯蘭欲振乏力，大多數的阿拉伯人因此開始產生自覺，認為該糾合整個民族，來面對新的危機。若說阿拉伯民族主義因此高漲，那麼猶太移民帶來的猶太民族主義，就更促成了阿拉伯民族主義的加速，故此我們可以說，原先以宗教優先的地區，已經轉向為民族主義。

第十章

伊斯蘭的現代復興

阿札姆著書闡述「吉哈德的美德」

伊斯蘭復興的起始

◎轉捩點：一九六七年

巴勒斯坦問題的產生，在伊斯蘭世界瓦解的潮流中，堪稱是最嚴重、也是為它畫下句點的一擊。一九四八年，因為以色列建國成功，激進的阿拉伯民族主義席捲了阿拉伯世界，而伊斯蘭的影子也愈來愈淡。當我們觀察這個時代之際，不禁會產生一種強烈印象：過去曾是伊斯蘭世界核心、也是眾多伊斯蘭政權曾繁榮興盛的中東地區，如今進入了「宗教時代終結、民族主義興起」的時代。

但或許是歷史的諷刺吧，不久之後，為伊斯蘭的復興帶來契機的，也正是巴勒斯坦問題。這樣的契機源自於一九六七年的第三次中東戰爭；當時，以色列以迅雷不及掩耳的奇襲行動擊破了阿拉伯的空軍，取得了制空權，從而贏得了輝煌的勝利。他們因為誇示自己在短短數日內便取得勝利，於是將這場戰爭命名為「六日戰爭」。至於阿拉伯陣營，則因為這場大敗仗，使得阿拉伯民族主義急速地走向衰退之路。

歷史上的巴勒斯坦，在一九四八年以色列建國時，約有八成的土地在以色列的控制下；

剩下的兩成為約旦所合併的約旦河西岸，及曾經託管給埃及的加薩走廊。一九六七年時，就連這兩成的土地也被占領。還不止如此，東耶路撒冷也被以色列占領。

東耶路撒冷就是歷史上的耶路撒冷，它的舊市區裡涵蓋了三個宗教的聖地。伊斯蘭視為聖域的地區內，有阿克薩清真寺（al-Aqsa Mosque）及圓頂清真寺，而聖域西側外牆，則是猶太教的聖地。另一方面，基督宗教地區內則有聖墓教堂（Church of Holy Sepulchre），蓋在耶穌被釘上十字架的各各他山（Golgotha Hill）上。其他還有很多與三大宗教有淵源的神聖場所。至於新市區所在的西耶路撒冷，乃是在託管時期發展起來，但絲毫不具宗教的意義。因此國際上提到的「耶路撒冷問題」，指的都是東耶路撒冷。

耶路撒冷的阿克薩清真寺　緊鄰著名的圓頂清真寺，相傳為穆罕默德夜行登霄之處。

這裡在一九四八年時由約旦所統治，與西岸地區都屬於約旦的領地。但因為一九六七年戰爭的關係，包括東耶路撒冷在內都被以色列軍隊所占領。這為伊斯蘭世界帶來強大的震撼，其衝擊程度之大，以至於喚起了伊斯蘭復興。

在這當中最具戲劇性的，是被以色列狠狠地打敗的埃及。埃及全國瀰漫著「悔悟」的氛圍，總統納瑟爾自己也說「這是真主所給予的試煉」，並且表明辭意。因為輕忽了伊斯蘭，以致讓自己敗得如此屈辱，大多數的國民都充滿了這樣的憂懼情緒。

實際上，埃及在民族主義精神受挫的當下，很難和擁有「不敗神話」的以色列分庭抗禮。在這樣的情形下，為了提振國民的精神與軍隊重建，埃及的領導階層採取了回歸伊斯蘭的策略，

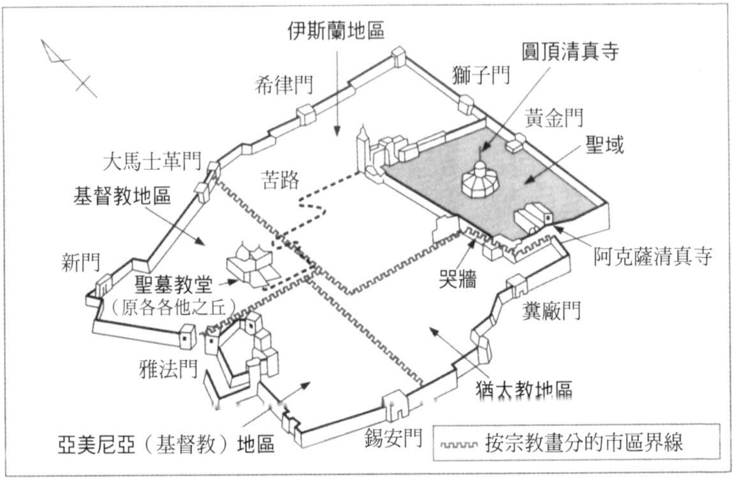

三種宗教的共同聖地　現今的耶路撒冷舊市區。

即復興「持劍的吉哈德」。

◎第四次中東戰爭與石油危機

埃及政府從烏里瑪領受了「對以色列的戰爭是正當的吉哈德」的宣告，重整軍隊。由於以色列占領了西奈半島，所以蘇伊士運河成了兩軍對峙的前線；一旦運河遭到封鎖，將對埃及經濟以及世界經濟造成嚴重打擊，故此，奪回運河被視為優先議題。為了這個目標，埃及還開發出能迅速展開的折疊式橋梁，作為讓戰車隊渡過運河的新武器。為防禦以色列空軍的攻擊，戰車隊也配備了地對空的飛彈，準備周延。不只如此，被徵召的兵士在一九六七年之後，沒有任何人退役，從而準備了一支大軍。

六年後，第四次中東戰爭在一九七三年十月六日爆發。這次埃及以彼之道還施彼身，採突襲的戰略，渡過了蘇伊士運河，展開總攻擊。當時士兵們喊著「阿拉至大」趕往前線的圖像，在戰後仍然廣為流傳。

這場戰爭就結果而言，是阿拉伯這一方獲得整體上的勝利。在戰場方面，前半段的戰局中，埃及具有壓倒性的優勢，但後半時以色列死命地反擊，因此就軍事角度來說，可謂是勝負各半。但是阿拉伯產油國採取了激烈的石油禁運策略。他們倡言，「不提供石油給不能理解阿拉伯大義的非友好國家」。因此全球經濟遭受第一次石油危機，迫使很多國家不得不採取親阿拉伯的政策。這可說是政治上的一大勝利，因此就算是戰場上的勝負，也絕不能稱得上是「平分秋色」。而「以色列不敗的神話」，也就此被打破。

日本也在石油危機中遭受衝擊，被視為「亞洲奇蹟」的高度經濟成長因而停滯。經歷一九六四年東京奧運、一九七〇年大阪萬國博覽會，達成令人刮目相看經濟發展的日本，對自己被阿拉伯諸國斷定為「非友好國家」，既覺得意外也感到震驚。

日本和阿拉伯諸國在良好經濟關係的支持下，一直維持著友好的往來；但，其實只有日本自己做如是想，阿拉伯方面則認定，日本在巴勒斯坦問題上態度冷淡。「阿拉伯的大義」唯一的主張，就是要理解祖國遭奪走的巴勒斯坦人的苦難。日本後來以此為基準改善了對阿拉伯的策略，之後重新建立起友好關係的基礎。

◎伊斯蘭首腦會議

在談到一九六七年戰爭後的發展時，有一件事絕不可忘記，那就是一九六九年第一次伊斯蘭首腦會議的舉行。六七年戰爭後，東耶路撒冷被占領，給全球的穆斯林帶來了衝擊。再加上六九年阿克薩清真寺遭人縱火，也震撼了穆斯林。因此，沙烏地阿拉伯與摩洛哥兩個伊斯蘭色彩濃厚的王國，便號召舉行伊斯蘭首腦會議。

如果在六七年以前的話，激進阿拉伯民族主義的國家對這種號召大概不會多所回應，甚至還會解讀成「這是反動派披著伊斯蘭外衣策動的行為」。但是此時民族主義已經開始走穩健路線，因此在摩洛哥拉巴特（Rabat）舉行首腦會議，並且通過設立伊斯蘭合作組織（ＯＩＣ）。

若我們認為鄂圖曼帝國滅亡的同時，傳統的伊斯蘭世界也隨之瓦解的話，那麼這場首腦會議，就象徵著新而現代伊斯蘭世界的重生。此時阿拉伯的領袖們，不再打著「泛阿拉伯主義」、「亞非團結」的口號，而是以伊斯蘭為彼此的牽繫共聚一堂。今天，當我們問到「伊斯蘭國家」是什麼的時候，最淺顯的定義就是「ＯＩＣ的加盟國」。透過這種方式，此時聚集在一起的二十六個國家與地區的領袖們，向國際社會明示了有「伊斯蘭各國」的存在，也因此讓「伊斯蘭世界」再次呈現在世人眼前。

◎分水嶺：一九七九年

在一九六〇年代到七〇年代之間，各種促使伊斯蘭復興的要素，陸續在各地萌生出來。被近代化所遺棄的人們，寄望從伊斯蘭的福利制度得到救助，而因為近代化成功出現的新菁英階層，則為了尋求自我認同，而將目光投向伊斯蘭。

此外，伊斯蘭銀行也成立了。這反映著第一次石油危機造成石油價格攀升、產油國的崛起與石油所帶來巨大的財富等現象。以一九七五年杜拜伊斯蘭銀行的設立為開端，伊斯蘭各國陸續設立了所謂的伊斯蘭金融機構，這是在經濟層面追求的伊斯蘭復興。

不過儘管伊斯蘭復興在很多地方都已經略見雛形，但大部分都還是伏流。另一方面，正如日本將一九七三年戰爭誤解為「阿拉伯民族主義的展現」，歐美看待伊斯蘭也一樣有誤差。對於中東發生的戰事，其分析多半以近代化論或民族主義論為主流，但不管是哪一種論點，對伊斯蘭不是輕視，就是忽視。

然而，這些觀點在一九七九年產生了很大的轉折。這一年的重要性，就算一再強調也不為過。首先是二月時，從去年展開的反君主制運動革命成功，在伊朗建立起伊斯蘭政權。之前伊朗在巴勒維王朝堅若磐石的體制下，強化了軍事力，被視為波斯灣最強的君主制國度，因此這場革命震驚了全球。而且這場革命發生在產油國伊朗，因此造成了第二次石油危機，打擊了全球經濟。

但更令世界驚愕的是，這場革命是在烏里瑪的領導下，以「伊斯蘭革命」之姿崛起。何梅尼這位年近八十的年邁法學家，身穿烏里瑪特有的裝束，綁著黑色頭巾（turban）身著長衫，以革命領導人的角色登上全球新聞頭版。不管是法國大革命以來的國民革命（民族革命），或是俄國革命以來的社會主義革命，都是以世俗主義為前提；有誰料得到，當二十世紀將近尾聲時，居然還會有革命是因宗教而起呢！這場革命以「吉哈德」和「殉教」為主調，歐美媒體也有人稱之為「神的革命」。

伊朗不久後舉行公投，決定國名為「伊朗伊斯蘭共和國」，接著在十一月，何梅尼的支持者占領了位於首都德黑蘭的美國大使館，採取和美國對決的強硬姿態。此外，他們通過的憲法中還明載國家應受伊

何梅尼 1979年伊朗革命的政治和精神領袖。

斯蘭律法支配，伊斯蘭政治因而在現代重生。

但這一年的事還沒完。十一月時，在沙烏地阿拉伯的聖地麥加，爆發了武裝反體制派的起義。他們主張推翻君主制，占領了麥加禁寺（the Grand Mosque of Makkah），呼籲信士們要立誓效忠「馬赫迪」。這也是沙烏地阿拉伯王國在一九三二年宣布建國之後，所面臨最大的國內危機。

這次起義占領了卡巴聖壇，也令人為之震驚；而且是在世界最大產油國沙烏地阿拉伯發生激烈的反體制運動，這更造成很大的震撼。但是最大的衝擊莫過於一向被視為伊斯蘭國度的沙烏地阿拉伯境內，居然也發生了伊斯蘭色彩的叛亂。時序邁入二十世紀後，傳統的伊斯蘭世界瓦解，幾乎所有的國家都成了殖民地，就算獨立後也傾向採行非伊斯蘭的體制；在這潮流終能保持獨立、還能以伊斯蘭為國家綱領的，正是沙烏地阿拉伯。然而，這個伊斯蘭王國卻是伊斯蘭派的反體制運動所要推翻的目標——這在某個層面上，比伊朗革命還更具衝擊性。

一九七九年底最後的大事件，就是蘇聯軍隊入侵阿富汗。阿富汗在一九七三年發生共和革命，一九七八年被共產勢力奪權，但伊斯蘭復興也同時不斷地發展中。鄰國伊朗發生的伊斯蘭革命，造成了地區權力失衡。於是蘇聯為擁護共產政權，派了大軍進駐當地。

此舉引發了反蘇聯鬥爭，抵抗運動橫亙了整個一九八〇年代。儘管有各種流派的團體和運動參與其中，不過這些戰士一律被稱作「聖戰士」（mujāhidīn），也就是「吉哈德的戰士」。這裡講的吉哈德是持劍的吉哈德，也是進行抵抗的吉哈德。

阿富汗是少數免於被殖民地化的伊斯蘭國家之一，而它的社會極為傳統，仍保有極強烈的伊斯蘭色彩。同時，由改革派所領導的伊斯蘭復興運動也十分活躍。這樣的國家遭到蘇聯軍隊入侵，也為其他國家的穆斯林帶來了震撼。伊斯蘭色彩強烈的國家，遭到共產主義這個涇渭分明的強敵赤裸裸地以軍事手段進行侵略；在這種情況下，持劍的吉哈德就更具備了正義的名分。

不久，不只阿富汗人展開了反蘇聯的游擊鬥爭，更有阿拉伯諸國的義勇兵紛紛加入。

◎來自阿富汗的鬥爭

和伊朗的狀況不同，對於發生在阿富汗的鬥爭，美國與西歐各國視之為「反蘇鬥爭」並予以支持。在當地除了阿富汗人以外，還有來自伊斯蘭世界、約數千人規模的義勇軍參戰。他們認為共產軍隊的侵略是烏瑪的危機，因此他們非常明確地，具有保鄉衛土的義務。

在這當中，有一位巴勒斯坦領袖扮演了相當重要的角色，他的名字叫作阿布都拉．阿札姆（Abdullah Yusuf Azzam）。阿札姆組織了阿拉伯義勇軍，鼓吹持劍的吉哈德。他以小冊子的形式寫了很多著作，可以視之為與現代吉哈德有關的重要思想家。在他麾下負責招募義勇兵的，就是奧薩瑪．賓．拉登（Osama bin Laden）。賓．拉登出身沙烏地阿拉伯的財閥，因為二〇〇一年九月在美國發動九一一恐攻，一躍成為世界名人。但除了是組織的領袖外，若作為思想家來說，阿札姆的貢獻遠遠要比他大得多。

阿札姆在以《保衛穆斯林的土地是最重要的個人義務》為題的小書中提到，「被人們忽視、遺忘的最重要義務，就是吉哈德的義務，但是卻不見於穆斯林的現實當中」。他所說的「穆斯林的現實」，正如前章所提及，乃是出於沒有一個領導持劍的吉哈德的伊斯蘭國家。在這種情況下必須討論的，就是個人該如何保鄉衛土的問題。

阿札姆主張，當外國軍隊入侵時，當地的人民每一個人都有義務保衛鄉土；如果兵力不足時，鄰近地區也要就近馳援。他更疾呼幾個在遭受侵略的地區中，巴勒斯坦和阿富汗最為重要。他認為如果置之不理的話，將會失去更多土地。他還提到，「身為阿拉伯人、而且能在巴勒斯坦投身戰場的人，就應該從那裡開始。如果做不到，就該前往阿富汗。至於其他（非阿拉伯人的）穆斯林，我個人以為應當在阿富汗從戎」。

但這個理由並不是阿富汗比較重要。他認為「巴勒斯坦才是伊斯蘭最優先要解決的議題，這裡才是伊斯蘭世界的核心」，但在阿富汗的鬥爭，乃是清楚揚起伊斯蘭的旗幟，目的也是為了建立伊斯蘭國家，因此在這裡揚旗更為簡單。在他創作這本書的一九八四年時，巴勒斯坦的鬥爭是由目標建立世俗國家的巴勒斯坦解放組織（PLO）所領導。

阿札姆還說，「當敵軍進攻緩衝區（thughūr）時，防衛就是個人的義務」，這句話引人深思。「thughūr」指的是和敵國之間的緩衝地帶，是源自阿拔斯王朝時，與拜占庭帝國之間的邊境地區而有的說法。當第五代哈里發哈倫和拜占庭帝國作戰時，緩衝區位於現今敘利亞北側附近。伊斯蘭律法規定，當志願從軍參與吉哈德時，必須要得到雙親或妻子的應允。也就是說，當自己的鄉土還未面對直接的危險之際，孝敬父母扶養家人是優先的義務。然而阿札姆卻主張，敵人一旦越過緩衝區進犯時，就不需要得到這樣的許可。

他還鼓勵「以錢財來實踐吉哈德」，也就是對吉哈德給予財政上的支援。他的呼籲打動不少年輕人的心，也帶來集資的效果。八〇年代時，從阿富汗有全球為數最多的難民出逃，生活在巴基斯坦及伊朗的難民營，因此伊斯蘭諸國也對他們慷慨解囊，以為「對窮困者的天課」。

激進派登上舞台

◎蓋達組織的出現

阿札姆據傳於一九八九年，在白沙瓦（Peshawar，位於巴基斯坦西北部，為阿富汗難民居住的主要地區）死於意外。之後嶄露頭角的是奧薩瑪．賓．拉登。

阿富汗之後的情勢稍為複雜，需要進一步說明。蘇聯的軍隊經不起聖戰士頑強的抵抗，在一九八九年退兵。蘇聯之後也面臨瓦解，不僅在戰事上不敵西方陣營，在與伊斯蘭世界的鬥爭中也敗下陣來。但在反抗蘇聯時陣線一致的聖戰士組織，在一九九二年伊斯蘭政權建立後，彼此之間卻展開了內戰，讓阿富汗的人民與來自阿拉伯的義勇兵都大失所望。因此保守的伊斯蘭勢力——塔利班崛起，在一九九六年時已經實質控制了國土的大半。至於聖戰士組織則困守東北部，成為大家熟知的北方聯盟。

塔利班意為「伊斯蘭神學院學生」，原是由伊斯蘭學院的寄宿生所組織而得名。他們的思想承襲十九世紀的伊斯蘭改革主義，但在二十世紀末已經顯得陳腐落伍。他們禁止女性就業，並強制女性披戴頭巾。美國一開始認為塔利班政權能帶來安定而表示歡迎，但美國國內批判他們「壓抑女性」的聲浪高漲，於是選擇保持距離。

當聖戰士們彼此內鬥時，賓．拉登與許多的義勇兵離開了阿富汗。有的人在波士尼亞內戰時加入穆斯林陣營，也有人回到祖國從事地下工作。在阿爾及利亞，因為軍政府扼殺伊斯蘭復興，所以自九〇年代起也陷於內戰，據傳有許多從阿富汗回歸的士兵，都加入了伊斯蘭武裝組織。

賓．拉登和他的同盟者則在塔利班政權維持一定的安定時，為尋求保護而回到了阿富汗。此時他們的組織被略稱為「蓋達」（al-qaeda，意為「基地」，指吉哈德的基地）。一般認為他正是從阿富汗的根據地，指揮發動二〇〇一年九月的九一一恐攻。

老實說，對於賓．拉登和蓋達組織的「事實」，我們很難說已經獲得了充分理解。美國雖然發表了有關九一一事件的詳細報告，但這也是和

塔利班游擊隊　塔利班分子以游擊隊的形式分散在阿富汗，以坎達哈為據點，與新政府及多國部隊對抗。

賓・拉登對抗的當事人所提出的主張，斷不能照單全收。另外，賓・拉登率領的是地下組織，因此也沒辦法清楚掌握其實態。

一九九六年設立的半島電視台是位於卡達、專門以阿拉伯語播放新聞的衛星電視台；他們積極地針對賓・拉登等人進行報導取材，也因此成功開拓了新市場。亞洲和非洲的傳媒能與歐美媒體對抗、並在商業上獲致成功實屬困難，因此半島電視台可說是罕見的成功案例。最起碼，半島電視台的報導改善了資訊一面倒來自歐美的情況。但是賓・拉登陣營原就是有目的地與媒體接觸，所以資訊再多仍然真假難辨。

賓・拉登　成為憤怒的年輕人的象徵。

◎反美路線的開始

不過，也有些地方是可以清楚說明的。第一就是過去從事反蘇鬥爭的賓・拉登等人，在

波斯灣戰爭　美 F-15E 參加 1991 年的沙漠風暴行動

一九九〇至一九九一年時轉而反美。其中一個理由是，蘇聯敗戰後從阿富汗撤軍，反蘇鬥爭也因此結束。其二是一九九〇年爆發了波灣危機。這項危機起於伊拉克（海珊政權）入侵並併吞鄰國科威特。以美國為首組織的多國聯軍，在第二年將伊拉克逐出科威特，這就是我們所熟知的波斯灣戰爭。美國總統（老）布希的用意，是要透過這一次戰爭，整頓冷戰後的「新世界秩序」。

對賓．拉登而言過不去的那道檻，就是美軍進駐祖國沙烏地阿拉伯。沙烏地國王一向自詡為伊斯蘭世界的盟主，特別是一九七九年麥加事件後，更在一九八六年稱自己為「兩大聖城的守護者」，沿用鄂圖曼帝國的蘇丹使用過的稱號，強化了伊斯蘭路線。賓．拉登想必也以此為傲，因為賓．拉登財閥原本就是因為參與兩大聖城的建設而發跡。即使到現在這情況依然沒變，奧薩瑪只是家族眾多兄弟當中的一人，但就因為他，「賓．拉登」這個名號在全球媒體中聲名大噪；對此，其他家族成員應該感到不勝困擾吧！

在波斯灣戰爭中，沙烏地阿拉伯舉國上下，都對伊斯蘭國家接受非伊斯蘭國家（美國）的軍事援助是否合宜議論紛紛。這不僅關乎伊斯蘭國家的獨立原則，同時還反映出一個大疑問，也是嚴厲的批判：為何石油大國年年挹注鉅額的軍事預算，卻無力保衛自己的國家？故此，賓．拉登對國王提議，讓國民自己的義勇軍來保衛祖國。

但國王卻認為他們違反體制，加以嚴格取締。後來賓．拉登認為，這是美國占領了沙烏地阿拉伯，還操控了沙烏地政府之故。在他的世界觀中，美國占領擁有兩座聖城的阿拉伯半島，就和以色列軍隊占領聖地耶路撒冷一樣，都是整個烏瑪的敵人。

發生在一九九八年的肯亞、坦尚尼亞的美國大使館爆炸事件，以及二〇〇〇年在葉門的美國驅逐艦攻擊事件，矛頭紛紛指向蓋達組織。大使館爆炸事件後，當時正被性醜聞纏身的柯林頓，為了在外交上扳回一城，下令報復阿富汗和蘇丹。美軍以人在阿富汗的賓．拉登為目標，發射巡弋飛彈，這也是史上第一次個人成為巡弋飛彈的目標。

賓．拉登的反擊，就是發生在二〇〇一年九月，以美國本土為目標的九一一事件。

◎急進派與中庸派

九一一事件發生後，賓．拉登與他所率領的蓋達組織在全球聲名大噪。而又因為小布希宣示「反恐」，恐怖活動與反恐活動遂成了影響國際關係的主軸。全球在冷戰終結、蘇聯瓦解後進入了二十一世紀，可說是進入了「恐怖活動與反恐活動」的時代。

故此，「伊斯蘭是否與恐怖活動有關」、「吉哈德是不是偏狹的聖戰」這些未經深思的疑問甚囂塵上。無須贅述，如果將部分武裝抗爭與恐怖活動全都歸咎伊斯蘭，那就無法解釋伊斯蘭世界的大半人們，都過著和平生活的事實。如果認為吉哈德思想一定會導致恐怖活動，那麼任何一個時代應該都充斥著恐怖攻擊。

再說，恐怖活動並不僅和伊斯蘭世界有關。我們看到其他宗教與恐怖活動的瓜葛，就會發現自爆攻擊並不是伊斯蘭首創。歷史上第一樁自爆攻擊發生在斯里蘭卡，而和斯里蘭卡密切相關的是佛教與印度教，因此在這裡發生的攻擊真能用宗教來解釋嗎？此外，包括一九九五年發生在奧克拉荷馬州的聯邦大廈爆炸案在內，由基督教徒主導的恐怖攻擊也不在少數。既然如此，是不是也要問「基督宗教和恐怖活動有沒有關係」呢？

關於恐怖活動的種種膚淺議論，其實大多是謬誤，在很多書上都有所論述。本書談的是伊斯蘭的吉哈德，因此不想在這個問題上打轉，而是想提出更確切的問題，那就是「激進派如何將吉哈德的理念用來將恐怖攻擊合理化」、「在伊斯蘭的邏輯下，哪一種吉哈德可以被容許，哪一種吉哈德又被視為是脫了韁的過激派」。

吉哈德思想源自於人與內心之惡的戰鬥，並形成了防禦外敵的「持劍的吉哈德」這一面。但是保鄉衛土是每個國家都有的思想，並非吉哈德獨有。那麼，要怎樣分辨何謂正當的保衛鄉土，何者又是偏激的武裝鬥爭呢？

為了釐清這一點，我們就必須思考現在伊斯蘭世界裡大半人們所信奉的「伊斯蘭」是什麼樣子，而健全且穩健的伊斯蘭思想又是什麼。我把這些人稱之為「中庸派」（Wasatiyyah），占大多數的也是這些中庸派。相較於這些人，則是為數不多的急進派與激進派。

這兩者的差異是什麼，不能單依肯定武力與否來界定。中庸派與急進、激進派的分水嶺，在於他們怎麼看待現代伊斯蘭社會；更具體地說，二者在「伊斯蘭究竟是怎樣的教誨」上有著理解差異，而且在伊斯蘭復興的藍圖上也南轅北轍。

◎來自草根的伊斯蘭復興

和現在有關的伊斯蘭復興，起源於一九六〇年代後半。儘管過去曾有伊斯蘭復興的浪潮，但或是被自由主義者所壓制，或是被民族主義者所吸收，又或是受到社會主義所壓迫。而之所以再次復興，是因為其他思潮未能成功奏效，加上和世界性的宗教復興共振使然。

這種復興現象，如果到當地細細觀察就會發現，幾乎都和草根基層所力行的宗教覺醒與生活改善有關。例如勵行禮拜、建設清真寺、背誦古蘭經、鼓勵斷食、強化倫理教育等宗教復興，或是為了窮人天課（募款與分配）、為低收入戶看診，對成員只有母子的家庭施予支援，還有對地震天災的受災者進行救援等社會福利活動。至於富裕階層設立的伊斯蘭銀行，也是伊斯蘭復興的一個面向。

伊斯蘭社會如果有範本，其基礎就在於伊斯蘭信仰。而以伊斯蘭信仰為根本的伊斯蘭律法，則會確立信仰行為、建設清真寺、建構家庭與社群、形成公共財、維持社會秩序，還會訂立國家與行政，最後也會界定伊斯蘭的國際關係。內在的吉哈德或社會的吉哈德，會反映在個人的信仰與公共空間的倫理上；持劍的吉哈德，則屬於國家管理的軍事與對外事務。這種基於律法、顯露在外成為典範的世界觀，大約形成於阿拔斯王朝的中期。對社群應有形態與公共財的看法，或許會因為時代與地區而有所不同，但是烏瑪為包容所有領域的共同體，依然是放諸四海而皆準。

進入二十世紀後，傳統的伊斯蘭世界瓦解。這個過程，同時也是該典範的最上層（國際關係、國家、政治）崩壞的過程。已經殖民地化的各國，除了被迫接受列強所支配的世界秩序，主權也受到限制，還導入了非伊斯蘭的西方法律，連經濟體系也深受資本主義滲透。故此一般預期是，這個伊斯蘭典範會隨著近代化而徹底消滅，從而形成一個基於迥然相異的理念建設起來的近代社會；但到了二十世紀中葉為止，這樣的想法被證明是大錯特錯。

在這種狀況下，現代中東的實情，變成了既非傳統的伊斯蘭社會，也不能說是完全西化、近代化或世俗化的社會。伊斯蘭的價值觀能夠持續抗拒西方化的原因之一，在家族法的領域。

在伊斯蘭律法中，家族法掌管了結婚、離婚、養育、遺產繼承等家族關係。更進一步說，在伊斯蘭世界裡，「受到保護的少數宗教」也都有自己的一套家族法。一言以蔽之，透過宗教來界定婚姻關係、親子關係的，就是家族法。即使在現代化後，這樣的法律依然能夠留存，是因為家族觀念與婚姻制度乃是源自於各自的文化，不會被政治、經濟的「發展」所滲透。除了一部分知識分子之外，大部分的國民在有關結婚與家族的看法上，並沒有意願模仿西方。

任何一個宗教的家族法，都鼓勵同宗教內的婚姻，所以通常穆斯林就是和穆斯林、基督教徒也是和基督教徒互相成立家庭、傳宗接代。上一代為孩子命名，大多也有宗教上的意涵。從阿拉伯語來看，穆罕默德是伊斯蘭，歐瑪爾是遜尼派，阿卜杜勒海珊（Abdulhussain）是什葉派，布圖魯斯（Butrus）是基督教徒，幾乎八九不離十。也就是說在這個家族法上，名字對形塑每個人的認同，扮演了很重要的角色。

來自草根的伊斯蘭復興，企圖從信仰行為與家族法層面，重新構築伊斯蘭社會，也就是把上面已經崩壞的建築，由基礎向上重建。但相對於此，也有人認為伊斯蘭的破壞，最主要乃是來自於國家和政治層面；故此他們主張，首先應該從這些地方修復起才對。而且，因為國家、國際關係又和軍事領域有關，所以要重整就必須採取軍事上的行動。是故，這些主張由上而下進行伊斯蘭復興的人，就把「持劍的吉哈德」當成最優先事項——他們就是急進派。

◎激進派時代的來臨？

還有一個大問題，那就是「激進派」的產生。這裡所講的「激進」指的是不依循共同體的共識，也可以說是欠缺共識。

在本書我們也曾仔細地探討過，初期伊斯蘭曾有內亂與派系等問題，針對伊斯蘭的意義，一個純正的信士該有什麼樣的態度，也有過紛亂的意見。烏里瑪在對這些紛亂的意見提出解答的同時，也憑藉「解答」的力量，奠立了自己在伊斯蘭世界中宗教領袖的地位。像阿拔斯王朝的哈里發馬蒙，設立了異端審問的機構，企圖控制烏瑪的思想，但因為烏里瑪的抵抗而功虧一簣。

烏里瑪的處方箋裡有四個主要關鍵。其一是重視烏瑪的一體性，不對他人的內在加以質問與爭論。其二是社會上的伊斯蘭屬性，必須受到伊斯蘭律法的保障。其三是伊斯蘭律法的解釋權在烏里瑪，一般信士（包括統治者在內）應遵從烏里瑪的領導。其四是統治與軍事（即持劍的吉哈德）必須託付給統治者，不得私自行動。

雖然遜尼派與什葉派之間多少在認知上有所差異，但兩者大致上都是以此為主流。在以急進什葉派（伊斯瑪儀里派）為主的法蒂瑪王朝結束的十二世紀左右，這樣的看法也已被廣為接受。

和這樣的共識形成明顯對立的是「出走派」（哈瓦利吉派）。這個分派一如其名「出走者、分離者」，他們執著於自己的看法，脫離了第四代哈里發（也是什葉派的第一代伊瑪目）阿里的陣營。他們為了打倒和自己意見相左的人，採取暗殺戰術，實際上阿里也是死於他們的利刃之下。

逃過暗殺一劫的穆阿維亞後來開創了伍麥亞王朝，這一段已在第五章敘述。「出走派」之後也抱持著「只要是篤信的信士，任何人皆可能為領袖」的政治觀，對於不同意這點的穆斯林，不惜以武力加以打倒；在這種伊斯蘭觀念下，他們持續以反體制派自居。但也因此，為了清除他們的勢力與思想，反而讓重視共識的伊斯蘭世界得以維繫。

一九七〇年代以後，在伊斯蘭的世界裡可以聽到一種聲音：「現代的激進派，不就和『出走派』一樣嗎？」最明顯的例子，就是一九八一年暗殺沙達特總統的伊斯蘭聖戰組織。他們認為沙達特和以色列簽署和平協議，就再也不是穆斯林，而是吉哈德的對象，因此採用了暗殺戰術。在這起事件中，對吉哈德的理解不是倡議打倒外敵，而是推翻穆斯林的統治者，因此對整個伊斯蘭世界、特別是對持中庸派的人們帶來很大的衝擊，甚至產生出疑問：這不就和哈瓦利吉派類似嗎？對沙達特的內心有所質疑，認為他背離伊斯蘭，而把他當作「持劍的吉哈德」的對象，不就和「出走派」暗殺第四代正統哈里發阿里如出一轍嗎？

這種疑慮，反映著某種深刻的不安：隨著統一的伊斯蘭世界在二十世紀的瓦解，伊斯蘭會不會再次演變成過去派系林立的狀況？激進派會不會再度降臨？一九七九年的麥加事件，也是打著「馬赫迪」的主張。以此為鑑，當然會令人產生疑慮，聯想起初期的激進仆葉派。

◎野戰司令官賓．拉登

將其他信士扣上「非穆斯林」的罪名，這種作法稱之為「Takfir」（宣稱對方為偽信者）。「出走派」擅長的就是這一項。相對地在伊斯蘭世界的主流派中，所持的教義是絕不可對他人扣上「不虔信」的帽子，這樣的看法持續了數世紀。很多人認為，如果講到伊斯蘭的優點，那就是現實主義，不會對他人的內心予以置喙。但是這種優點到了現代卻開始崩解。這也讓中庸派的人產生了危機感。

要說這就是激進派，那麼賓．拉登其實並不算激進派。他雖是急進的武裝鬥爭派，但和暗殺沙達特的伊斯蘭聖戰組織不同，他並沒有推翻沙烏地阿拉伯國王的意圖。就算他對國王有所批判，也只是間接地表示國家「遭到美國占領與操控」。

他被判罪驅逐，不是違反了上面提過的四個原則的第一條「重視烏瑪的一體性，不對他人的內心加以質問並爭論」。相對於此，賓．拉登的問題則是牴觸了第四條原則——「統治與軍事（即持劍的吉哈德）必須託付給統治者，不得私自行動」，不只如此，他還把無罪的平民，當成是持劍的吉哈德的目標。

但站在賓・拉登的角度來看，這會存在著一個大問題。能夠託付統治和軍事權限的統治者究竟是誰？沙烏地國王請入美軍，證明了這位穆斯林統治者無法掌握軍事權。但如同阿札姆所探討的，即使統治者無能，保衛鄉土仍是所有信士的義務。所以賓・拉登大概會說：「就因為這樣，我們才會為了烏瑪奮起一搏。」

賓・拉登其實並未接受宗教教育，自己也不是烏里瑪。他雖針對吉哈德發表過自己的見解，但立場倒像是野戰司令官。因為沒有烏瑪的正統軍隊，所以他自己組織了游擊隊、成了野戰司令官，依照自己的判斷展開行動。

這種情況在二〇〇三年之後也發生在伊拉克。作為反恐戰爭的一環，美英派兵進攻了伊拉克。表面上的理由是海珊政權有藏匿大規模毀滅性武器之嫌，實際上是小布希承繼了老布希政權中，想和伊拉克一決勝負的念頭。最後的結果是，海珊政權在這一場戰爭被擊垮，伊拉克沒有了合法的政府，而由外國占領軍駐留。

這導致了武裝集團以保鄉衛土為理由，對外國軍隊發動吉哈德；就算在二〇〇四年，聯軍在形式上將主權委讓給臨時政府之後，仍有武裝集團認為，這是背後受美國操控的「傀儡」政府而持續發動攻擊。甚至還有集團斷言「埃及是不信伊斯蘭的政府」，故綁架了駐伊拉克的埃及外交官。

如果有被認可的正當哈里發所統率的伊斯蘭政權，也許就能對自命為野戰司令官之輩下達命令，要他們「審慎自律，不可隨意發動軍事行動」。但是實際的問題是，即便是ＯＩＣ的加盟國，也幾乎沒有哪國規定自己的體制是伊斯蘭國家、或認定自己的軍隊是伊斯蘭軍隊。再說，ＯＩＣ即使有加盟國彼此間的外交、經濟、文化合作，在安全保障與軍事面卻沒有同盟關係。於是目前仍然沒有能統籌吉哈德的人物，而自認為是司令官的人，也仍然持續採取激進的行動。

有關吉哈德的論戰

◎歷史上的吉哈德

關於吉哈德，從古到今有過形形色色的議論。到了現代，吉哈德再次被熱烈討論，其背景在於急進派或激進派主張採取吉哈德，將自己的武裝鬥爭及恐怖行動加以合理化的現況。

此外在冷戰結束後，國際社會中針對戰爭的議論開始熱絡起來，也對此造成了影響。

我在這裡想針對與吉哈德有關的看法進行彙整。

首先我們概括歷史來看。在先知的時代中，麥加時期的吉哈德純粹指的是在宗教上的奮鬥努力，絲毫沒有戰鬥的概念在其中。「戰鬥」（qital）是聖遷後，依照古蘭經裡「對戰鬥許可的章節」而被正當化。因為在麥地那成立的最初的伊斯蘭共同體，暴露在軍事危機當中，是故從防衛的必要來看，「持劍的吉哈德」便獲得了正當性。和「持劍的吉哈德」有關的章句也出現在古蘭經裡，在執行吉哈德的同時，自我犧牲的「殉教」被認定為宗教上的美德。話雖如此，就整體來看，建構立足於伊斯蘭的社會才是其首要之義，戰鬥則只被看成是一種手段。

伊斯蘭征服麥加時，收復了卡巴聖壇，成就了阿拉伯半島史上首次統一。在半島上無需再有吉哈德，協商與訴求成了推展伊斯蘭的方法。但這個新興國家的崛起，讓鄰近的兩大帝國感到威脅，因此對（無意臣服）又高傲的伊斯蘭國家而言，除了和帝國一決雌雄之外別無選擇。穆罕默德是在剛著手遠征敘利亞之際，就離開了人世。

接下來的後繼者——正統哈里發，將半島內的叛亂藉「叛教戰爭」之名予以壓制，這場戰爭的餘威一直延燒到與薩珊波斯及拜占庭帝國的對決，這就是伊斯蘭征服事業的起始。為了因應征服事業的擴張及行政機構設置的必要性，故設立了軍務廳等官方單位，招募阿拉伯諸部族參與征服，後者有的是因為對信仰的虔誠，有的則是為了得到軍餉、戰利品等實際利益動機，所以樂於參與軍務。

征服事業一直到伍麥亞王朝時期依然持續著，並在西起伊比利半島，東至中亞的空間內畫下了龐大版圖。阿拔斯王朝大致上繼承著這塊版圖，並在印度與中亞持續擴大版圖。征服事業至此，伊斯蘭世界的核心地帶得以確保，而伊斯蘭也得以建立自我。

另一方面，從內亂的痛苦經驗中，伊斯蘭愈來愈傾向將掌控「持劍的吉哈德」視為統治者的專權事務。從重視阿拉伯血脈的伍麥亞王朝，到建立起多民族伊斯蘭帝國的阿拔斯王朝初期，這一伊斯蘭的原則逐漸明確化。阿拔斯王朝的哈里發穆阿台綏姆統治期間，建立了職業軍隊，「信士皆兵」的時代於焉結束，信士們當兵得到薪俸的制度也告終。持劍的吉哈德，自此被視為統治者在軍事與防衛上的事項。

◎防衛的吉哈德論

由國家所統馭的吉哈德，一直持續到鄂圖曼帝國解體。到了第一次世界大戰時，鄂圖曼帝國君主最後一次，由烏里瑪處獲得了發布吉哈德宣言的許可。另一方面，西方除了展開軍事的攻勢，同時也在思想上批判「伊斯蘭好戰」。為了回應，思想家於是發展出吉哈德原屬「防衛性質」的理論來加以反擊。

從十九世紀到二十世紀間，防衛性的吉哈德雖是思想的主流，但現實中在列強侵略下，發動防衛性吉哈德的機會還是少之又少。隨著鄂圖曼帝國的崩解，傳統的伊斯蘭世界也不復見，也沒有吉哈德的主宰者。

至於衍生出伊斯蘭征服事業的吉哈德，通常也有人將之解釋為是「防衛」。因為伊斯蘭國家面臨存亡之際，必得和薩珊波斯及拜占庭帝國一決勝負，所以也可以視之為「防衛」。就算不是「防衛」，在伊斯蘭世界必須確立自我的這個階段，「戰鬥實屬正當，而征服事業被認為是神給伊斯蘭的恩賜」，這種看法也根深蒂固。

所以就算乍看之下像是侵略攻擊的行為，也可以用「這是為了確保傳教的自由」來加以解釋。征服本身並非目的，至於「以力量迫人皈依」，那就更不是目的了。現在的西方似乎也已經普遍理解到，將伊斯蘭的擴張解讀成「靠軍事力來強迫皈依」，乃是一種謬誤。

不過，無論是否拿出「為了伊斯蘭」這個藉口，王朝為了確保版圖與貿易路線進行征服，之後也屢見不鮮。

就從防衛的策略來進行征服這點，最近有人提出了疑問：伍麥亞王朝時的征服，是否真有必要遠征到伊比利半島？更進一步說，他們的真正動機是不是在獲取戰利品上？然而，從結果論來看，如果沒有伊比利半島，伍麥亞王朝早在七五〇年時就氣數已盡了，更不會有延續到一〇三一年的後伍麥亞王朝的榮景。

初期伊斯蘭的征服事業，應該是相當質樸的——因為不得不戰，然後取得勝利。穆斯林們也直率地感到欣喜。勝仗打多了，結果成就了大帝國。

之後的時代將吉哈德區分為「攻擊性的」、「防衛性的」，給人的印象像是在辯護。應該說，為了突破眼前面臨的危機而持續戰鬥，不知不覺中就將廣大的土地納入自己旗下，這還更貼近實情。

二十世紀時伊斯蘭國家銳減，原先作為國防戰略的吉哈德也隨之勢微。但是在二十世紀後半，當伊斯蘭復興的同時，吉哈德的精神再次受到鼓舞。

伊朗革命幾乎是由非武裝民眾的示威造就，在革命過程中，反王權鬥爭被看成是以自我犧牲換取的吉哈德，在鎮壓下失去生命則被當作是殉教。此外，弱者將爭取正義的鬥爭稱為吉哈德，還引發弱者將「自殺攻擊」當作武器的伊斯蘭運動。新時代的特徵就是，將現代的鬥爭以伊斯蘭的概念或思想加以正當化。

◎中庸派的烏里瑪聯盟

當駕馭吉哈德的伊斯蘭統治者消逝後，就進入和外國軍隊、占領軍對戰的反抗組織、或者是游擊隊集團，各自統率起兵的野戰司令官，全都高唱吉哈德的時代。這件事特別是在遜尼派各國當中，形成很大的問題。

什葉派則從十九世紀以降，為了與世俗化對抗而推動烏里瑪的階層化、秩序化，在不存在聖職者的伊斯蘭當中，成功地建立了如同教會般的宗教領導階級。烏里瑪的稱號也明確有了位階：「伊斯蘭的信任」、「真主的象徵」、「真主最偉大的象徵」。之所以會有這樣的分級，是因為什葉派原本就認為世俗權力是不得已的次要選擇，故應該和權力者間保持距離的緣故。

強力的烏里瑪階層在什葉派中成長，結果就是伊朗的伊斯蘭革命還有革命後的體制，都和烏里瑪階層牢固地結合在一起，甚至連衍生出「自殺攻擊」的黎巴嫩真主黨（hizbu'llah），也遵從烏里瑪的領導。真主黨在歷經十五年餘的內戰、終結了暴力時代時，依然維持著反抗組織的形式，同時也參加國會選舉，擁有自己的議員席次，進行草根基層的福利活動，還參與電視、廣播與出版社經營，形成一個總體性的社會運動，在黎巴嫩深深紮根。

相較於此，在伊斯蘭世界占了九成的遜尼派，並未將烏里瑪階級化，而且原本烏里瑪和統治者就是相互依存的關係。但是，由於遜尼派諸國統治者的世俗化、西方化，以致烏里瑪失去了同盟者，於是便出現伊斯蘭反體制派，以伊斯蘭之名對世俗統治者任意扣上罪名的狀況。在沙烏地阿拉伯發生的麥加事件，以及暗殺埃及總統沙達特，都是其中的例子。

在這種情況下，中庸派產生了很大的危機感。二〇〇一年在美國發生的九一一事件，更加深了中庸派的憂懼。布希政權宣示「反恐戰爭」，把和伊斯蘭急進派對決的態勢推上檯面，中庸派的影響力愈趨低微。中庸派是相信烏瑪共識的一群人，他們以協議與說服為主旨，所以不主張從軍事上加以對決的路線。當全世界對待野戰司令官賓・拉登宛若伊斯蘭世界的代表時，中庸派也就被冷落在一旁了。

中庸派的結集　國際穆斯林學者協會設立總會（2004 年）。作者攝影。

受到這種危機感所激發，二〇〇四年七月成立的「國際穆斯林學者協會」（International Association of Muslim Scholars，IAMS），是將立足於「中庸派」的烏里瑪組織起來，建立一個平台，以形成伊斯蘭世界的公論，遜尼派與什葉派也都派人參加了聯盟組成大會。大會選出的議長卡拉達威（Yousef Al-Qaradawi）在定調演講中，陳述下面的主旨：

（一）全球的穆斯林必須要統一團結。（二）若想將伊斯蘭整體統一，首先須將烏里瑪統一。（三）伊斯蘭統一的象徵在過去有哈里發體制，但今日這個角色得由烏里瑪來擔任。（四）因此當我們呼籲結成烏里瑪協會，也獲得了多數的贊同。（五）這個協會是為所有的穆斯林而存在。（六）有知識的女性也是其中的成員，女性的參與相當重要。（七）協會採開放的立場，推動與西方基督宗教等的對話。（八）伊斯蘭教義強調神的憐憫，否定暴力。（九）伊斯蘭的教義是中庸的，協會的立足點在於推行伊斯蘭世界的革新與復興，並保持中庸派的立場。

其中斷言「伊斯蘭統一的象徵在過去有哈里發體制，但今日這個角色得由烏里瑪來擔任」，特別值得注目。一九二四年哈里發體制被廢除時，讓許多穆斯林認為「烏瑪的象徵已然消滅」，大受衝擊且流淚不已。這種衝擊的餘波延續了很長一段時間，但沒有人敢說「再也不需要哈里發」。卡拉達威的一席話，明確地說出如今已然不是哈里發的時代；這一路走到這裡，結結實實花了八十年的歲月。

過去，持劍的吉哈德的宣告權在哈里發，那是因為統治者有責任考量烏瑪的公益與判斷內外的情勢。如果哈里發制的角色能由中庸派的烏里瑪來扮演，那就是隱隱宣誓要從急進派、激進派及野戰司令官手裡取回「吉哈德」。

二十一世紀的展望

◎「恐怖主義」與「反恐」的相剋

在「恐怖主義與反恐」的時代，人們並不會幸福。只要恐怖活動是藉吉哈德之名來進行，就有必要讓它消失。但若是在「反恐」的名目下進行暴力戰爭，那和恐怖活動也沒什麼不同，帶來的也只是一連串的暴力。

就像本書中所述，吉哈德原本指的是為建設公正的社會而奮鬥努力。在這樣的社會下有了自己的國家，在產生秩序與國土防衛的議題時，「持劍的吉哈德」的必要性就應運而生。伊斯蘭的教義，意圖將宗教與社會、宗教與國家予以統合，所以只要伊斯蘭還是伊斯蘭，就不會是捨棄政治的宗教，也不會是和軍事絕緣的宗教。只要吉哈德依然在古蘭經中有所明示，吉哈德就不會從教義中消失。

但是，吉哈德在宗教上具有重大意義絕非壞事。站在與內心之惡對抗的倫理立場上，只要宗教勸導要與我執、惡的誘惑對抗，就具有積極的意義。或許也有些宗教主張，捨己並非一種戰鬥，只是捨棄我執，但是伊斯蘭則偏好將捨棄惡，看作是一種和自己的戰鬥。伊斯蘭不會像佛教，也不會像基督宗教。宗教各有各的形式，只是追求方向不同罷了。

伊斯蘭的創始者穆罕默德，自己也拿起了劍參與戰鬥。當他從戰場上回來時，對信士們說「小吉哈德已然結束，今後是大吉哈德」，敦促人們要從事內心的修行。既是創始者、又是最偉大領袖的穆罕默德，帶著這樣的意念來勸導，無異也決定了伊斯蘭的基本性質。

在吉哈德為基礎下，孕育出了伊斯蘭帝國與其華麗文明。現代以復興伊斯蘭為志向的人們，在對黃金時代懷有鄉愁般情感的同時，也將黃金時代描繪成「宗教與科學結合的時代」。伊斯蘭復興志在實現伊斯蘭與現代文明的結合；倘若真是如此，為何急進派、激進派，卻又能隨自己的喜好，任意運用吉哈德的概念呢？

其中一個答案，不是向伊斯蘭尋求，而是從伊斯蘭所缺的地方尋求。也就是當現代烏瑪下層仍殘存著伊斯蘭的同時，上層卻朝向「去伊斯蘭化」演進。草根的伊斯蘭復興，構想的是由下而上慢慢地推動伊斯蘭復興，從個人到家庭，從家庭到地區社群，然後是社會整體，再來才是國家與政治。急進派則沒有耐性慢慢來，認為國家才是解決的關鍵，想急速求成。我們也可以說，高舉伊斯蘭的急進派，想向國家與政治中伊斯蘭較薄弱的部分尋求解方。換句話說，中庸派色彩較濃厚的地方是急進派所無法影響的。中庸派所闡述的路線力有未逮之處，正是急進派主張具有說服力的地方。

◎以公正的國際社會為目標

急進派能得到活動的空間，還有另外一個重要理由，那就是世上存在著不公不義。嚴重的貧困、持續擴大的貧富差距、社會和經濟上的不公平、以及無視伊斯蘭公正的統治，讓弱者、窮困者，還有受壓抑的人們陷於悲慘命運。這和侵略或占領所造成的悲慘並無二致。和伊斯蘭無關，現在的世界本就充斥著巨大的不公平、不平等，這點毋庸贅述。主張鬥爭的急進派或激進派，正是從這當中找到支持。

在本章中我所談到的地方，很明顯地可以看到，當急進的民族主義衰微後，繼之而起的是伊斯蘭的急進派；當以民族主義或社會主義立足的反抗組織敗北後，應運而生的是伊斯蘭的反抗組織與抵抗運動。換言之，即使有不同的原因或社會狀況，反抗的種子從一開始就埋下了。只是到了復興伊斯蘭的時代，這些反抗組織才打著吉哈德的名號。在半世紀前的中東，以「人民解放鬥爭」為口號的人們，如今主張的應該就是「為吉哈德挺身」吧！

中庸派正試圖重新取回定義伊斯蘭的權力，但問題卻不單只是定義吉哈德而已，因為必須先消弭造成鬥爭的政治與社會上的矛盾才行。因此連中庸派也認為，巴勒斯坦的伊斯蘭抵抗運動，只要外國軍隊仍然占領的一天，就是行使「正當的吉哈德」之日。甚至對自殺攻擊，他們也辯稱「那些人要是手裡有戰車和機關槍，應該就會以此來保鄉衛土。因為沒有武器，才會訴諸非常的手段」。巴勒斯坦問題一天沒能得到公正地解決，這個問題就永遠無法化解。

就這層意義來說，要讓伊斯蘭世界與國際社會進行有意義的對話並解決問題，就得先理解吉哈德原本的意義，然後安排好為此進行對話的議題與議程才行。此時想當然耳，「伊斯蘭世界」應由中庸派來代表。要是急進派、激進派造成了世界的動盪不安，那麼解決問題的長期良策，就應該在於建構一個更公正的國際社會。

如果能學習伊斯蘭帝國的歷史，理解吉哈德原本是社會建設的一環，而現今的中庸派也正按照這個原則，努力重建吉哈德，那麼就有可能由理解導向對話的開端，從而開闢出一條突破之道。我在心底由衷期待如此，以此作為本書擱筆之辭。

後記

伊斯蘭帝國在阿拉伯半島這一個「空白地帶」突如其來地出現，創造了燦爛的世界文明，不久將機會給了後面的繼承者。如果想用一句話來表達，那應該說是帝國與榮光褪盡光華，獨獨只剩下伊斯蘭。

當我答應執筆寫下《伊斯蘭帝國的吉哈德》，當作「興亡的世界史」裡的一卷，我躊躇了，思忖自己是否真的適任。確實我寫下了《穆罕默德——尋訪伊斯蘭的源流》（山川出版社，二〇〇二年），更早前我還就麥地那憲章進行過實證的研究。但那是從思想史的立場來看，而我本人並不是伊斯蘭史的專家。身為一個研究者，我研究的的主軸一是七世紀以來的伊斯蘭思想史，還有另一主軸為現代伊斯蘭世界與中東地區。

就在我猶豫不決時，在背後推我一把的是編輯委員杉山正明先生。杉山先生強力地說服我，認為現在世界歷史必須從「人類知」的角度重新建構，因此有必要進行歷史的解釋，好能理解現代社會，還想將此提示給「低頭鑽過二十一世紀的大門的日本人」。他還力陳，不只是日本，而是全人類都必須要有這樣知性的運作。我感受到他的熱忱，也和他的想法起了共鳴，這才是真的促成我寫下這本書的緣由。

今日伊斯蘭人口約占全球四分之一，儘管一步步漸漸理解中，依然感到距離遙遠，並非沒有誤解發生。例如將吉哈德譯為「聖戰」，隨意地將它視為十字軍的伊斯蘭版，這應該也是一種誤解。我完全贊同必須有個更接近伊斯蘭世界實體的理解方向。

另一個讓我決心挑戰執筆寫這本書的動機是我個人的理由，那是我和故人悠瑟富・伊比戍博士（Dr. Yusuf Ibish）的緣分。請容許我花些時間對此做些說明。我和伊比戍先生會熟識，是在我一九九〇年前往劍橋大學擔任客座研究員時，當時他也是客座研究員。我從過去就一直受到他的學說影響，和他似乎早就如同百年知交。

伊比戍先生一生傳奇，該稱他為「見證二十世紀伊斯蘭世界動盪的人物」。他是庫德族阿拉伯人（應該說是阿拉伯化的庫德族），生在大馬士革的大地主之家，就在哈佛大學伊斯蘭研究的碩學吉布教授（Hamilton A.R. Gibb）門下留學時，遭到革命政府抄家，他一邊當長途貨車司機，一邊完成博士學位。說他系出名門，可從他與十九世紀阿爾及利亞對抗法國的英雄，之後在敘利亞過世的神祕主義者阿卜杜．卡迪爾（al-Amīr 'Abd al-Qādir al-Jazā'irī，一八〇七至一八八三）的孫女結褵得知（阿卜杜．卡迪爾是穆罕默德的子孫，被尊為高貴的血統）。伊比戍先生不僅對阿拉伯語經典有深厚的造詣，同時他在黎巴嫩與美國受教育的背景，讓他也通曉西方。他是現代中東政治研究的翹楚，過去在貝魯特時還在咖啡館裡舉辦沙龍，聚集了想聽他講述政治、文化的智識人士與學生。他研究關心的，不只是和歷史與現代有關的專門的政治史，還廣及科學與文化，刊行了許多精彩的著作，誠可謂領略東西方的智者。

有件無關輕重的往事，我在劍橋認識他前，曾經錯身而過。在一九八二年黎巴嫩戰爭時，我協助聯合國教科文組織的攝影家，人正在被以色列大軍包圍的西貝魯特。當時他還住在西貝魯特，因為遭到兩發流彈波及，經過緊急治療後等病房時，一直在樹蔭下過了兩天。還有件事是，他所編輯的《拉希德．里達》全六卷草稿在這一場戰爭中散佚。里達在一八九八到一九三五發行雜誌《燈塔》，是伊斯蘭復興的領袖，他從這一份雜誌裡花了很大的心力摘出里達的政治觀點。草稿及長期努力的成果盡失，可以想像他失望的程度。不過，之後有清潔公司來了電話，說草稿從回收的垃圾當中失而復得，讓他感慨「這真的是守得雲開見月明」。

在劍橋見到伊比戍先生時，他適逢六十大壽，在貝魯特美國大學及美國幾所大學任教後，已有退休的打算。但或許是遇到專長相近的我，有了共振效應，他竭盡心力提案幾項研究計劃，之後到二〇〇三他過世前，我們一直攜手研究。他常常說道：「研究這種工作，就像是火把的傳遞」，而我決心將他的火把繼續傳遞下去。

我有許多和伊比戍先生共同研究的成果，和本書有關的是《伊斯蘭政治思想的遺產》及《伊斯蘭制度論》。前者是將從八世紀阿布．尤蘇福（請參考第六章）到二十世紀後半的伊斯蘭政治思想的阿拉伯文原典，嚴選之後編纂而成。其中收錄約六十位知名作家的作品，二〇〇五年時，我們發行了大開本、二欄、接近一千頁的書。我的作法一向是將思想和社會的動連結，同時加以解析，但我和他約定，以這本原典資料集為主，來撰寫《伊斯蘭政治——歷史的流脈與思想的系譜》。

另一本《伊斯蘭制度論》曾經暫題為《伊斯蘭社會——各制度的生成與歷史展開》，從穆罕默德時期一直到十三世紀的伊斯蘭社會，以伊斯蘭各個制度生成的角度重新建構。整個九〇年代，以美國東岸好多家專門的圖書館（有大量阿拉伯文撰寫的藏書）為主，他和我兩個人為了尋找這項計劃的史料，蒐集了約兩萬頁。之後我們預定進行具體的解析並動筆，以英文、阿拉伯文及日文分別著述、刊行。但由於我轉職到京都大學，他擔任了倫敦的福爾甘伊斯蘭遺產基金會（al-Furqan Islamic Heritage Foundation；以推動維護手抄本研究的文化基金會）的所長，我們各忙各的，日子就這麼被追著過。他的訃聞傳來，這項共同計劃也就未能完成。

相信各位已經理解，本書就是為準備《伊斯蘭政治——歷史的流脈與思想的系譜》及《伊斯蘭制度論》的基礎。我想我和他之間未完成的約定，或許可以從執筆寫這本書中多少能夠實踐，我自己則大膽嘗試著將伊斯蘭政治史與思想史加以結合。我期待各位讀者對本書的看法。

有關伊斯蘭歷史，不管是歐美或日本都累積了相當質量的研究。在阿拉伯各國，也有許多研究。從比較嚴格的歷史研究來看，日本也有好幾位優秀的研究者，著眼於本書所專注的時代，特別是最近有非常傑出的年輕學者。我當然是參考了國內外的研究成果而撰寫本書，也想對參考著作的學者致上我的敬意與謝意。但是對有爭議的部分所做的判斷，責任最終由筆者自負。我還請到好友，研究阿拔斯王朝的先進清水和裕先生百忙當中，為我審讀草稿，還給了我意見。我要致上深深的謝忱。

我能得到機會，參與創作重新思考人類歷史，同時重新建構這一鉅大的興亡的世界史系列叢書，對筆者而言相當寶貴。我也要對所有關照我的諸位表達我深深的謝意。

最後，我將這一本書獻給已故的悠瑟富・伊比戌先生。

學術文庫版後記——之後的吉哈德

本書的原本出版後十年中，國際新聞愈來愈多的因為伊斯蘭激進派而炒熱，我們也更常聽到「吉哈德」這個詞彙。現今媒體也已經用一個慣常的說法「及哈第」來稱呼吉哈德主義者。此外，二〇一四年六月，蓋達組織的分支之一占領了部分伊拉克、敘利亞作為領土，自稱「伊斯蘭國」，首領巴格達迪（Abu Bakr al-Baghdadi）甚至公開表明自己是「哈里發」。

最初的伊斯蘭國家如何在穆罕默德的領導下成立，而繼承他的大業的「哈里發」又是什麼，這一類主題，在以七至十世紀為主的本書中，也從各個不同角度來探討。十九世紀後，陷於危機的鄂圖曼帝國的蘇丹，為了得到伊斯蘭世界的支持，再次地請出了「哈里發」的稱號，我們也在第九章提及。

但是這樣的歷史和故事，到了二十一世紀經過激進派組織之手，再度真實地出現在國際舞台上，確實應該令人大感驚訝。鄂圖曼帝國的哈里發的位置在一九二四年消失後，依然有人談論著哈里發復活的論調，也確實到了今天，伊斯蘭解放黨（Hizb ut-Tahrir，一九四九年成立）等仍然持續主張建立哈里發制，而其勢力延伸到東南亞與中亞。儘管如此，伊斯蘭世界最大的共識是「伊斯蘭國家」的正統性由施行伊斯蘭律法予以確保，並非由國家元首的稱號而得，這個共識在二十世紀後半得到了更多的贊同。

不過，激進派的「伊斯蘭國」有了具體的國土，登上世界舞台，所秉持的極度激進的言論，得到了全球心懷不滿的年輕人的共鳴，幾千人的義勇兵迅速地投入「伊斯蘭國」的麾下。甚至在二〇一五年分別在法國及比利時發生了被指為受「伊斯蘭國」指示的恐怖攻擊。二〇一五年在敘利亞，有兩名日本人遭到「伊斯蘭國」殺害。激進派這一股潮流，看來不會那麼容易消失。我們從中得知的，是「吉哈德」、「哈里發」這些用語，或這一類的用語裡所釋放出來的宗教、政治的氛圍，決不是只出現在過去而已。

即使如此，二〇一四年宣布自立為哈里發的阿布．巴克爾．巴格達迪來歷不清，一派浮誇。阿布．巴克爾．巴格達迪當然不是他的本名，而是要顯示他做為宗教、政治的領袖的形象。「阿布．巴克爾」是哈里發制的創始者，是穆罕默德歸真後確立了伊斯蘭的人物，相信本書讀者非常瞭解。「巴格達迪」指的是「巴格達出身」或「與巴格達有淵源的人」，巴格達正是代表伊斯蘭黃金時期的都城，也意謂著載有五世紀榮光、但遭到蒙古大軍破壞的「痛恨」象徵。而在二〇〇三年美國率同聯軍進攻了伊拉克，還打下了巴格達。之後伊拉克、敘利亞的激進派所伸張的，導火線就是現代的巴格達被攻陷，帶有報復戰的意涵。

「之後的吉哈德」說的時點，指的是本書第十章所論及的九一一事件、蓋達的勃興，與蓋達領袖賓．拉登的「國際上的名聲」之後。美國對九一一事件的應對，就是共和黨的小布希總統所發動的「反恐戰爭」。這導致了二〇〇一年的阿富汗戰爭、二〇〇三年的伊拉克戰爭，美國人民在歷經之後長年的兩國爭戰疲蔽之下，出現了歐巴馬政權。歐巴馬總統持續以地面戰以外的方式（空襲、利用無人機暗殺、派遣軍事顧問）反恐，也派遣特種部隊到巴基斯坦境內成功暗殺賓．拉登。歐巴馬總統在賓．拉登遭到殺害時宣稱「世界變得更安全」，但不久後就知道這是個錯誤（請參考拙著《九一一以後的伊斯蘭政治》，岩波書局出版）。

蓋達組織的勢力確實在二〇一〇年為止大幅衰退，但最大的理由在於阿拉伯各國的年輕人發起了革命或改革，也就是「阿拉伯之春」。二〇一〇年底在突尼西亞發動的民眾運動，在約莫一個月的時間內推翻了獨裁者班阿里，接著是二〇一一年二月埃及獨裁總統穆巴拉特下台，十月則是利比亞獨裁者格達費四十年的獨裁畫下了句點。其他的阿拉伯國家要求民主化的聲浪也日益高漲。

對九一一事件或其他蓋達組織的活動，伊斯蘭世界裡會產生共鳴，是因為長久處在封閉狀態的年輕人，一時將自己的心願託付在激進派的行動上。政治上持續獨裁，經濟上貧富懸殊，國際社會上則是大國說了算，「自己什麼都不能做」的絕望中，對只要有人願意，無論是誰都會成為英雄，是故對賓．拉登這一種人物產生了期待。

「阿拉伯之春」民主化運動開始時，各地的青年雀躍萬分，以為「命運重回自己的掌握之中」。而對蓋達的支持也急速地下降。但是問題就在於，發生「阿拉伯之春」的國家之後大多以失敗告終。在埃及，二〇一二年誕生了穆斯林兄弟會穆爾西總統的政權，但僅僅為期一年就被政變推翻。革命派的青年反對兄弟會的政策，再度接受了軍人掌權，也說明民主化程度之淺，之後又分裂成獨裁的阿卜杜勒─法塔赫．賽西政權。被鎮壓的兄弟會與限於閉塞狀況下的民主革命派，依舊持續著不安定的時代。

最悲慘的應該是敘利亞。二〇一一年開始了要求民主化的示威，阿塞德總統將之定位為「恐怖分子」予以鎮壓，不久後反對派開始訴求武力，因此內戰開始。一開始只是政府當局和敘利亞解放軍等反體制各派之間的戰爭，後來演變成伊斯蘭激進派成長為第三大勢力，其中最為激烈的「伊斯蘭國」也浮出水面。歐美原來反對阿塞德的強權，支持民主化，但是在「伊斯蘭國」日趨猛烈之勢，則以「反恐戰爭」優先，採取的政策與戰術反而讓激進派更加高漲。

內戰開始後五年當中，有多達二十萬人犧牲，敘利亞國民有近四分之一成了難民，還有多於這個數字的人在國內避難。二〇一五年，九死一生下逃離戰火的敘利亞難民湧入歐洲，對歐盟造成嚴重的危機。在這樣的情勢下，主張排斥移民的右派政黨勢力擴大，以維護人權的思想明顯地轉為守勢。經濟上推行全球化，政治上卻以「本國優先」，成了全球的共通模式，看起來頗為諷刺。

了解上述背景後，我們對將現代的武裝鬥爭稱為「吉哈德」的吉哈德主義，何以會聲勢高漲，可以找到幾項論點。

第一，冷戰結束後進入全球化時代，結果造成世界上財富分配不均，貧富差距擴大，成了激進派成長的土壤。但是隨著冷戰的結束，社會主義這一類「對抗的思想」日趨式微，取而代之的或許就是現代伊斯蘭。而且，激進派的意識形態對心有不滿的年輕人具有很強的訴求力。儘管伊斯蘭中庸派主張要以「天課」、「相互扶持」的理念來填補差距，但穆斯林各國的政府與經濟界紛紛搭上了新自由主義，沒有餘力因應中庸派的主張。

第二，民主化的失敗與停滯，讓想透過合法的方式進行社會改革的穆斯林各國，有大半無法獲致成功。既然民主的期望已然全無，那麼激進派的主張反而聽起來更接近現實。激進派的人氣一度在「阿拉伯之春」衰退，但在「阿拉伯之春」失敗的同時又還魂，正足以說明這一切。

第三，大國與國際社會的因應不妥。特別是美國的「反恐戰爭」，將恐怖主義的問題定義為軍事上優先考量的對策，讓問題更加嚴重。而且在美國人的厭戰氣氛下，近幾年出現了空襲或無人機的攻擊——攻擊的一方能確保安全，但卻無辜捲入了被攻擊一方地面上的普通百姓——這種攻擊愈來愈多，也讓一般百姓心生報復，反而對激進派更加支持。

第四，激進派可以說是網路時代的寵兒。儘管溫和的中庸派也努力想邁向數位化，但一開始在網路時代就是生對了時辰的激進派仍然占了上風。思想透過網路擴散的結果，住在法國等國家未能得到機會的移民的第二代、第三代就被激進派所吸收，於是有愈來愈多「本國恐怖主義」（Homegrown terrorism）的事件發生。

第五，相對於蓋達組織抱持的激進的伊斯蘭式邏輯，「伊斯蘭國」事實上已經由伊斯蘭走上岔路。這個分派對其他宗教的攻擊，以及伊斯蘭內部的宗教紛爭，手段愈形激烈。他們胡亂使用「吉哈德」與「哈里發」這一類詞彙，造成誤解，其實他們倒像是和原本的伊斯蘭毫無關係的激進分子，剽竊了伊斯蘭的名號。

第六，在歐美與國際社會上產生了理念的問題。近幾年啟蒙主義逐漸式微，治安的問題或是排外的民族主義被優先考慮。於是人們忘了長期融合的思想與人權考量才是杜絕恐怖主義的根本，反而強調治安對策。每一個社會都要確保自己的安全，但是頭痛醫頭、腳痛醫腳沒有辦法根治社會的病。

實際上，「之後的吉哈德」以及最近的政治變動，基本上就是第十章敘述的內容的延長線。即使在今日，最基本的問題是，像吉哈德這種擁有悠久歷史的理念，在現代社會的重新實踐，究竟是中庸派得到優勢，還是激進派走向鼎盛。

從最近的國際情勢看來，「伊斯蘭國」的成立、還有在歐美國家發生激進派所主導的恐怖攻擊，在媒體掀起話題，給了人們激進派愈形強盛的印象。但是仔細觀察，其實中庸派草根基層的伊斯蘭正在逐漸復興擴展。例如依循古蘭經的教義發展伊斯蘭的金融，在日本還有隨著觀光客人數的急速成長，盛行提供伊斯蘭認證的「清真食品」（Halal Food）給穆斯林。努力在日常中攝取合法且健康的食品，也是「內在的吉哈德」的律己展現；而確保這樣的食品來源的架構，正是「社會改革的吉哈德」的延伸。

要強調以武裝鬥爭為特徵的「持劍的吉哈德」，抑或是致力於「整體的吉哈德的實踐」來建構社會——這個在選擇上的鬥爭，想來在今後的伊斯蘭世界中，將會愈形熾熱。對日本而言，聽到吉哈德馬上聯想成恐怖活動，或是能夠理解原本的吉哈德並非如此，為了不被急進派（還有更激進的支派）獨占吉哈德，這將會是重要的選擇。

我們從歷史中學習，深度思考現代，我深切地期待我們會走向實現融合的更美好的未來，故將這本書獻給讀者諸賢。

行分析，所以他提出的解決方策仍不脫啟蒙主義，也許應該說很難有所突破。

- 小杉泰『現代イスラーム世界論』名古屋大学出版会，2006 年
  - ▶ 將 19 世紀後半期伊斯蘭復興的思想、狀況、社會變革及草根運動，與歷史深層結合加以討論。又將視為規範的初期伊斯蘭，以及從中可見的「原型」特質加以探討，在思考現代伊斯蘭世界遭遇的基本問題有極為廣泛的觀察。卷末的參考文獻一覽表也相當充實。就急進派、激進派與中庸派的現況，還有中東戰爭與紛爭的結構加以詳細論述。
- 小杉泰『9・11 以後のイスラーム政治』岩波書店，2014 年
  - ▶ 對作為現代宗教的伊斯蘭，與如果不提及伊斯蘭則無法討論的世界政治，提出長久的觀察與洞見。對現代的吉哈德論也有詳實的討論。

（平凡社，1995 年）、西尾哲夫『図説アラビアンナイト』（河出書房新社，2004 年）

- イブン・タイミーヤ著／湯川武、中田考訳『シャリーアによる統治 —— イスラーム政治論』日本サウディアラビア協会，1991 年
  - ▶ 在阿拔斯王朝崩壞後的伊斯蘭世界中，重新建構國家、政治理論的法學者著作。影響巨大及至現代。

◎伊斯蘭與現代

談及現代伊斯蘭的書籍為數極多，這裡列出本書提及的伊斯蘭與西方、伊斯蘭與現代關係為主的幾本書。細節請參考『現代イスラーム世界論』、『9・11 以後のイスラーム政治』（後面列出）及各書後面所列的參考文獻。

- 内藤正典『アッラーのヨーロッパ —— 移民とイスラム復興』（中東イスラム世界 8）東京大学出版会，1996 年
  - ▶ 關於伊斯蘭何以在歐洲復興，本書詳細調查其情況，並對其中的價值對立加以剖析，是本劃時代的研究著作。接下來的兩冊，更針對 2001 年後在國際上形成的對立，探討其問題的根本。
- 内藤正典『ヨーロッパとイスラーム —— 共生は可能か』岩波新書，2004 年
- 内藤正典『イスラーム戦争の時代 —— 暴力の連鎖をどう解くか』日本放送出版協会，2006 年
- 大塚和夫『近代・イスラームの人類学』東京大学出版会，2000 年
  - ▶ 從人類學的立場，長年對伊斯蘭進行研究的權威所提出的論述。不只針對伊斯蘭世界與近代交會之後的變化，也針對「近代」的意義進行重新探討。同一位作者接下來的兩本書，也很合適一般人閱讀。
- 大塚和夫『イスラーム的』日本放送出版協会，2000 年（講談社学術文庫から 2015 年再刊）
- 大塚和夫『イスラーム主義とは何か』岩波新書，2004 年
- バーナード・ルイス著／今松泰、福田義昭訳／臼杵陽監訳『イスラム世界はなぜ没落したか？ —— 西洋近代と中東』日本評論社，2003 年
  - ▶ 愛德華・薩伊德的《東方主義》中，對西方看待中東的偏見與支配加以批判。其中還包括研究東方的學者路易斯（Bernard Lewis）。路易斯可說是典型地站在西方陣營，與伊斯蘭世界對立的學者，先不論好壞，他在本書中如實呈現了西方的看法。日譯版很多，路易斯多被視為歷史學者，但除了極早期的作品外，實證性薄弱。
- ジル・ケペル著／丸岡高弘訳『ジハード —— イスラム主義の発展と衰退』産業図書，2006 年
  - ▶ 作者是法國研究伊斯蘭的第一人。過去在分析沙達特遇刺時名聲大噪，現在依然持續致力於寫作，在日本也常有人介紹。因為是由法國保守派的立場進

・佐藤次高『イスラームの生活と技術』（世界史リブレット 17）山川出版社，1999 年
・菊地達也『イスマーイール派の神話と哲学 —— イスラーム少数派の思想史的研究』岩波書店，2005 年
▶ 從正統性與權力兩面威脅阿拔斯王朝的法蒂瑪王朝，乃是立足於即便在什葉派分派之中，也是極為強調意識形態的伊斯瑪儀派之上。本書針對迄今為止尚未十分明晰的該派思想內容加以說明。

◎經典的翻譯

・アル＝マーワルディー著／湯川武訳『統治の諸規則』慶應義塾大学出版会，2006 年
▶ 馬瓦爾迪是活躍於 11 世紀前半的法學者，在漸趨沒落的阿拔斯王朝，將具規範的伊斯蘭國家論與伊斯蘭律法（沙里亞）加以組合。本書是可以用日語來閱讀的伊斯蘭國家論當中最好的經典。
・ヒラール・サービー著／谷口淳一、清水和裕監訳『カリフ宮廷のしきたり』松香堂，2003 年
▶ 生活於 10 世紀後半到 11 世紀中期的布維西王朝的書記、歷史家的著作，是本生動描述阿拔斯王朝宮廷生活的貴重史料。因為是共同作業，所以翻譯、譯註也十分詳細。
・ガザーリー著／中村廣治郎訳注『誤りから救うもの —— 中世イスラム知識人の自伝』ちくま学芸文庫，2003 年
▶ 活躍於 11 世紀後半到 12 世紀初期的學者，拉丁名為安薩里（Algazel），對西歐也帶來重大影響。此書為其博引各家思想的創作。安薩里在法學、神學與哲學上表現卓越，在巴格達學界相當出色，但他放棄一切而轉為冥修，不久便達到內外合一的境界。神祕主義之所以能與正統教義結合，他可說居功厥偉。譯文淺顯易懂。
・イブン・バットゥータ著／イブン・ジュザイイ編／家島彦一訳注『大旅行記』（全 8 巻）平凡社東洋文庫，1996 ～ 2002 年
▶ 伊斯蘭帝國多元化時代中的「伊斯蘭馬可波羅」長程旅行的全紀錄。附有詳細的譯註、索引。又譯者所介紹的《イブン・バットウータの世界大旅行》（平凡社新書，2003 年）也容易閱讀。
・前嶋信次、池田修訳『アラビアン・ナイト』（全 18 巻）平凡社東洋文庫，1966 ～ 1992 年
▶《一千零一夜》最早是明治時期之後，由西歐重新譯過再介紹到日本，但在此終於初次完成將阿拉伯原文譯為日文的任務。是曾經得過日本翻譯出版文化賞的著名譯作。這是伊斯蘭的奇幻小說，主要舞台是阿拔斯王朝的巴格達。有關一千零一夜的文化背景，可參考前嶋信次『アラビアン・ナイトの世界』

充實。

- 堀井聡江『イスラーム法通史』山川出版社，2004 年
  - ▶ 在探討伊斯蘭律法的歷史上，可說是唯一以日語撰寫的通史。
- 柳橋博之『イスラーム財産法の成立と変容』創文社，1998 年
  - ▶ 由財產法來看伊斯蘭法的發展，是高水準的學術書。
- ワーイル・ハッラーク著／奥田敦編訳『イジュテイハードの門は閉じたのか —— イスラーム法の歴史と理論』慶應義塾大学出版会，2003 年
  - ▶ 作者對伊斯蘭法歷史的意見，在歐美學界引發論爭；他打破了既有成見，樹立新的立場。將現在已成定論的各篇論文加以編纂的日文版。
- ジョナサン・ブルーム、シーラ・ブレア著／桝屋友子訳『イスラーム美術』岩波書店，2001 年
  - ▶ 有關建築、彩色抄本、陶瓷、織品、金屬製品等伊斯蘭美術工藝的概觀與通史。有大量的圖說。
- 深見奈緒子『イスラーム建築の見かた —— 聖なる意匠の歴史』東京堂出版，2003 年
  - ▶ 內容包含日本對伊斯蘭建築研究的最新成果。下一冊是同一作者所寫的一般書籍。
- 深見奈緒子『世界のイスラーム建築』講談社現代新書，2005 年
- NHK「文明の道」プロジェクト・清水和裕ほか『NHK スペシャル文明の道（4）イスラムと十字軍』日本放送出版協会，2004 年
  - ▶ 依照深見奈緒子等專家的研究，在 NHK 節目中數位呈現巴格達。在了解過去的圓形都城方面是最合適的書。
- 林佳世子、桝屋友子編『記録と表象 —— 史料が語るイスラーム世界』（イスラーム地域研究叢書 8）東京大学出版会，2005 年
  - ▶ 書中就如何從文物等史料解讀，彙整了這個領域最新的研究成果。也提及先知傳記的成立，以及阿拔斯王朝前期的阿拉伯史學的形成。
- W・モンゴメリ・ワット著／三木亘訳『地中海世界のイスラム —— ヨーロッパとの出会い』筑摩書房，1984 年
  - ▶ 這是論及如何將文明與文化傳遞至歐洲的經典。卷末收錄以阿拉伯語為語源的西歐詞彙一覽表。
- ハワード・R・ターナー著／久保儀明訳『図説：科学で読むイスラム文化』青土社，2001 年
  - ▶ 伊斯蘭科學的歷史。我們可以知道近代科學的基礎，很多都得自於伊斯蘭時代的科學。
- アフマド・Y・アルハサン、ドナルド・R・ヒル著／多田博一、原隆、斎藤美津子訳『イスラム技術の歴史』平凡社，1999 年
  - ▶ 就有關工程、建築、化學、農學、軍事等技術進行詳細探討的書。入門書則以下一冊較易閱讀。

兩冊及接下來的兩冊。雖是非賣品，但容易取得。

- 森伸生、柏原良英『正統四カリフ伝（上・下）』日本サウディアラビア協会，1994、1996 年（上巻「アブーバクルとウマル」編，日本ムスリム協会より 2001 年再版）

◎歷史之中的伊斯蘭（個別主題）

- 陣内秀信、新井勇治編『イスラーム世界の都市空間』法政大学出版局，2002 年
  - ▶ 將長年研究伊斯蘭建築的成果，配合大量的照片及圖片一起介紹。
- ベシーム・S・ハキーム著／佐藤次高監訳『イスラーム都市——アラブのまちづくりの原理』第三書館，1990 年
  - ▶ 針對獨特的阿拉伯伊斯蘭都市，如何依伊斯蘭律法的規定產生，以實證且據說服力的方式加以論證。圖說很多，容易閱讀。
- 湯川武編『イスラーム国家の理念と現実』（講座イスラーム世界 5）栄光教育文化研究所，1995 年
  - ▶ 由國家的角度來看伊斯蘭的思想與歷史。同時也針對吉哈德進行討論，收錄了中田考的論文。和下一本書一起，共有 5 卷，其他卷內容也極為有趣。收錄在另外一卷中、由三浦徹、東長靖、黑木英充編纂的《伊斯蘭研究手冊》，對有志研究伊斯蘭的學生來說，是相當方便的書籍。
- 堀川徹編『世界に広がるイスラーム』（講座イスラーム世界 3）栄光教育文化研究所，1995 年
  - ▶ 可以清楚地了解伊斯蘭世界以多樣化的方式廣布的情形。
- 家島彦一『海域から見た歴史——インド洋と地中海を結ぶ交流史』名古屋大学出版会，2006 年
  - ▶ 是前面提及的『イスラム世界の成立と国際商業——国際商業ネットワークの変動を中心に』的續篇力作，對阿拔斯王朝時代樹立的「海域世界」的實況，有詳細且實證的探討。
- ジャネット・L・アブー＝ルゴド著／佐藤次高、斯波義信、高山博、三浦徹訳『ヨーロッパ覇権以前——もうひとつの世界システム』（上・下）岩波書店，2001 年
  - ▶ 本書論及在西方的國際體系建立前，由伊斯蘭所建立的國際體系。時代約在 13 至 14 世紀，相當於本書所提之多元化時代。
- 佐藤次高『イスラームの「英雄」サラディン——十字軍と戦った男』講談社選書メチエ，1996 年
  - ▶ 在阿拔斯王朝末期，將埃及、敘利亞重新納入哈里發宗主權下的英雄薩拉丁的評價傳記。
- 加藤博『文明としてのイスラム——多元的社会叙述の試み』（中東イスラム世界 6）東京大学出版会，1995 年
  - ▶ 由經濟、社會概觀伊斯蘭世界的歷史，其中諸如貨幣等研究，相當刺激也很

改版）

▶ 從蒙昧時期阿拉伯半島文化、思想的環境中誕生了伊斯蘭，以獨特的韻律文體來描述轉換期當時的樣貌。吸引了很多讀者成為井筒粉。

• 後藤晃『ムハンマドとアラブ』東京新聞出版局，1980 年

▶ 以初期伊斯蘭研究為主的作者（後藤晃＝後藤明），將當時阿拉伯社會的實況還有伊斯蘭的初始詳細地描述。明確指出部族社會和個人的確立並不矛盾，是很重要的論點。

• 小杉泰『ムハンマド——イスラームの源流をたずねて』山川出版社，2002 年

▶ 生動地描寫伊斯蘭始祖的生涯，同時又從人類史的角度，對伊斯蘭的誕生這一「重大的思想現象」進行意義上的探討。

• モンゴメリ・ワット著／牧野信也、久保儀明訳『ムハンマド——預言者と政治家』（新装版）みすず書房，2002 年

▶ 重新出版 1970 年曾有的日文譯本。瓦特是英國具代表性研究伊斯蘭的重鎮，本書依據 1960 年代的研究，將社會學方法論應用在穆罕默德時代當中。

• 嶋田襄平『イスラムの国家と社会』岩波書店，1977 年

▶ 研究初期伊斯蘭的歷史，和下一本書可並稱為經典的基本文獻。

• 嶋田襄平『初期イスラーム国家の研究』中央大学出版部，1996 年

• 佐藤次高『イスラームの国家と王権』岩波書店，2004 年

▶ 以長年研究的成果為基礎重新探討伊斯蘭國家論，並得以推陳出新的好作品。

• 清水和裕『軍事奴隷・官僚・民衆——アッバース朝解体期のイラク社会』山川出版社，2005 年

▶ 仔細推敲史料來分析後期阿拔斯王朝。可因此掌握阿拔斯王朝的全貌。

• 家島彦一『イスラム世界の成立と国際商業——国際商業ネットワークの変動を中心に』岩波書店，1991 年

▶ 實證性地探討阿拔斯王朝所樹立的國際商業網絡，明確指出這個時代東西世界已串聯為一，是劃時代的力作。

• 井筒俊彦『イスラーム思想史——神学・神秘主義・哲学』岩波書店，1975 年（中公文庫，1991 年、2005 年改版）

▶ 從伊斯蘭的成立到思辨神學的發展，從蘇非神祕主義的確立到經院哲學的發展等，將 7 至 13 世紀的伊斯蘭思想明晰地描述。

• ディミトリ・グタス著／山本啓二訳『ギリシア思想とアラビア文化——初期アッバース朝の翻訳運動』勁草書房，2002 年

▶ 研究阿拔斯王朝時發生的科學、哲學文獻的翻譯運動。

• アーイシャ・アブドッラハマーン著／徳増輝子訳『預言者の妻たち』日本サウディアラビア協会，1977 年（日本ムスリム協会より 2001 年再版）

• アーイシャ・アブドッラハマーン著／徳増輝子訳『預言者の娘たち』日本サウディアラビア協会，1988 年

▶ 雖不是學術性書籍，但以阿拉伯文古典史料為基礎寫成的讀物，可說就是這

- 小杉泰、林佳世子、東長靖編『イスラーム世界研究マニュアル』名古屋大学出版会，2008 年
  - ▶ 將歷史與現代、伊斯蘭各地區以及與伊斯蘭有關的各種主題分類，加以編排成易懂的手冊。附錄也很充實。

◎伊斯蘭史（通史、世界史中的伊斯蘭史）

- 佐藤次高編『世界各国史 8：西アジア史Ⅰ：アラブ』山川出版社，2002 年
- 永田雄三編『世界各国史 9：西アジア史Ⅱ：イラン・トルコ』山川出版社，2002 年
  - ▶ 上述兩本作品，依各個地區、民族，從伊斯蘭之前、伊斯蘭時代到現代，由專家分別撰寫。學術水準高，值得信賴。
- 佐藤次高『世界の歴史 8：イスラーム世界の興隆』中央公論社，1997 年
  - ▶ 中公版的新《世界的歷史》系列之一。內容以初期伊斯蘭為主，但和接下來的兩冊合看，則足以網羅全伊斯蘭時代。此系列都由單一作者或兩人合著，見解一貫，容易閱讀。
- 永田雄三、羽田正『世界の歴史 15：成熟のイスラーム社会』中央公論社，1998 年
- 山内昌之『世界の歴史 20：近代イスラームの挑戦』中央公論社，1996 年
- 後藤明『ビジュアル版：イスラーム歴史物語』講談社，2001 年
  - ▶ 以圖說為主，文字內容淺顯易讀。作者專門研究初期伊斯蘭，在日本是難得的能概觀伊斯蘭全史的學者。
- ジョン・L・エスポジト編／小田切勝子訳／坂井定雄監修『「オックスフォード」イスラームの歴史』（全 3 巻）共同通信社，2005 年
  - ▶ 第 1 卷「新文明的淵源」，第 2 卷「擴張的帝國」，第 3 卷「改革與再生的時代」。由歐美視為權威的幾位執筆者分別負責不同的領域。除了狹義的歷史，同時還囊括文化、美術及建築。
- 佐藤次高等『岩波講座世界歴史 10：イスラーム世界の発展』岩波書店，1999 年
  - ▶ 針對七至十六世紀的伊斯蘭世界，由十一位執筆者從多角度加以論述。

◎初期伊斯蘭（蒙昧時代至阿拔斯王朝）

- 堀内勝「亡びたアラブ・アード族伝承（1 ～ 3）」『国際関係学部紀要』（中部大学国際関係学部）30、32、34 号，2003 ～ 2005 年
  - ▶ 極少有針對伊斯蘭以前的阿拉伯先知的研究，這一本是極為例外且重要的著作。
- 井筒俊彦『イスラーム生誕』人文書院，1979 年（中公文庫，1990 年、2003 年

參考文獻

為方便讀者理解，在此謹列出較易入手、有日文版本的單行本加以介紹。

◎伊斯蘭（概說．整體）

- 小杉泰『イスラームとは何か——その宗教・社会・文化』講談社現代新書，1994年
  - ▶ 以淺顯易懂的方式，解說關於伊斯蘭的基本知識。是這個領域的長期暢銷書，已超過三十五刷。
- 井筒俊彥『イスラーム文化——その根柢にあるもの』岩波書店，1981年（岩波文庫，1991年）
  - ▶ 作者以日本伊斯蘭學者的身分享譽國際。他以從現象學、語意學方式來研究古蘭經而著名，晚年更致力於開創新的東方哲學。在伊斯蘭領域方面，則從蒙昧時期起思想上的轉換如何發生，提出了極具說服力且獨特的分析，因此受到注目。和本書一起，還有一本針對伊斯蘭成立進行解釋的《伊斯蘭的誕生》值得一讀。
- 中村廣治郎『イスラム——思想と歴史』東京大学出版会，1977年
  - ▶ 從批判的角度吸收歐美的研究成果，一口氣提升日本伊斯蘭研究層次的著作。他是第一位適時地提醒與其說「伊斯蘭教」，應該拿掉「教」更合適的人。
- 大塚和夫等編『岩波イスラーム辞典』岩波書店，2002年
  - ▶ 網羅了歷史、思想與現代伊斯蘭世界的基本專門辭典。收錄詞條、分量都是目前最多的，在學習伊斯蘭知識上不可或缺。
- 嶋田襄平、板垣雄三、佐藤次高編／日本イスラム協会監修『新イスラム事典』平凡社，2002年
  - ▶ 一九八二年初版，歷久不衰的伊斯蘭事典新版。有關歷史的記載十分充實。
- 小杉泰、江川ひかり編『ワードマップ：イスラーム——社会生活・思想・歴史』新曜社，2006年
  - ▶ 載有研究伊斯蘭世界諸多最新成果的一冊。執筆者半數以上為女性，如實地呈現出日本在研究上迎接新時代的來臨。
- 堀內勝『砂漠の文化——アラブ遊牧民の世界』教育社，1979年
  - ▶ 想理解伊斯蘭世界（特別是中東），就必須理解遊牧的歷史與文化。本書與同作者的下一本書，皆是從阿拉伯語彙及認知的形貌著手，將阿拉伯文化重要的一面予以解析。
- 堀內勝『ラクダの文化誌——アラブ家畜文化考』リブロポート，1986年

艾什爾里　Abū al-Ḥasan ‘Alī Ash‘arī（873 年～ 935 年）

艾什爾里學派的創始者，活躍於巴格達。伊斯蘭世界一般都遵循閃族一神教的傳統，相信神的啟示，但是在阿拔斯王朝初期，希臘哲學與邏輯學大量流入伊斯蘭世界，因此如何吸收這個傳入的深度思考、使之與伊斯蘭宗教理念符合，就成了知識分子與思想家的大問題。艾什爾里最初也執著於希臘的理性主義，但之後脫離這個流派，轉為重視古蘭經的立場。他之所以能成功，是因為選擇了靈活使用邏輯論證，並用之擁護古蘭經。因為他的活躍，讓古蘭經為「主」，邏輯為「從」，確立了伊斯蘭神學特有的知識架構。伊斯蘭世界在他之後，依然不斷吸收新奇的外來思想，同時嘗試和伊斯蘭的根源性價值並立，這種想法在各個時代，都屬於主流的傾向。

馬赫迪　Al-Mahdī（874 年～ 934 年）

法蒂瑪王朝的創立者。馬赫迪意為「受引導者」，也是世界末日時將登場的最後一位伊瑪目的稱號。本名為阿布都拉，但常被喚為烏拜都拉（小阿布都拉），而法蒂瑪王朝也被政敵稱為「烏拜都王朝」。他本人自稱為最後的馬赫迪，在九九〇年於今日的突尼西亞建立了新國家。這個王朝挑戰阿拔斯王朝的權威，統治半個伊斯蘭世界長達兩個半世紀以上。當法蒂瑪王朝滅亡後，他們所奉行的伊斯瑪儀里派分裂，現在有兩個系統的子孫再傳承伊瑪目的位子。

薩拉丁　Ṣalāḥ ad-Dīn Yūsuf ibn Ayyūb（1138 年～ 1193 年）

埃宥比王朝的開創者。他終結了屬於激進什葉派分支伊斯瑪儀里派的法蒂瑪王朝，讓阿拔斯王朝哈里發的宗主權在埃及重建，並擊敗十字軍奪回耶路撒冷，因此到今日依然很受景仰。阿拔斯王朝末期的威勢，因埃宥比王朝的出現而得以復甦。薩拉丁是世界史上最著名的庫德人，在和十字軍對戰時，因為和英格蘭國王獅心理查以騎士精神對峙，所以在歐洲也成為伊斯蘭騎士精神的代表（「Saladin」是英語的稱呼法）。他極具耐性，在政治和軍事上持續努力，將分裂成各個小國的中東再次統一，功績卓著。

曼蘇爾　Al- Manṣūr（713 年左右～ 775 年）

阿拔斯王朝第二代哈里發（在位期間七五四年至七七五年）。是王朝實質的建設者。他和成為初代哈里發的同父異母弟弟深知苦難的滋味，即位為哈里發仍不喜奢華，在近二十年的統治中，不分晝夜躬行勤政。其中最大的功績是，為了治理廣大的帝國，在東西要衝之地建設新都巴格達，他還健全了中央的官僚體制與地方的行政機構以及財政，為之後的伊斯蘭帝國打下穩固的基礎。此外，他所建立的驛遞制，成為從帝國的各角落蒐集情報的系統。他在軍隊的整飭上也有重要功績。雖然他本人並非武將，卻有識人之能，以他的起家之地呼羅珊出身的人為核心，將軍事組織化。他奉行伊斯蘭，不喜飲酒、音樂。伍麥亞王朝的王子當中，不乏有在酒池中游泳，痛飲至水位下降之人，但他完全是作風迥異的統治者。

馬蒙　Al-Mā'mūn bi-Allāh（786 年～ 833 年）

阿拔斯王朝第七代哈里發（在位期間八一三年至八三三年）。統治初期仍有和前代哈里發之間的內亂，為安定國內而辛苦奔走，但之後依自己獨特的政策，建立了新時代。他不依賴一直以來為阿拔斯王朝核心的軍隊，以突厥裔的奴隸建立了新的軍隊，著手改革軍事制度，還推廣由希臘文、敘利亞文大量翻譯科學、哲學文獻為阿拉伯文的翻譯事業，在文化面上有卓著的貢獻。當我們看到伊斯蘭世界科學的發展時，馬蒙功不可沒。此外他也是位頗有智識、具備啟蒙性質的君主。他介入伊斯蘭理念的體系化，以理性主義的神學加以推廣（雖然之後的兩代哈里發繼承了他的做法，但作為國家政策則最後以失敗告終）。此外，馬蒙不單是有智識的君主，他也忠實地遵循由哈里發親自率兵的傳統，遠征拜占庭帝國。

塔巴里　Abū Ja'far Muḥammad b. Jarīr al-Ṭabarī（838 年～ 923 年）

阿拔斯王朝時期最偉大的史學家，在伊斯蘭的歷史與思想史上留下重要史料。大部頭的史書《歷代先知與君王史》以編年史的方式記錄人類的歷史，也收錄了大量關於伊斯蘭史的資訊。當口述傳承互有矛盾時，也盡可能地悉數併記，因此當後世的歷史學者與研究者要論證各種不同的可能性時，本書成為重要的資訊來源。此外，他在古蘭經的詮釋學上也留下了大部頭的著作。其中滿載從穆罕默德時代到二世紀時的詮釋史資訊，在充分認識初期古蘭經詮釋上是不可缺的著作。塔巴里本人是塔巴里學派（或迦力耳學派）的開山祖師，不過敗在與漢巴利學派的競爭中，成了「消失的法學派」。

穆阿維亞　Mu'āwiya ibn Abī Sufyān（600 年左右～ 680 年）

麥加被征服時（六三〇年）古萊什族首領阿布．蘇富揚的兒子，隨父親改信伊斯蘭。父親蘇富揚僅是名目上的穆斯林，但穆阿維亞則任職為穆罕默德的書記，成為其中一位教友（當時古萊什族能寫能讀的不滿二十人）。初期加入敘利亞遠征軍，受第二代哈里發歐瑪爾所託管理大馬士革。第三代哈里發伍斯曼任命他為全敘利亞總督。第一次內亂時，穆阿維亞治下的的敘利亞最為安定，是故以此為基礎，與第四代哈里發阿里對抗，宣布自己為阿里發。六六一年阿里死後，活下來的穆阿維亞創立了伍麥亞王朝。在他的統治期間，持續對拜占庭帝國發動攻勢。剛成立的海軍攻下了賽普勒斯島、羅德島，更在六五五年「帆柱之戰」中大勝拜占庭海軍，掌握了東地中海的霸權。另一方面也拿下了北非的大半。穆阿維亞統治下，任命族人為總督實行分權。在他在世時成功地指定兒子雅季德為繼承者，但實際上雅季德一上位時，就發生了第二次內亂。

雅季德　Yazīd ibn Mu'āwiya（642 年左右～ 683 年）

為伍麥亞王朝第二代哈里發（在位期間為六八〇年至六八三年）。從父親穆阿維亞繼承了哈里發之位，使伍麥亞王朝成為世襲王朝。統治期極短，又因為全心專注在鎮壓反對自己即位的人，因此歷史上落得罵名。特別是為防穆罕默德之孫胡笙謀反，趁他前往庫法途中，在卡爾巴拉迎擊，胡笙一行全遭殲滅，這也成了雅季德最大的汙名。及至今日，依然多為人批評為邪惡化身。繼任其位的兒子僅僅一到兩個月就過世，伍麥亞王朝的統治權落入了同族內的分支馬爾萬家族之手（穆阿維亞、雅季德的家族為蘇富揚家族）。

胡笙　Ḥusayn ibn 'Alī ibn Abī Ṭālib（626 年～ 680 年）

穆罕默德的么女法蒂瑪和穆罕默德堂弟阿里所生之次子，什葉派稱他為第三代伊瑪目。與兄長哈珊並稱為「先知的兩個孫子」，據說頗受穆罕默德疼愛。祖父穆罕默德在行禮拜時，兩人常爬到穆罕默德的背上玩耍。長成之後，在父親阿里還在世時，隨侍左右，幾乎未有特別記載的事蹟。阿里的統治在困難中結束，兄長哈珊將大權讓給穆阿維亞，胡笙雖感不滿但仍然承受逆境。但是他不能接受穆阿維亞將哈里發之位指名傳給兒子雅季德，也不承認雅季德即位。當他因應支持者的要求發起革命、前往庫法時，於途中和全族人盡數戰死。這一場卡爾巴拉的悲劇，讓胡笙自伊斯蘭史上名垂青史。特別是什葉派到了今日，仍然傳述著胡笙的殉教，感嘆他的不幸，並為此批評伍麥亞王朝。

阿姆爾・本・阿綏　'Amr ibn al-'As（？～ 663 年）
征服埃及的司令官。麥加時期反伊斯蘭，但是在塹壕之戰後加入了伊斯蘭，屢屢立下武功，在伊斯蘭征服行動中十分活躍。六三九年後以四年的時間完成征服埃及，擔任總督。曾經一度遭到罷免，但是在第一次內亂時加入穆阿維亞的陣營，重新擔任埃及總督。蓋在開羅的阿姆爾清真寺是埃及最早的清真寺，屹立至今。

烏葛巴・伊布・那菲　Uqba ibn Nafi（？～ 683 年）
征服北非的武將。在屢經征戰的穆罕默德時期，於麥地那度過幼少歲月，之後長年投身征服。建設了突尼西亞的軍營城市蓋拉萬。最後遠征北非時意識到自己將一去不返，交代了遺言給自己的兒子，為後世所傳述。他交代的美德為：遵從古蘭經，並學會尊貴的阿拉伯語，對有知識的人不恥下問，「可以賣了自己的衣服，切不可向人借貸。欠人金錢在白日是屈辱，在夜間是煩惱，將會奪取你們的精力和名譽」。

阿里　Alī ibn Abī Ṭālib（600 年左右～ 661 年）
穆罕默德的堂弟，最早皈依的其中一人。被穆罕默德如同親生兒子般一手帶大，並把么女法蒂瑪嫁給他。穆罕默德死後，他成為麥地那政權的領袖之一，當第二代哈里發歐瑪爾死時，被指名為「哈里發互選委員會」其中一員，六五六年擔任第四代正統哈里發。阿里的支持者之後集結成什葉派，將前三代的哈里發定調為篡奪。他的統治期間正處第一次內亂，他為了平定內亂而四處奔走，最後被暗殺身亡。後來由伍麥亞王朝掌握支配的實權，但是阿里直到最後一直致力弘揚伊斯蘭的理念，對後世伊斯蘭的發展具有極大的意義。什葉派尊他為第一代伊瑪目，遜尼派的神祕主義教團也幾乎都尊阿里為最高的始祖。

法蒂瑪　Fātimah bint Muhammad（605 年左右～ 633 年）
穆罕默德的么女。四個女兒當中，只有她活到為父親送終。由她所出的子孫，被奉為「先知一族」，在伊斯蘭世界深受敬愛，如今繁衍達數百萬人。例如約旦王室、摩洛哥王室，伊朗最高領袖何梅尼等皆是（順道一提，伊斯蘭雖說是父系社會，但所有穆罕默德的子孫都是透過女兒傳下來的）。什葉派將她和伊瑪目共同尊奉，視之為特別的人物。在十四個世紀當中，有許多關於她的記述；在這些宛若聖人傳記的記述中，法蒂瑪被視為楷模與象徵，遠較歷史上實際的形象更勝。無論是遜尼派、什葉派，都喜將女兒的名字命名為「法蒂瑪」。

撒拉瑪　Umm Salama（？～680 年左右）

穆罕默德在麥地那時期的妻子之一。從孩子得名為「撒拉瑪的母親」。本名欣德（Hind bint Abi Umayya）。她和原來的丈夫在最初期就皈依，但因為家族受到嚴酷的迫害，於是暫避衣索比亞。後來移居到麥地那，丈夫又在武侯德之役受傷後死亡。穆罕默德看她一人帶著孩子們生活困頓，決意娶她為妻。武侯德一役造成許多女性成了寡婦，很多人效法穆罕默德娶這些女子為妻。撒拉瑪比穆罕默德其他妻子都來得長壽，在伍麥亞王朝時過世，死時已過八十歲。她的葬儀是由阿布．胡雷拉負責操辦。她對伊斯蘭的法規與規制熟稔，傳述許多先知的言行。

伊本．烏拜伊　Ibn Ubayy（？～631 年左右）

麥地那的哈茲拉吉族的領袖之一，在穆罕默德移居到麥地那之前，是該族最長的長老。但因為麥地那的居民幾乎都為新的領袖穆罕默德之命是從，因此政治上陷於艱困。武侯德戰役中他主張固守城池，但因為穆罕默德採納出兵迎擊之議，烏拜伊臨陣脫逃，為此他被批評為懦弱，地位明顯降低。他雖然加入伊斯蘭，但實際上卻背信，不過穆罕默德貫徹懷柔政策，在他病死後仍為他舉行喪禮。總而言之，他可說是未能順應新時代的潮流，屬舊世代的代表。伊斯蘭在七世紀的阿拉伯半島（甚至周邊地區）帶來了激烈的變化，不是每個人都能馬上適應新的狀況。

阿布．胡雷拉　Abū Hurayra（？～678/679 年）

因為喜愛貓，被稱呼為阿布．胡雷拉，意即「照顧小貓者」。生於葉門，稍晚於六二八年才移居麥地那，成為穆罕默德的直傳弟子。因為貧困而住在清真寺的迴廊，有四年的時間親炙穆罕默德的言行，之後也廣為傳述。穆罕默德歿後，和阿伊夏一起在麥地那講述伊斯蘭教義為生。

薩俄德．伊本．阿比．瓦卡斯　Saʿd ibn Abī Waqqās（600～670／678 年）

征服伊拉克的伊斯蘭軍司令官。是穆罕默德母親那一方的親戚，在很早期就皈依了伊斯蘭，因此更具分量。穆罕默德率領的所有戰役他都身在其中，軍功厥偉。在與薩珊波斯大軍的對戰中，伊斯蘭在「河橋戰役」遭到嚴重挫敗，因此第二代哈里發歐瑪爾任命薩俄德擔任新的司令官。在卡迪希亞戰役中，他擊潰了強大的薩珊波斯軍，更乘勝攻占了泰西封。為了統治伊拉克還建設了軍營城市庫法，由薩俄德擔任第一代總督。歐瑪爾過世時任命了六名互選的後繼者，薩俄德也在其中。他完全沒有選擇擔任哈里發，在第一次內亂中也保持中立。

主要人物略傳

哈蒂嘉　Khasija bint Khuwaylid（555 年左右～ 619 年左右）
出身於古萊什族的阿薩德家族，是穆罕默德第一任的妻子。她歷經兩次喪夫之痛，梅開三度時比穆罕默德還年長了十五歲。她不僅是位殷實的富商，據說也長得非常美麗。之後穆罕默德能以先知身分活躍，子嗣眾多，可以說都是拜哈蒂嘉之賜。是伊斯蘭草創時期最大的貢獻者。她和穆罕默德生下的男孩雖然早夭，但四個女兒都長大成人。

薩烏黛　Sawda bint Zamʿa（？～ 674 年左右）
穆罕默德在痛失長年相伴的髮妻哈蒂嘉後，最初娶的妻子。薩烏黛（另譯為邵妲）原是個中年的寡婦，但據傳是位個性寬容且開朗的女性。穆罕默德的女兒中有兩個當時年紀尚輕還未出嫁，都是交由薩烏黛養育。在聖遷時也隨同移居到麥地那。當麥地那修建先知清真寺時，她的住處就在旁邊。之後穆罕默德娶進多位女子，都是沿著清真寺的外牆增建房屋（見頁一二二下圖）。薩烏黛到伍麥亞王朝初期仍然在世，穆阿維亞為了擴建清真寺，以十八萬迪拉姆買下了她的住處。

阿伊夏　Ā'ishah bint Abi Bakr（614 年左右～ 678 年）
之後的初代正統哈里發阿布．巴克爾的女兒。在薩烏黛之後和穆罕默德成婚，與薩烏黛相處極為融洽。穆罕默德後來再結婚多是為政治、社會上的理由，對象也多為未亡人或離婚者，只有阿伊夏是初婚女性。阿伊夏與穆罕默德結婚時約莫十歲。雖說當時普遍早婚，但阿伊夏似乎太過年輕。穆罕默德喜愛她的美貌與伶俐，晚年最寵愛她。穆罕默德的妻子們全被稱為「信士們的母親」，在穆罕默德歸真後都不再婚。阿伊夏在穆罕默德歸真時才十八歲，之後四十五年間持續傳述先知的言行。在遜尼派的言行錄中，收錄了很多她所傳述的內容。但由於六五六年阿里就任第四代哈里發時，兩人在政治上形成對立，因而不為什葉派所信任，也未被記載於什葉派的言行錄中。就這層意義來看，阿伊夏可以說是遜尼派具代表性的女性。她辯才無礙，諳於詩歌。

哈福薩　Hafsa bint 'Umar（605 年左右～ 665 年）
歐瑪爾（後來的第二代哈里發）之女。第一任丈夫在巴德爾之役中戰死，歐瑪爾為她再找夫家。但接連被兩位長老拒絕後，歐瑪爾對穆罕默德宣洩不滿，最後讓穆罕默德毛遂自薦求婚。穆罕默德已經娶了阿布．巴克爾的女兒（阿伊夏）為妻，若將這樁婚事視為政治聯姻，可明白看出歐瑪爾地位之重要。哈福薩據說能讀能寫，穆罕默德逝世後，寫著古蘭經章句的鹿皮紙及獸骨，由歐瑪爾託付給哈福薩。在第三代哈里發命令要製作古蘭經時，也參考了這些古蘭經的章句。

西元	伊斯蘭世界	其他世界
1996年	阿富汗由塔利班政權支配大半的國土。賓・拉登客居此處接受保護	
1997年	伊朗穩健改革派的哈塔米當選總統。伊斯蘭首腦會議在德黑蘭舉行，伊朗與沙烏地阿拉伯和解	
2001年	梅嘉娃蒂當選印尼總統，這是伊斯蘭世界裡首位女性領導人。911事件。美軍攻擊阿富汗，塔利班政權潰敗。賓・拉登轉戰地下	聯合國「國際對話」年
2002年	巴勒斯坦大起義（民眾抗爭）。和平協議完全停擺	
2003年	伊拉克戰爭。海珊垮台。伊拉克國內陷入混亂時期	
2004年	國際穆斯林學者協會在倫敦成立，目標是聚集中庸派人士	
2005年	倫敦地下鐵爆破事件。巴黎郊外爆發移民後裔的暴動	
2006年	巴勒斯坦選舉，伊斯蘭派大勝。西歐出現針對穆罕默德的諷刺漫畫，造成伊斯蘭圈抗議擴大。伊拉克主權歸還後，首度建立正式政權。以色列攻擊黎巴嫩。在京都召開第八屆世界宗教和平會議，基督宗教、印度教、伊斯蘭代表都與會	
2011年	突尼西亞、埃及等地展開「阿拉伯之春」。敘利亞則由民主化轉為內戰。美國特種部隊殺害賓・拉登	
2012年	在麥加的伊斯蘭首腦會議，呼籲進行對話與融合	
2013年	各地出現自稱蓋達的組織。阿爾及利亞天然氣設施遭到攻擊	
2014年	伊斯蘭激進派支派自伊拉克與敘利亞部分領土上，宣告「伊斯蘭國」成立	
2015年	「伊斯蘭國」在敘利亞殺害日本人質，巴黎發生恐攻。阿布達比有中庸派召開「促進穆斯林社會和平」國際論壇	

西元	伊斯蘭世界	其他世界
1967年	第三次中東戰爭，阿拉伯大敗。聖地東耶路撒冷為以色列所占領	
1969年	第一回伊斯蘭首腦會議。決議設立伊斯蘭合作組織	
1973年	第四次中東戰爭。在這場埃及稱為「齋月戰爭」的作戰中，他們大力鼓吹吉哈德意識。阿富汗發生共和革命	
1975年	黎巴嫩內戰爆發（至1990）。杜拜設立伊斯蘭銀行	越戰結束
1976年	內戰下，什葉派法學家阿卜杜勒著書，將弱者的鬥爭加以理論化	
1977年	埃及古蘭經學者阿爾達比（Shaykh Mahmud al-Dhahabi）被激進派綁架、殺害	
1978年	愛德華·薩伊德的《東方主義》發行。阿富汗發生政變，出現共產主義政權	
1979年	伊朗爆發伊斯蘭革命。第二次石油危機。伊斯蘭共和國成立，建立在「法學者監督下」的伊斯蘭國家。沙烏地阿拉伯發生武裝反體制派主導的麥加事件。蘇俄軍隊入侵阿富汗	
1980年	為防止伊斯蘭革命，伊拉克進攻伊朗。兩伊戰爭爆發（至1988）	
1981年	埃及發生伊斯蘭聖戰組織暗殺總統沙達特事件	
1982年	以色列進軍黎巴嫩南部。真主黨發動抵抗運動	
1987年	被占領二十年後，約旦河西岸地區、加薩走廊有巴勒斯坦民眾發動抗爭。哈馬斯（伊斯蘭抵抗運動）因此誕生	
1989年	何梅尼下達誅殺《魔鬼詩篇》作者魯西迪的命令。此時賓·拉登聚眾集結成蓋達組織	中國發生天安門事件。 柏林圍牆倒塌，冷戰終結
1990年	伊拉克占領、併吞科威特。波斯灣危機	東、西德統一
1991年	波斯灣戰爭爆發。多國聯軍攻擊伊拉克。中東和平國際會議召開。蘇聯解體，中亞、伊斯蘭諸國獨立。車臣紛爭開始	
1992年	蘇聯軍隊撤退後，阿富汗境內建立了伊斯蘭國家，演變成內戰。前南斯拉夫境內，波士尼亞－赫塞哥維亞發生內戰（至1995）。阿爾及利亞則因為軍政阻撓伊斯蘭政權，導致內戰	
1993年	山繆·P·杭亭頓提出「文明衝突論」。奧斯陸協定下，確立巴勒斯坦臨時自治區	

西元	伊斯蘭世界	其他世界
1884年	阿富汗尼與阿布都，在巴黎發行復興雜誌《堅定團結》	中法戰爭（至1885）
1891年	在伊朗，為反對外國利權，發起菸草杯葛運動	1894年，甲午戰爭（至1895）
1898年	蘇丹馬赫迪起義，敗給英國，蘇丹滅亡。里達在開羅創了雜誌《燈塔》，首倡伊斯蘭復興（至1935）	
1902年	卡瓦基比在「麥加會議」中倡言伊斯蘭國際會議的必要性。阿拉伯半島上第三次沙烏地王朝建國運動開始（1932年成立沙烏地阿拉伯王國）	1904年，日俄戰爭（至1905）
1908年	埃及大學（之後的開羅大學）創立	
1911年	在阿富汗，伊斯蘭改革運動啟蒙報紙《情報之燈》創刊（至1918）	1914年，第一次世界大戰爆發 1917年，俄國革命 1919年，巴黎和會簽訂凡爾賽條約
1922年	廢黜鄂圖曼帝國蘇丹（鄂圖曼帝國結束）。精神領袖哈里發繼續維持	
1923年	土耳其共和國成立	
1924年	土耳其廢止哈里發制，給予伊斯蘭世界重大衝擊	
1925年	伊朗，巴勒維王朝成立（至1979）	
1928年	凱末爾（阿塔圖克）將土耳其語由阿拉伯文字表記改為拉丁文字表記，還推行其他多項去伊斯蘭化政策。在埃及，穆斯林兄弟會成立	1939年，第二次世界大戰爆發
1945年	聯合國成立。阿拉伯聯盟成立	第二次世界大戰結束
1948年	以色列宣布建國，開始了巴勒斯坦問題。大量難民湧入阿拉伯周邊國家	1951年，舊金山和約、美日安保條約簽訂
1952年	埃及革命。廢止君主制，依阿拉伯民族主義成立共和國	
1954年	阿爾及利亞獨立戰爭（至1962）	
1958年	埃及與敘利亞合組阿拉伯聯合共和國（至1961）。伊拉克爆發共和革命	
1959年	艾資哈爾大學校長公開承認什葉派（十二伊瑪目派）為正統範圍的伊斯蘭派系。推動遜尼派、什葉派合一	
1962年	北葉門發生共和革命。宰德派王朝結束	
1966年	埃及處決思想家賽義德．庫特布。作為急進派意識形態的庫特布主義大幅伸張	中國，文化大革命開始

西元	伊斯蘭世界	其他世界
1517年	鄂圖曼蘇丹塞利姆一世征服埃及	1522年，麥哲倫船隊成功繞行世界一周
1526年	巴布爾在印度開創蒙兀兒帝國	
1529年	鄂圖曼軍第一次包圍維也納，並確立對匈牙利的統治權	1533年，印加帝國滅亡
1557年	伊斯坦堡的鄂圖曼建築傑作——蘇萊曼尼耶清真寺完成（米馬爾・希南設計）	1603年，江戶幕府成立
1611年	在伊朗，伊斯蘭建築傑作伊瑪目清真寺建於伊斯法罕（至1630左右）	1618年，三十年戰爭開始（至1648）
1632年	印度皇帝沙賈汗為愛妻修築泰姬瑪哈陵（至1654）	
1640年	什葉派哲學家代表穆拉・薩德拉逝世	
1683年	鄂圖曼帝國第二次包圍維也納失利。鄂圖曼在軍事上開始顯示頹勢	1688年，英國發生光榮革命（至1689） 1701年，西班牙王位繼承戰爭
1744／1745年	阿拉伯半島興起瓦哈比運動，第一次沙烏地王朝成立（至1818）	1775年，美國獨立戰爭（至1783） 1776年，美國獨立宣言
1798年	拿破崙遠征埃及	
1805年	埃及建立穆罕默德・阿里王朝（至1953）	
1821年	開羅郊外設立阿拉伯世界最早的印刷所	
1830年	法軍占領阿爾及爾，兩年後阿爾吉爾以吉哈德精神為號召反法	
1834／1835年	埃及啟蒙思想家塔哈塔維發行《巴黎精華》	1840年，鴉片戰爭（至1842）
1847年	阿爾及利亞反法吉哈德結束	
1851年	伊朗最初的近代高等教育機關達拉弗農大學設立	太平天國之亂（至1864）
1858年	英國滅蒙兀兒帝國。結束在印度的伊斯蘭政權	1861年，美國，南北戰爭（至1865）
1867年	北印度迪奧班迪成立改革派學院	
1871年	開羅設立近代教職員培育機構——達拉烏倫師範學院	
1875年	埃及代表性日報《金字塔報》創刊	
1878年	阿富汗尼在《對唯物論者的反論》中批判近代思想	
1882年	反英運動（烏拉比運動）失敗，埃及被英國軍事占領	

西元	伊斯蘭世界	其他世界
1234年	在巴格達建設穆斯塔綏里亞學院。在此首次教授遜尼派四法學派的全部內容	1237年，蒙古的拔都攻擊莫斯科
1238年	奈斯爾王朝創立者在格拉納達營建阿爾罕布拉宮	
1240年	理論上蘇非神祕主義的集大成者，「最偉大的大師」伊本．阿拉比逝世	1241年，列格尼卡戰役
1242年	阿拔斯王朝最後一任哈里發穆斯台綏木即位	
1248年	植物學者、藥物學者伊本．貝塔爾逝世	
1250年	馬木路克王朝成立，建都開羅（至1517）	
1256年	成吉思汗之孫旭烈兀在伊朗建立伊兒汗國（至1336左右）	
1258年	在旭烈兀的指揮下，蒙古軍攻陷巴格達	
1260年	馬木路克軍隊擊潰蒙古軍	1271年，忽必烈稱國號元。馬可波羅東遊（至1295）
1300年左右	馬木路克王朝金屬匠人穆罕默德．伊本．札因大享盛名	1309年，教皇的亞維儂之囚（至1377）
1311年	阿拉伯語辭典的經典《阿拉伯的語言》編者曼蘇爾（Ibn Manzur）逝世	
1318年	伊兒汗國政治家、醫師拉施德丁逝世。他以波斯語寫下世界史《史集》	
1320年	印度建立圖格拉克王朝（至1413）	
1325年	大旅行家伊本．巴杜達出發遍遊伊斯蘭世界	
1326年	漢巴利學派大學者伊本．泰米葉逝世	1333年，鎌倉幕府滅亡 1368年，明朝成立
1370年	帖木兒帝國成立（至1507），建都撒馬爾罕	
1406年	「社會學之父」伊本．赫勒敦逝世。他在《歷史緒論》一書中探討王朝盛衰的法則	
1418年	馬木路克王朝時期的埃及文人兼法學家嘎勒嘎山迪逝世。他總結了古典的哈里發制論述	
1449年	帖木兒王朝第四代君王兀魯伯逝世。他製作了著名的《兀魯伯天文表》	
1453年	鄂圖曼帝國滅拜占庭帝國。征服君士坦丁堡，改稱伊斯坦堡	1462年，俄國伊凡三世即位 1492年，哥倫布到達新大陸
1498年	瓦斯科．達．伽馬在領航員伊本．馬吉德的指引下，到達卡里卡特（科澤科德）	
1501年	伊朗薩法維王朝建立（至1736）。推動伊朗的什葉派化	

西元	伊斯蘭世界	其他世界
1090年	古典伊斯蘭國際法集大成者薩拉菲（Salafī）逝世	
1094年	伊斯瑪儀里派的分派穆斯塔里派成立	1095年，克萊芒會議
1096年	第一次十字軍東征	
1099年	十字軍占領耶路撒冷，建立王國	
1111年	遜尼派伊斯蘭大學者安薩里逝世	
1122年	「瑪嘎麻特」（Maqamat）文學的集大成者哈里里逝世	
1124年	伊斯瑪儀里派分派之一的尼查里派創始者哈桑·沙巴逝世	
1130年	穆瓦希德王朝創立（至1269）	兩西西里王國成立
1131年	伊朗的天文學家、數學家兼詩人奧瑪·開儼（Omar Khayyám）逝世，以擅於四行詩聞名	
1143年	卻斯特的勞勃（Robert of Chester）與克恩頓的赫馬（Hermann von Kärnten）將古蘭經譯成拉丁文	
1145年	花拉子米代數學書譯成拉丁文，開啟了西歐代數學	
1147年	穆瓦希德王朝推翻穆拉比特王朝，以馬拉喀什為首都	
1154年	伊德里西在西西里撰寫世界地理	
1166年	卡迪里教團（al-Tariqah al-Qadiriyyah）的宗師吉拉尼逝世。此時在各地蘇非教團開始廣為流傳	
1169年	薩拉丁創立遜尼派的埃宥比王朝（至1250）	
1171年	法蒂瑪王朝滅亡	
1187年	哈丁戰役（Battle of Hattin）中薩拉丁大勝十字軍，奪回耶路撒冷	1192年，源賴朝為征夷大將軍
1193年	印度最古老的大清真寺顧特卜塔清真寺（Quṭb Mosque）開始建設	
1198年	安達魯西亞的哲學家、法學家兼醫學家伊本·魯世德（Ibn Rushd）逝世	
1204年	中世猶太教代表性哲學家伊本·麥蒙（Moses ben Maimon）逝世	
1209年左右	談話文學的集大成家，波斯詩人尼札米（Ni āmī）逝世	1215年，訂立大憲章（Magna Carta） 1230年，德意志騎士團征服普魯士（至1283年）
1233年	世界史《全史》的作者伊本·艾西爾（Ali ibn al-Athir）逝世	

西元	伊斯蘭世界	其他世界
875年	另一本聖訓集編者穆斯林·伊本·哈加吉逝世	唐，黃巢之亂（至884） 907年，唐朝滅亡
909年	法蒂瑪王朝在北非建立	
910年	法蒂瑪王朝自稱哈里發，與阿拔斯王朝對抗	
923年	歷史學家·古蘭經解釋學者塔巴里逝世	
925／932年	醫生、哲學家、煉金術師拉錐（Zakariyā-yi Rāzī）逝世	
929年	後伍麥亞王朝自稱哈里發，形成哈里發鼎立的時代	
935年	艾什爾里神學派始祖艾什爾里逝世	936年，高麗統一朝鮮半島
940年	阿拉伯書法創始者伊本·穆格萊逝世	
946年	什葉派布維西王朝占領巴格達。得到大埃米爾的稱號	968年，鄂圖一世成為神聖羅馬帝國皇帝
969年	法蒂瑪王朝征服埃及，遷都開羅	
970年	開羅建艾資哈爾清真寺，為世界最古老的大學	
987年	活躍於巴格達的文人伊本·納迪姆以阿拉伯文編纂《目錄》	法國，加洛林王朝滅。卡佩王朝成立
988年左右	伊本·豪蓋勒編纂網羅伊斯蘭世界全域的地誌	
991年	什葉派聖訓學者伊本·巴拔瓦里西逝世。他編纂了什葉派四大聖訓之一	
1005年	法蒂瑪王朝哈里發哈基姆在開羅設立智慧之家	
1009年	泉州建立清淨寺，為中國現存最早的石造清真寺	
1037年	哲學家兼醫學家伊本·西那逝世。他以拉丁文名字Avicenna聞名西方	
1038年	塞爾柱王朝成立（至1194）	
1055年	塞爾柱王朝圖赫里勒·貝格入巴格達。恢復遜尼派權威	
1056年	穆拉比特王朝建立於西撒哈拉（至1147）	
1058年	莎菲懿法學派學者馬瓦爾迪逝世。他擁護凋零的阿拔斯王朝哈里發，確立了古典伊斯蘭國家理論	1066年，諾曼第公爵威廉征服英格蘭
1067年	塞爾柱王朝的維齊爾（宰相）尼札姆—穆勒克在巴格達創立尼札米亞學院。確立由國家保護、統御烏里瑪階級的體制	
1071年	巨著《巴格達的歷史》作者法帝·巴格達迪逝世	1077年，卡諾莎之辱
1086年	穆拉比特王朝到安達魯西亞，打敗收復失地運動中的基督宗教軍隊	

西元	伊斯蘭世界	其他世界
765年	建立什葉派法學基礎的十二伊瑪目派中第六代伊瑪目賈法爾・薩迪克（穆薩）逝世	
767年	哈納菲法學派開山祖師阿布・哈尼法逝世	
767年	《真主使者的生平》作者伊本・易斯哈格（Ibn Ishāq）逝世	
786年	哈倫・拉希德任第五代哈里發（至809）。阿拔斯王朝邁入鼎盛時期	794年，遷都平安京
795年	麥地那法學派創始者麥力克・伊本・阿納斯（Mālik ibn Anas）逝世	
798年	大法官阿布・尤蘇福逝世。獻上《稅書》給哈里發	
800年	突尼西亞阿格拉布王朝自立	
801年	女性神祕主義者阿比雅・拉達維亞（Rābi`ah al-`Adawīyah）逝世	
813年	第七代哈里發馬蒙即位（至833）。數學家、天文學家花拉子米活躍於學術圈。此時天文觀測器星盤實用化	
820年	莎菲懿學派始祖，法源學創始者莎菲懿逝世	
823年	阿拔斯王朝時期的歷史學者瓦基迪（al-Wāqidī）逝世。他著有先知時代遠征紀錄的《戰記》（*Kitāb al-Maghāzī*）	
827年	阿格拉布王朝開始遠征西西里。阿拉伯、伊斯蘭文化傳至西西里	
830年	此時開始將希臘文及敘利亞文的文獻譯成阿拉伯文	
833年	馬蒙開始異端審問	
836年	遷都至新都薩邁拉	843年，凡爾登條約（Vertrag von Verdun）將法蘭克王國三分
845年	歷史學家伊本・塞德逝世	
855年	漢巴利法學派祖師伊本・漢巴利逝世。他忍受異端審問，對遜尼派的奠基多所貢獻	
866年左右	最初的伊斯蘭哲學家金迪（al-Kindī，Ya`qūb ibn Isḥāq）逝世	
868年	埃及圖倫王朝自立	
870年	遜尼派聖訓的最顛峰作品《布哈里聖訓》編者布哈里逝世	
873年	以布哈拉為首都的薩曼王朝成立（至999）。以阿拉伯文字書寫的波斯語出現	

西元	伊斯蘭世界	其他世界
644年	第三代哈里發伍斯曼即位。古蘭經被確立為正典	645年，大化革新
655年	帆柱之戰，擊破拜占庭艦隊	
656年	伍斯曼遭暗殺。第四代哈里發由阿里就任。第一次內亂（至661）。駱駝之役中祖拜爾、泰勒哈、阿伊夏等人雖然戰敗，但敘利亞總督穆阿維亞持續對抗	
657年	錫芬之戰。阿里勢力與穆阿維亞勢力講和。不滿分子脫離阿里陣營，成為最初的分派（被稱為「出走派」或哈瓦利吉派）	
661年	阿里遭到暗殺。穆阿維亞開創伍麥亞王朝（至750）。持續征服事業	
670年	建設突尼西亞軍營城市蓋拉萬	
680年	雅季德即位為第二代哈里發（開始了世襲制）。穆罕默德之孫胡笙遭到伍麥亞軍隊殺害（卡爾巴拉的悲劇）	君士坦丁堡公會議
683年	伊本・祖拜爾在麥加自稱哈里發。第二次內亂（至692）	
687／678年	古蘭經解釋學之父伊本・阿拔斯逝世	
692年	伍麥亞王朝第五代哈里發阿卜杜勒—馬立克再次統一版圖。阿拉伯語成為公用語。鑄造金幣第納爾	
704年	屈底波擔任總督，出征中亞	710年，遷都平城京
711年	伊斯蘭軍越過直布羅陀海峽，進攻歐洲	
715年	大馬士革伍麥亞清真寺竣工。首創尖塔造型	
720年	阿拔斯家族開始宣教活動	
732年	普瓦捷戰役中伊斯蘭軍吃了敗仗，停止了在西歐的北進	
749年	在庫法，薩法赫即位為哈里發，開始了阿拔斯王朝（至1258）	
750年	阿拔斯王朝軍隊占領大馬士革。伍麥亞王朝人士幾乎全遭殺害	
751年	在塔拉斯河畔與唐軍會戰。造紙術傳入伊斯蘭世界	丕平三世（Pepin III）即位，加洛林（Carolingian）王朝成立
754年	第二代哈里發曼蘇爾即位（至775）。建立阿拔斯王朝基礎	755年，唐朝發生安史之亂（至763）
756年	伊比利半島上開創後伍麥亞王朝（至1031）	
762年	建設巴格達（至766）	

年表

西元	伊斯蘭世界	其他世界
5世紀中期	古萊什族掌控麥加，定居	
6世紀前半	古萊什族的商隊貿易興盛	
570年左右	穆罕默德在麥加誕生	
595年左右	穆罕默德和富商哈蒂嘉結婚	
605年左右	古萊什族重建卡巴聖壇。穆罕默德鑲上黑石	
610年左右	最初的「啟示」。開始為伊斯蘭宣教	
615年	古萊什族的迫害日趨嚴酷，一部分信士前往衣索比亞避難	
619年左右	哈蒂嘉與哈西姆家首領阿布．塔里布逝世	
621年	亞斯里卜的信士對穆罕默德起阿卡巴之誓（女性的誓言）	
622年	亞斯里卜的信士立第二次阿卡巴之誓。穆罕默德遷至麥地那，建立伊斯蘭共同體（此謂聖遷，這一年也就是伊斯蘭曆元年）。建立了先知清真寺。最初是朝耶路撒冷禮拜。得到「戰鬥的許可」的啟示	聖德太子逝世
624年	禮拜的方位改為朝向麥加。巴德爾之戰。伊斯蘭軍首次戰勝麥加軍隊。此時訂立了齋戒的義務	
625年	武侯德之戰。麥加軍隊報復成功	
627年	塹壕之戰。麥加軍敗退	
628年	胡代比亞和約。遠征海拔爾	
630年	麥加無血開城。確立伊斯蘭	
632年	舉行「別離的朝覲」。穆罕默德逝世。阿布．巴克爾以共同體領導者身分就任哈里發。正統哈里發確立。壓制反亂的「叛教戰爭」	
634年	第二代哈里發由歐瑪爾繼任。開始伊斯蘭征服事業	
636年	雅爾木克之役。擊潰拜占庭大軍，取下敘利亞	
637年	卡迪希亞之戰擊破薩珊波斯軍隊，征服伊拉克	
638年	歐瑪爾訪問耶路撒冷，依和約征服當地。此時建設軍營城市巴斯拉、接下來是庫法	
640年	創設行政機構（Diwan／Dewan）。開始征服埃及	
642年	尼哈萬德之戰，伊斯蘭軍再擊破薩珊波斯軍，征服伊朗	

興亡的世界史07

伊斯蘭帝國的吉哈德

一部奮鬥、正義與融合的伊斯蘭發展史

イスラーム帝国のジハード

伊斯蘭帝國的吉哈德：一部奮鬥、正義與融合的伊斯蘭發展史
小杉泰著／薛芸如譯
初版／新北市／八旗文化出版
遠足文化發行／二〇一九年八月
譯自：イスラーム帝国のジハード
ISBN 978-957-8654-71-6（精裝）

一、伊斯蘭教　二、歷史　三、中東

735　108009684

作者　小杉泰
日文版編輯委員　青柳正規、陣內秀信、杉山正明、福井憲彥
譯者　薛芸如

總編輯　富察
責任編輯　穆通安
特約編輯　鄭天恩、紐承豪
企劃　蔡慧華

封面設計　莊謹銘
排版設計　宸遠彩藝
彩頁地圖繪製　青刊社地圖工作室（黃清琦）

社長　郭重興
發行人兼出版總監　曾大福

出版發行　八旗文化／遠足文化事業股份有限公司
地址　新北市新店區民權路108-2號9樓
電話　〇二～二二一八～一四一七
傳真　〇二～八六六七～一〇六五
客服專線　〇八〇〇～二二一～〇二九
信箱　gusa0601@gmail.com
臉書　facebook.com/gusapublishing
部落格　gusapublishing.blogspot.com

法律顧問　華洋法律事務所／蘇文生律師
印刷　成陽印刷股份有限公司

出版日期　二〇一九年八月（初版一刷）
二〇二〇年二月（初版四刷）
定價　五五〇元整